WASSERVERSORGUNG
IM ANTIKEN ROM

SEXTVS IVLIVS FRONTINVS · CVRATOR AQVARVM

WASSERVERSORGUNG IM ANTIKEN ROM

Herausgeber: FRONTINVS-Gesellschaft e.V.

4. Auflage

R. Oldenbourg Verlag München Wien 1989

© 1989 R. Oldenbourg Verlag GmbH, München

Das Werk ist urheberrechtlich geschützt. Die dadurch begründeten Rechte, insbesondere die der Übersetzung, des Nachdrucks, der Funksendung, der Wiedergabe auf photomechanischem oder ähnlichem Wege sowie der Speicherung und Auswertung in Datenverarbeitungsanlagen, bleiben auch bei auszugsweiser Verwertung vorbehalten. Werden mit schriftlicher Einwilligung des Verlages einzelne Vervielfältigungsstücke für gewerbliche Zwecke hergestellt, ist an den Verlag die nach § 54 Abs. 2 Urh.G. zu zahlende Vergütung zu entrichten, über deren Höhe der Verlag Auskunft gibt.

Gesamtherstellung: R. Oldenbourg Graphische Betriebe GmbH, München

ISBN 3-486-26118-5

Inhalt

7 Geleitwort

Günther Garbrecht

9 Wasserversorgungstechnik in römischer Zeit
11   Mensch und Wasser im letzten Jahrtausend v. Chr.
15   Hydrotechnik im römischen Reich bis zur Zeit Frontins
32   Die Wasserversorgung Roms
42   Zusammenfassung

Werner Eck

47 Die Gestalt Frontins in ihrer politischen und sozialen Umwelt
63 Organisation und Administration der Wasserversorgung Roms

Gerhard Kühne

79 Die Wasserversorgung der antiken Stadt Rom
(Übersetzung der Schrift von Sextus Iulius Frontinus)

Henning Fahlbusch

129 Über Abflußmessung und Standardisierung bei den Wasserversorgungsanlagen Roms

Bernd Gockel

145 Bilddokumente

Übersichtskarte der Fernleitungen der Stadt Rom zur Zeit des Frontinus

Zum Geleit

Der italienische Humanist Poggio Bracciolini fand im Jahre 1429 in der Bibliothek des Benediktiner-Klosters von Monte Cassino eine Kopie der Schrift „De Aquaeductu Urbis Romae" (Über die Wasserversorgung der Stadt Rom), verfaßt von Sextus Iulius Frontinus. Diese Schrift hat Frontinus, der in den Jahren 97 bis 103 n.Chr. als Curator Aquarum für die Wasserversorgung der Stadt Rom verantwortlich war, kurz nach seiner Übernahme dieses Amtes begonnen. Sie besitzt einzigartige Bedeutung und ist die wichtigste Informationsquelle über die Wasserversorgungsanlagen der Stadt Rom, über das römische Verwaltungssystem dieser Zeit und über die täglichen Probleme der Trinkwasserversorgung der antiken Weltstadt. Die Schrift ist eine Bestandsaufnahme, mit der Frontinus über die Anlagen der städtischen Wasserversorgung sowie über deren Zustand Rechenschaft ablegt. Über weite Strecken hat sie auch den Charakter eines Betriebshandbuches. Viele Probleme, die Frontinus anspricht, kennen wir auch heute noch, wie z. B. Schutzstreifen, Wasserverluste oder Wasserdiebstahl. Auch die von ihm geforderten Tugenden sind heute noch so wichtig und richtig wie vor zweitausend Jahren: Verantwortungsbereitschaft, Unbestechlichkeit, Einsatzfreude und Durchsetzungsvermögen.

Diese Veröffentlichung soll dazu beitragen, die herausragende geschichtliche Persönlichkeit des Sextus Iulius Frontinus in ein breiteres Bewußtsein zu stellen und sie soll seine Ausführungen zur Wasserversorgung der Stadt Rom und deren Probleme in einer neuen Übersetzung vorstellen. Die Übertragung der Frontinus-Schrift in die deutsche Sprache war nicht problemlos. Dafür waren fundierte Kenntnisse über die Organisation und Administration der Wasserversorgung Roms sowie über das Wissen und die Fertigkeiten im Bereich der römischen Hydrotechnik erforderlich. Dabei konnten viele Begriffe, die Frontinus verwendet, nur aus dem Zusammenhang heraus übersetzt werden. Einige Passagen sind dennoch nach wie vor unklar und lassen unterschiedliche Auslegungen zu.

Darüber hinaus erschien es dem Herausgeber geboten, die Übersetzung in einen größeren Zusammenhang zu stellen und sie durch übergreifende Betrachtungen sowie eine Bilddokumentation zu ergänzen.

Die Frontinus-Gesellschaft dankt den Text- und Bildautoren für ihre Beiträge und den vielen ungenannten Freunden, die mit Rat und Tat zu diesem Buch beigetragen haben. Dank gilt auch dem Oldenbourg Verlag für sein verlegerisches Engagement und der Rheinisch-Westfälische Elektrizitätswerke AG für die Erstellung der Karte von den antiken Wasserleitungen der Stadt Rom.

Frontinus-Gesellschaft e. V.
Der Präsident

(Dr. Fritz Gläser)

Wasserversorgungstechnik in römischer Zeit

Günther Garbrecht

Professor Dr.-Ing. Dr. sc. h. c. Günther Garbrecht
Technische Universität Braunschweig

Einführung

Dieser Beitrag befaßt sich mit der Planung, dem Bau und dem Betrieb von Wasserversorgungsbauten in römischer Zeit, insbesondere mit den hydrotechnischen Anlagen der Hauptstadt Rom.

Mit dem Ende des römischen Reiches klang das Altertum aus, das mit dem Seßhaftwerden des Menschen begann, in dem die ersten Hochkulturen entstanden und in dem die Grundlagen unserer heutigen Zivilisation errichtet wurden. Rom verklammerte in der Spätantike mit seinem Weltreich nicht nur politisch die Räume, in denen dieser Entwicklungsprozeß abgelaufen war, sondern spielte selbst auch kulturgeschichtlich eine integrale Rolle. Römische Hydrotechnik als wesentlicher Bestandteil der technologischen Infrastruktur antiker Großstädte kann nur im Rahmen der allgemeinen Entwicklung im Mittelmeerraum und der kulturgeschichtlichen Umwälzungen im letzten Jahrtausend v.Chr. verstanden werden. Einleitend soll diese Epoche daher kurz beschrieben werden.

Da unser Wissen über die Antike infolge der lückenhaften historischen Unterlagen und der unvollständigen archäologischen Befunde begrenzt ist, sind individuellen Auslegungen und unterschiedlichen Bewertungen bestimmter Vorgänge Raum gegeben. Der Rahmen dieses Aufsatzes reicht nicht aus, um auf kontroverse Ansichten über einzelne Fragen römischer Wasserversorgungstechnologie einzugehen. Notwendigerweise enthalten die folgenden Darstellungen daher auch die eine oder andere persönliche Auffassung zu Dingen, über die auch unterschiedlich argumentiert werden kann.

1. Mensch und Wasser im letzten Jahrtausend v.Chr.

1.1 Allgemeines

Das Ausklingen der letzten Eiszeit zwischen 12000 und 6000 v.Chr. und die dadurch bedingte zunehmende Austrocknung der Savannen erzwangen im Mittelmeerraum einen Rückzug der Menschen auf die großen Flußtäler mit ihren reichen Wasserreserven. Damit war verbunden der Übergang vom schweifenden Nomadentum zum seßhaften Bauerntum. Die Klimabedingungen in den Tälern des Nils, des Euphrat/Tigris und des Indus setzten hier für die Sicherung der Ernährung eine künstliche Wasserversorgung der Kulturpflanzen voraus. Bewässerungslandwirtschaft, zusammen mit Drainage und Hochwasserschutz, war dabei unter den topographischen und hydrologischen Bedingungen der weiten Flußebenen nur durch großräumig koordiniertes und planmäßiges Handeln möglich. Der Zwang zum Bau und zur Unterhaltung der umfangreichen Anlagen führte daher schon frühzeitig zur Bildung straff organisierter Verbände. Der Schluß liegt nahe, daß die ältesten Staaten und damit die ältesten Hochkulturen der Menschheit im östlichen Mittelmeerraum auf der Grundlage von großen Bewässerungsgemeinschaften entstanden sind. Wasserwirtschaft und Wasserbau mit allen damit zusammenhängenden technischen, organisatorischen, rechtlichen und soziologischen Notwendigkeiten formten das kulturelle und politische Leben dieser Staaten so stark, daß sie mit Recht als „Hydraulic Civilizations" bezeichnet wurden.

Im Zuge dieser Prozesse entstanden auch die ersten größeren Städte als kulturgeschichtlich und politisch gestaltende Kräfte. Neben den Ackerbau und den Bergbau auf dem Lande traten Kunst, Wissenschaft, Gewerbe und Handel in den Städten. Wohl mit Recht wird festgestellt, daß die Existenz von Städten mit ihrer urbanen Atmosphäre und ihrer Freiheit vom Zwang zur direkten Überlebenssicherung (Nahrungsmittelproduktion) eine wichtige Voraussetzung für viele zivilisatorische Entwicklungen ist.

Während dieser ersten Periode der Kulturentwicklung fand die enge Verbindung des Menschen mit dem Wasser ihren unmittelbaren Ausdruck in einer Naturmythologie, in der Naturvorgänge (Sturm, Gewitter, Regen) und Naturgebilde (Mond, Sonne, Meer, Quellen) durch Gestalten (Götter, Dämonen) personifiziert wurden, die über dem Menschen standen, denen er ausgeliefert war und vor denen er sich, da ihr Verhalten nicht verstehbar und nicht voraussehbar war, fürchten mußte. Regen-, Sturm-, Wasser- und Meeresgötter (oder Dämonen) beherrschten das Verhältnis des Menschen zum Wasser. Die Naturmythologie war in ihrem Wesen unkritisch. Sie ordnete Vorhandenes im Rahmen der Erkenntnismöglichkeiten in das Lebensbild ein, ohne dabei einen Zusammenhang von Ursache und Wirkung im physikalischen Sinne zu suchen. Kausal nicht auflösbare Naturvorgänge, die das Lebensbild des Menschen wesentlich beeinflussen, wurden bildhaft begriffen, ohne daß versucht wurde, in ihr „Geheimnis" einzudringen. Riten und Kulte zur Beschwörung der das Wasser in seinen vielfältigen Erscheinungsformen darstellenden Göttergestalten sind aus allen alten Kulturen bekannt.

Erst in der der Naturmythologie folgenden Zeit der Naturphilosophie versuchte der Mensch mit Mitteln philosophischer Besinnung (Nachdenken, Spekulation), die Natur in ihrer Ganzheit zu erfassen. Die Naturphilosophie stellte die Frage nach den Zusammenhängen und suchte Erklärungen für die beobachteten Phänomene. Es waren die Griechen, die mit dieser Betrachtungsweise den Versuch unternahmen, die Vorgänge in der Natur durch rationale Denkansätze auf wenige, grundsätzliche Prinzipien zurückzuführen, aus denen es dann möglich sein sollte, in rigoroser Konsequenz alle Zusammenhänge abzuleiten. Die Ursprünge der Naturphilosophie mit ihrer von überirdischen und mystischen Einflüssen freien Betrachtungsweise liegen um 600 v.Chr. (Thales von Milet). Sie erreichte ihren Höhepunkt etwa 300 Jahre später in Aristoteles und beherrschte dann das Naturverständnis der Menschen bis hin zur Renaissance.

Wie die Griechen die Grundlagen ihrer neuen Erkenntnisse den Babyloniern und den Ägyptern verdankten, so übernahmen in der zweiten Hälfte des letzten vorchristlichen Jahrtausends die Römer viel Gedankengut von den Griechen. Aus römischer Zeit gibt es nur wenige neue Konzeptionen, die den Leistungen der Griechen ebenbürtig wären. Auf der anderen Seite vermochten die Römer mit ihrem pragmatischen Zweckmäßigkeitsdenken jedoch dieses Wissen in hervorragende technische Leistungen umzusetzen, deren kühne Planung und handwerklich hochstehende Ausführung auch heute noch Bewunderung hervorrufen. Auf die griechischen Naturphilosophen und Wissenschaftler folgten die römischen Ingenieure und Techniker.

1.2 Das Wasserdargebot

Die gedanklich wägende Auseinandersetzung mit der Natur, und insbesondere mit dem Wasser, begann mit Thales von Milet (624–546 v.Chr.), der im Element Wasser den Ursprung aller Dinge sah. Rund 100 Jahre später postulierte Anaxagoras von Klazomenai bereits: „Von der Feuchtigkeit auf der

Erde entsteht das Meer; aus dem Wasser der Erde und aus den Flüssen, die in das Meer fließen. Die Flüsse wiederum verdanken ihr Entstehen dem Regen und dem Wasser innerhalb der Erde, denn die Erde ist hohl und die Höhlungen sind mit Wasser gefüllt". Neben einer mythischen Erklärung des Wasserkreislaufs im Dialog „Phaidon" gab Platon (427–347 v. Chr.) in „Kritias" eine zutreffende Beschreibung des Phänomens der Landzerstörung durch Erosion und im Zusammenhang damit eine sachlich richtige Deutung der Entstehung der Quellen und Flüsse. Aristoteles (385–322 v. Chr.) schließlich beschrieb in seiner „Meterologica" weitgehend korrekt die Elemente Verdunstung, Kondensation, Wolkenbildung und Niederschläge des hydrologischen Kreislaufs. Die Auffassungen und Deutungen Aristoteles' mit ihren zutreffenden Darstellungen, aber auch mit ihren Schwächen, haben bis zur Renaissance hin das Verständnis hydrologischer Zusammenhänge beherrscht.

Ob überhaupt, und wenn ja in welchem Umfang, versucht wurde, das jeweils nutzbare Wasserdargebot in der Natur über allgemeine Deutungen und Erfahrungen hinaus durch Messungen zu bestimmen, ist nicht bekannt. Eine Ausnahme bildet dabei wohl nur Ägypten. Hier hatten die Nilwasserstände, die sich während der Überschwemmungen in den Monaten Juli bis Oktober einstellten, größte Bedeutung, denn vom Wasserstand hing unmittelbar die Größe der bewässerten Flächen ab. Die lebenswichtigen Wasserstände entlang der Ufer des Flusses wurden an besonderen Pegeln, den Nilometern, gemessen. Aufzeichnungen über die Wasserstände des Nils gehen zurück bis 3500/3000 v. Chr.

Versuche zu einer quantitativen Bestimmung des natürlichen Wasserdargebots gab es in der griechisch-römischen Hydrotechnik nicht, wenn von den spekulativen Betrachtungen einzelner Naturphilosophen über den hydrologischen Kreislauf einerseits und den pragmatischen, anwendungsbezogenen Messungen der Nilwasserstände auf der anderen Seite, abgesehen wird. Erfahrung, Beobachtung und logische Interpretation von Naturerscheinungen waren wohl die einzigen verfügbaren Wege zur Abschätzung des nutzbaren Wasserdargebots.

Über Art und Umfang der hydrologischen Kenntnisse der Römer im 1. Jahrhundert v. Chr. gibt Vitruv im Band 8 seiner „De Architectura Libri Decem" einigen Aufschluß. Dieses Werk zeichnet, bei voller Würdigung der älteren, griechischen Quellen, das Bild meteorologischer und hydrologischer Phänomene, wie es die römischen Geographen und Ingenieure sahen. Das Konzept des hydrologischen Kreislaufs ist dabei richtig umrissen, wenn auch immer wieder verzerrt durch einzelne Mißdeutungen, diffuse Erläuterungen und kritiklose Zitate griechischer Naturphilosophen. Vitruvs Empfehlungen für die Auffindung von Wasser und die Prüfung seiner Qualität sowie seine Beschreibung des Niederschlags und des Abflusses sind wohl am besten zu beschreiben als eine Mischung zwischen vernünftigen, auf Erfahrungen beruhenden Regeln und magischen, tief in der Naturmythologie verwurzelten Anschauungen.

Auch Seneca (4 v. Chr. bis 65 n. Chr.) in seinem Buch „Fragen der Natur", Lukrez (97–55 v. Chr.) in seinem Werk „Über die Natur der Dinge" und Plinius der Ältere (23–79 n. Chr.) in seiner „Naturgeschichte" trugen nichts grundsätzlich Neues, spezifisch Römisches, zum Verständnis der hydrologischen Zusammenhänge bei.

1.3 Die Wassernutzung und ihre Grundlagen

Alle wasserwirtschaftlichen (Planung) und wasserbaulichen (Umsetzung der Planung in Realität) Maßnahmen haben grundsätzlich zur Aufgabe, einen Wasserbedarf (Kommunen, Landwirtschaft, Gewerbe) aus dem natürlichen Wasserdargebot der Umgebung heraus zu decken. Im hydrologischen Kreislauf wird das Wasser dem Menschen für eine Nutzung zugänglich, wenn es auf der Erdoberfläche zum Meer zurückfließt oder wenn es als Grundwasser in oberflächennahen Erdschichten gespeichert ist. Die Schwierigkeit liegt dabei darin, daß oft die Menge und die (tages- sowie auch jahres-)zeitliche Verteilung des Bedarfs mit dem durch Klima, Jahreszeit und Topographie bestimmten Wasserdargebot der Natur nicht übereinstimmen.

Es sind daher technische Eingriffe in die natürlichen Abläufe erforderlich, um das zeitlich schwankende und räumlich ungleichmäßig verteilte Wasserdargebot mit dem vom Lebens- und Arbeitsrhythmus der Menschen geprägten Bedarf der Gesellschaft in Einklang zu bringen. Zeitliche Diskrepanzen können dabei durch die Anlage von natürlichen oder künstlichen Speichern ausgeglichen werden, die Wasser aus Zeiten des Überschusses in Perioden des Mangels übertragen. Räumliche Unterschiede (vertikal und horizontal) zwischen dem Wasservorkommen und dem Ort des Wasserverbrauchs können durch Heben oder durch Überleiten überbrückt werden.

Die verschiedenen Arten der Wassernutzung durch den Menschen sind auf *Bild 1* zusammengestellt. Trink- und Brauchwasserversorgung, Schiffahrt, Fischerei und Erholung waren wohl die ältesten Nutzungen, gefolgt von der landwirtschaftlichen Wasserversorgung (Bewässerung, Viehproduktion), der städtischen Wasserversorgung (Brunnen, Bäder, Gewerbe, Industrie, Abwasserbeseitigung) und der Wasserkraftnutzung. Wasserkrafterzeugung, Schifffahrt, Fischerei, Erholung und Abwasserbeseitigung nutzen dabei die Gewässer als solche; Industrie, Gewerbe, Haushalte, Kommunen und Landwirtschaft nutzen das Wasser als Stoff nach Entnahme (bei teilweiser Rückgabe) aus dem Gewässer. Alle diese Nutzungsarten sind seit etwa 3000 v. Chr. in den verschiedensten Formen praktiziert worden. In neuer Zeit ist lediglich die Kühlwasserversorgung von Großkraftwerken und industriellen Anlagen hinzugekommen.

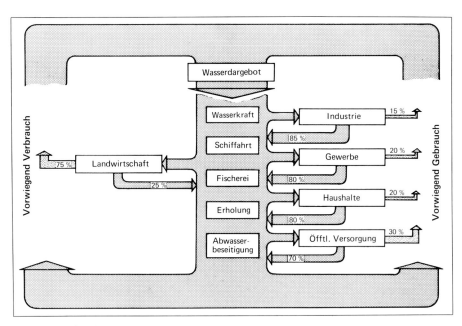

Bild 1. Arten der Wassernutzung.

Bild 2. Technisch-hydraulische Vorgänge bei der Wassernutzung im Verlauf der Geschichte.

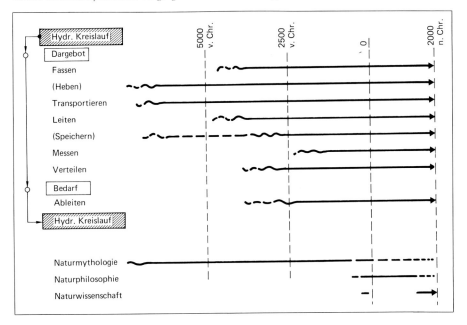

Alle mit den verschieden Nutzungen verbundenen technisch-hydraulischen Vorgänge Fassen/Leiten/Heben/Speichern/Messen (*Bild 2*) wurden im ersten Jahrtausend v. Chr. pragmatisch beherrscht. Hydraulische Berechnungen von Wassernutzungsanlagen sind nicht überliefert und es ist mit Sicherheit anzunehmen, daß das, was wir heute „wissenschaftliche Grundlagen" nennen, unbekannt war. Wassernutzung in der Antike muß daher als eine Kunst im Sinne eines intuitiven Erfassens des Verhaltens des Wassers angesehen werden, ergänzt durch handwerkliche und technologische Fertigkeiten. Wesentlich werden weiterhin die von Generation zu Generation weitergereichten Erfahrungen aus Erfolgen und Fehlschlägen früherer Bauwerke gewesen sein. Umfang, Inhalt und Wert dieses Erfahrungsschatzes sind nicht bekannt, da schriftliche Überlieferungen fehlen und mündliche Weitergabe sicher meist auf den Familien- oder Berufskreis beschränkt war. Ganz allgemein bestand wohl bereits damals (wie auch heute noch) die Tendenz von Spezialisten, Berufsgeheimnisse eher zu hüten als allgemein zugänglich zu machen.

Vitruvs Werk ist der einzige bekannte Versuch, den Stand von Wissenschaft und Technik im Bereich des Bauwesens etwa um die Zeitenwende umfassend darzustellen. Seine, teilweise sehr ausführlichen Beschreibungen gehen in bezug auf Strömungsvorgänge jedoch an keiner Stelle genügend ins Detail, um Schlüsse über das tatsächlich vorhandene wissenschaftliche Verständnis der Römer zu erlauben. Hydraulik und Hydrologie, auf denen heute unsere Berechnungen für die Nutzung des Wassers beruhen, sind vergleichsweise junge Wissenschaften, die erst im letzten Zehntel der Geschichte der Wassernutzung eine Rolle gespielt haben. Die großartigen Wassernutzungsanlagen der Antike sind geplant, gebaut und betrieben worden auf einer nur rudimentären wissenschaftlich/technischen Basis, jedoch mit viel Einfühlungsvermögen in die Natur und mit hohem handwerklichen Können.

2. Hydrotechnik im römischen Reich bis zur Zeit Frontins

2.1 Planungsprinzipien

Die Überschrift „Planungsprinzipien" suggeriert, daß es im vorchristlichen Jahrtausend, und insbesondere auch im römischen Reich, eine systematische und vorausschauende Planung von Wasserversorgungssystemen großer Städte gegeben hat und daß darüber hinaus diesen Planungen ganz bestimmte Prinzipien zugrunde gelegen haben. In diesem Zusammenhang wird oft Vitruv zitiert, der eben diese Planungs- und Baugrundsätze aufgestellt habe. Eine genauere Betrachtung zeigt, daß beides wohl nur bedingt zutrifft.

Die Geschichte lehrt, daß für die Ortswahl bei der Gründung politischer und wirtschaftlicher Zentren von Staaten oder Regionen wasserwirtschaftliche Gesichtspunkte nur selten eine Rolle gespielt haben. Die Entscheidungen sind fast immer aufgrund von politischen, militärischen oder verkehrsmäßigen Erwägungen getroffen worden. Wenn in diesen Fällen auch am Anfang die unmittelbare örtliche Wasserversorgung meist gesichert war, so sprengte doch bald die zunehmende Bevölkerungszahl der Städte den Rahmen der am Ort gegebenen Möglichkeiten. Es entstanden Diskrepanzen zwischen dem lokalen natürlichen Wasserdargebot und dem Bedarf der rasch wachsenden Städte. Die zeitgenössischen Ingenieure, Baumeister und Techniker standen damit vor der Aufgabe, genügend Wasser zur Deckung dieses Bedarfs aufzufinden, zu fassen, heranzuführen, u. U. zu speichern und schließlich zu verteilen.

Grundsätzlich gilt sicher für die meisten Großstädte der Antike, was Gräber in den „Altertümern von Pergamon" über die Wasserleitungen dieser Stadt schreibt: „Die verschiedenen Wasserleitungen von Pergamon haben untereinander wenig oder gar keinen Zusammenhang. Sie sind nicht ein einheitliches Wasserwerk, welches allmählich vergrößert und ausgebaut wurde, sondern sie bestehen aus einzelnen Leitungen, welche gesonderte Quellgebiete aufsuchten und aus ihnen Wasser zur Stadt und vielfach auch zu bestimmten Anlagen führten. Solange die Ansiedlung auf dem Burgberg (Pergamon) keinen großen Umfang hatte und sich auf seine Spitze beschränkte, wird man sich mit der Wasserentnahme aus einzelnen Quellen am Berge und mit Zisternenwasser begnügt haben. Bei weiterer Ausdehnung des Stadtgebietes kam als Quellgebiet die Gegend zwischen den beiden Flüssen Selinus und Ketios ... in Betracht ... Als sich die Stadt bis an den Fuß des Burgberges erweiterte, konnte man auch das Gebirge westlich von Pergamon, den Geyikli-Dag, und die Gegend des Kosak als Quellgebiete mit hinzunehmen, und in römischer Zeit, als sich die Stadt bis in die Kaikosebene erstreckte, ging man noch weiter und zog die im Osten liegenden Gebirge, ja selbst den auf der südlichen Seite des Kaikosflusses gelegenen Trachala-Dag sowie die Quellen des Kaikos mit in den Rahmen. So wurde allmählich die ganze pergamenische Landschaft in einer Entfernung bis zu 40 km Radius vom Mittelpunkt der Stadt und darüber für die Wassergewinnung nutzbar gemacht".

Wenn nicht die zwangsläufige Abfolge der Maßnahmen zwischen Dargebot und Bedarf (*Bild 2*) schon als Planungsprinzip angesehen wird, dann trifft wohl die Feststellung zu, daß je nach den örtlichen Traditionen und Erfahrungen und je nach den hydrologischen und topographischen Zwangsläufigkeiten bei der Deckung des Wasserbedarfs großer Städte immer andere Lösungen gefunden werden mußten. Gemeinsam waren diesen oft sehr unterschiedlichen Versorgungssystemen nur gewisse Grundgedanken, die einmal bedingt waren durch die innere Einstellung des Menschen zum Element Wasser allgemein und die sich zum anderen ergaben aus der zunehmenden Erfahrung und der stetigen Entwicklung der technologischen Möglichkeiten.

Die Griechen hatten den Schritt von der mythologischen Einstellung gegenüber der Natur hin zu philosophischen Betrachtungen getan. Dieser Versuch, natürliche Prozesse unter Ausschluß übernatürlicher Einflüsse und frei von Mystik durch logische Denkprozesse zu erfassen, schloß dabei jedoch nicht aus, daß sie sich eine natürliche Ehrfurcht vor dem Wasser bewahrten. Das Wort des Thales vom Wasser als dem Ursprung aller Dinge, aus dem alles geschaffen ist und in den alles zurückkehrt, galt nach wie vor. Verehrung und tiefverwurzelte Scheu dem Wasser gegenüber standen bei den griechischen Hydrotechnikern immer neben der Realität, daß die Wasserversorgung der Städte technisch zu sichern war.

In römischer Zeit traten die mythologischen Aspekte des Verhältnisses des Menschen zum Wasser immer stärker in den Hintergrund und machten weitgehend einer rationalen und pragmatischen Betrachtungsweise Platz. An die Stelle von Verehrung und Opfer traten gezielte, kühl kalkulierte Baumaßnahmen. Kennzeichnend für die römische Einstellung ist vielleicht die von Tacitus in seinen Annalen aus dem römischen Senat im Zusammenhang mit dem Bau von Wassernutzungsanlagen zitierte, etwas herablassende und distanzierte Auffassung: „... Berücksichtigen müsse man doch auch die religiösen Vorstellungen der Bundesgenossen, die heimatlichen Flüssen Heiligtümer, Haine und Altäre gestiftet hätten ...".

Aquädukt von Segovia (Spanien), erbaut im 1. oder 2. Jahrhundert n. Chr. Länge 813 m, größte Höhe 28 m. Kupferstich bez.: Liger del. Fortier aqua forti, Daudet sculp. Illustration zu A. de Laborde.

Photo: H. Thofern ▷

1.ª VISTA del AQUEDUCTO de SEGOVIA.

1.ʳᵉ VUE de l'AQUEDUC de SEGOVIE. | First VIEW of the AQUEDUCT of SEGOVIA.

Gemeinsam waren den Griechen und Römern die hohen Ansprüche an die Wasserqualität. Für die Wasserversorgung griechischer Städte wurde, wenn immer möglich, Quellwasser genutzt. Ableitungen aus Bächen oder Seen stellten Ausnahmen dar. Sicherlich galt dieser Grundsatz zunächst auch noch in römischer Zeit. Die größere Einwohnerzahl der römischen Städte und der größere pro-Kopf-Verbrauch zwangen dann jedoch dazu, auch Oberflächenwasser aus Flüssen oder Seen zu nutzen. So fassen beispielsweise nur acht der elf großen Wasserleitungen Roms Quellen, zwei leiten Wasser aus dem Fluß Anio ab, eine nutzt das Wasser des Lacus Alsietinus (Martignano-See). In Spanien erhielt das römische Merida sein Wasser aus drei künstlichen (Talsperren-)Seen, für die Versorgung Toledos wurde die Talsperre Alcantarilla errichtet, für Segovia wurde Wasser aus dem Bach Acebeda abgeleitet und für Trier aus der Ruwer.

Der räumliche Ausgleich zwischen den Bedarfszentren und dem natürlichen Wasserdargebot erfolgte durch Leitungen unterschiedlicher Größenordnung, jedoch durchweg im Freispiegelabfluß. Druckstrecken wurden auf kurze Längen dann eingefügt, wenn die topographischen Gegebenheiten oder wirtschaftliche Gesichtspunkte es erforderten. Typisch für die griechischen Zuleitungen von den Wasserquellen zu den Städten waren Tonrohre, in früher Zeit geführt in Tunneln, später meist direkt im Erdreich verlegt. Die Römer gaben überdeckten Kanälen mit größerem Querschnitt und entsprechend größerem Leistungsvermögen den Vorzug.

Ein Ausgleich zeitlicher Unterschiede zwischen Bedarf und Dargebot ist nur über Wasserspeicherung möglich. Aus griechischer Zeit sind Talsperren zur großmaßstäblichen Wasserspeicherung nicht bekannt. Dagegen finden sich in vielen griechischen Städten gemauerte oder aus dem Fels herausgearbeitete Zisternen zur Aufnahme von Niederschlagswasser von Dächern oder Plätzen sowie zur Zwischenspeicherung von zugeleitetem Wasser. In Pergamon wurden beispielsweise je ha Stadtfläche 10 bis 15 Zisternen mit einem durchschnittlichen Volumen von jeweils 50 m³ gefunden.

Von den Römern sind eine ganze Anzahl von Talsperren zur Wasserspeicherung gebaut worden. Subiaco, im Tal des Anio östlich von Rom, scheint dabei die einzige Sperre im römischen Mutterland gewesen zu sein. Aus den Provinzen (Spanien, Nordafrika, Naher Osten) ist jedoch eine große Anzahl von Dämmen und Mauern bekannt. In den Städten selbst wurden Kleinspeicher in Form von Zisternen und Behältern angelegt. Die größten bekannten römischen Zisternen sind der Speicher der Antonins-Therme in Karthago mit über 25 000 m³ sowie die Piscina Mirabilis mit 12 600 m³, die Piscina Cardito mit 12 000 m³ und die Centum Camarellae, die alle drei am Golf von Neapel liegen.

Für die Verteilung des Wassers im eigentlichen Stadtbereich wurden Rohrleitungsnetze (in der Hauptsache Tonrohre und Bleirohre) mit zwischengeschalteten Verteilern angelegt. Wenn erforderlich und topographisch möglich, wurden auch Hochbehälter angeordnet. Wie bei den Zuleitungen von außen, scheint es auch innerhalb der Städte entsprechend der Topographie, der Stadtgröße und der Zahl der Zuleitungen jeweils individuelle Lösungen für die Verteilungsnetze gegeben zu haben, u. U. mit einer Preferenz der öffentlichen Brunnen, über die ja die Versorgung der Masse der Stadtbevölkerung erfolgte.

Wasserversorgungssysteme, die eindeutige und grundsätzlich angewandte Prinzipien der Planung erkennen lassen, sind nicht bekannt, da die ursprünglichen Netze im Verlauf der Stadtgeschichte vielfach verändert wurden.

Die Ableitung der Abwässer aus den Städten erfolgt in offenen, gemauerten Rinnen, auf oder unter dem Pflaster der Straßen in den nächstgelegenen Vorfluter. Eine Spülung erfolgte mit dem Überlaufwasser aus den Brunnen, Thermen und Häusern oder wurde dem Regen überlassen.

2.2 Technische Bauelemente

(a) Allgemeines

Zur Deckung eines städtischen Wasserbedarfs aus einem entfernten und jahreszeitlich schwankenden Wasserdargebot müssen alle oder ein Teil der in *Bild 2* angeführten physikalischen Vorgänge technologisch beherrscht werden. Die dafür erforderlichen Elemente (Rohre, Gerinne, Speicher usw.) waren im Mittelmeerraum im letzten Jahrtausend v. Chr. bekannt. Neu in römischer Zeit sind die bis dahin unbekannten Dimensionen der hydrotechnischen Anlagen mit Leitungen von mehr als 100 km Länge, mit überdeckten Zisternen von über 20000 m³ Inhalt und mit Kanalbrücken (Aquädukten) von Höhen bis zu 50 m. Läßt im ägäischen Raum das elegante und einfühlsame Anpassen der Wasserleitungen an die topographischen Gegebenheiten noch die etwas leichtere, spielerische Hand des Griechen erkennen, so spricht aus den römischen Bauwerken, wenngleich es sich im Grunde um die gleichen Bauelemente handelt, eine größere Strenge, die Konsequenz kraftvoller Durchführung und rationalen Denkens und vielfach auch die große wirtschaftliche Kraft des Reiches. Vielleicht bringt nichts so kennzeichnend das Selbstbewußtsein der Römer zum Ausdruck, wie die großen Aquädukte, mit denen sie kraftvoll und souverän Widrigkeiten der Natur ausschalteten.

(b) Wasserfassungen

Literarische Zeugnisse und archäologische Befunde zeigen, daß Quellen in der Art von Brunnenstuben gefaßt wurden, in die das Wasser durch Sickerschlitze oder Sickergalerien eintrat (z. B. Karthagische Leitung, Aqua Virgo nach Rom, Eifel-Leitung nach Köln).

Ableitungen aus offenen Gewässern sind nur selten erhalten geblieben, da sie über Jahrtausende hinweg den erodierenden Kräften des fließenden Wassers ausgesetzt waren. So ist z. B. nicht mehr rekonstruierbar, wie das Wasser für die Aqua Anio Vetus und die Aqua Anio Novus nach Rom gefaßt wurde. Frontin erwähnt den See „qui est super villam Neronianam Sublacensem", an den die Fassung der Aqua Anio Novus verlegt wurde, nicht jedoch Art und Größe des Bauwerkes. Die Wasserleitung nach Side an der anatolischen Südküste hatte ein großes Leistungsvermögen von 3 m³/s, so daß das Ableitungsbauwerk aus dem Manavgat-Fluß bedeutende Abmessungen gehabt haben mußte. Es ist wohl davon auszugehen, daß die meisten der Ableitungsbauwerke im Prinzip der erhaltenen Wasserfassung für die Segovia-Leitung entsprachen: Aufstau des Abflusses durch eine Schwelle oder ein Wehr mit direkter Ableitung in den Kanal (*Bild 3*).

Bei dieser Art der Wasserentnahme ist unvermeidlich, daß auch Schlamm, Sand und Kies in den abzweigenden Kanal gelangten. Sandfänge (u. a. römische Madradag-Leitung nach Pergamon am Kemerdere, Leitung nach Metz vor dem Aquädukt über die Mosel) und Spülöffnungen in den Kanalseitenwänden (u. a. Yzeron-Leitung nach Lyon, Leitung nach Side) waren die technischen Mittel, mit denen die Römer der Gefahr der Versandung der Leitungen

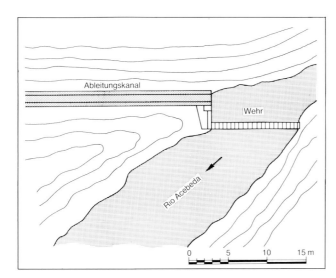

Bild 3. Ableitungsbauwerk aus dem Bach Acebeda für die Wasserversorgung Segovias (siehe auch Seite 17).

entgegenzutreten versuchten. Wie der erst später eingefügte Sandfang am Kemerdere zeigt, wurde das Problem oft erst durch leidvolle Erfahrungen erkannt, dann jedoch folgerichtig (auch heute gibt es im Grundsatz andere oder bessere Methoden nicht) gelöst. Die Leitungen nach Pergamon zeigen aber auch, wie Versorgungskanäle durch langsame Verlandung außer Betrieb kamen, als in der Zeit des Niedergangs des römischen Reiches mangelnde Finanzkraft und/oder schwache Verwaltungen zu einer Vernachlässigung der Unterhaltungs- und Reinigungsarbeiten führten.

Die Wasserfassung aus Talsperrenspeichern erfolgte entweder durch freistehende Türme in Seen (z.B. Cornalvo) oder durch Auslaßbauwerke im Sperrenkörper selbst (z.B. Proserpina, Alcantarilla, Örükaya). In natürlichen Seen wurden Hangentnahmen gebaut (z.B. Lacus Alsitienus).

(c) Wasserhebung

Vitruv beschreibt eine Anzahl von Einrichtungen zur Hebung von Wasser, wie sie zu seiner Zeit in Gebrauch waren. Mit dem Shadouf (lat. Ciconia), der Archimedischen Schraube (lat. cochlea) und dem Kammerrad (lat. timpanum) konnte Wasser 1,0 bis 1,5 m hoch gehoben werden. Derartige Vorrichtungen wurden allgemein in der Bewässerungspraxis verwandt, seltener im Rahmen von Wasserversorgungsanlagen. Alle bekannten Fernwasserleitungen zu großen Städten waren in freiem Gefälle ohne Einschaltung von Wasserhebeeinrichtungen zwischen dem natürlichen Vorkommen und dem Verbraucher angelegt. Eines der Ausnahmebeispiele ist das römische Militärlager Babylon in der Nähe von Memphis (Ägypten), dem Wasser aus dem Nil über Archimedische Schrauben und Wasserräder zugeführt wurde. Die Hebeeinrichtungen sollen von 150 Gefangenen betrieben worden sein. Auch in Arsinoe (Fayum, Ägypten) wurden 113 n.Chr. Trinkwasserreservoire der Stadt mittels Hebeeinrichtungen mit Wasser gefüllt.

Eine einfache und logische Weiterentwicklung des Schöpfrades war die Behälterkette (griech. Halysis). Die Förderhöhe war dabei nicht begrenzt durch den Durchmesser des Rades, sondern nur durch die zum Betrieb verfügbare Kraft. Der Raumbedarf war wesentlich geringer als beim Schöpfrad, die Herstellungskosten lagen jedoch höher. Die größere Förderhöhe und der vergleichsweise geringe Platzbedarf ermöglichten den Einsatz der Eimerketten auch in der innerstädtischen Wasserversorgung (Fördern aus Brunnen, Heben in obere Stockwerke, Füllen von Hochbehältern z.B. Pompeji).

(d) Wasserspeicher (Talsperren)

In den halbariden Bereichen des Mittelmeerraumes sind die Niederschläge jahreszeitlich starken Schwankungen unterworfen. Nicht nur die Flüsse verhalten sich infolge des geringen Rückhaltevermögens der waldarmen Gebiete gleichartig, sondern auch die Schüttung der Quellen spiegelt oft die zeitlich ungleichmäßige Niederschlagsverteilung wider. Eine gesicherte Wasserversorgung ist unter diesen Bedingungen zuweilen nur durch einen großmaßstäblichen jahreszeitlichen Ausgleich des schwankenden Wasserdargebots möglich. Zwischen Spanien und Syrien sind 16 Talsperren römischen Ursprungs bekannt, von denen die meisten (neben der Bewässerung) auch der städtischen Wasserversorgung gedient haben (*Tabelle 1*).

Die Bauart der Sperren ist unterschiedlich. Während in Spanien als Stützkörper auch Erdanschüttungen verwendet wurden (Dichtung durch eine wasserseitige Mauer), sind in den östlichen Provinzen und in Nordafrika nur Mauern gebaut worden. Vitruv geht erstaunlicherweise auf Talsperren nicht ein, obwohl sie doch zu den spektakulärsten Bauwerken der Hydrotechnik zählen.

Die zerstörte Sperre Alcantarilla läßt erkennen, daß auch der Talsperrenbau den mühsamen Prozeß der Sammlung von Erfahrungen durchlaufen mußte.

Tabelle 1:
Römische Talsperren
(nach
N. J. Schnitter-Reinhardt)

Name	Land	Nächste Stadt	Sperrentyp	Größte Höhe	Kronenlänge	Zweck
Subiaco	Italien	Rom	Mauer	40		Erholung
Proserpina	Spanien	Merida	Damm	12	427	Trinkwasser
Cornalvo	Spanien	Merida	Damm	15	194	Trinkwasser
Consuegra	Spanien	Toledo	Mauer	5	664	Trinkwasser
Esparragalejo	Spanien	Merida	Mauer	5	312	Trinkwasser
Alcantarilla	Spanien	Toledo	Damm	14	550	Trinkwasser
Derb	Tunesien	Kasserine	Mauer	10	125	Trinkwasser/Bewässerung
Megenin I	Libyen	Tarabulus	Mauer	5	91	Trinkwasser/Bewässerung
Megenin II	Libyen	Tarabulus	Mauer	3	257	Trinkwasser/Bewässerung
Harbaqa	Syrien	Palmyra	Mauer	21	365	Bewässerung
Soufeiye	Syrien	El Haseke	Mauer			
Cavdarhisar	Türkei	Kütahya	Mauer	7	80	HW-Schutz
Örükaya	Türkei	Corum	Mauer	16	40	Bewässerung
Böget	Türkei	Nigde	Mauer	4	300	Trinkwasser
Baume	Frankreich	St. Rémy de Provence	Mauer	12	18	Trinkwasser
Homs	Syrien	Homs	Mauer	7	2000	Bewässerung

Wie wenig zunächst die Größe und die tatsächliche Wirkungsweise des Wasserdrucks und die statischen Zusammenhänge erkannt und bei der Bemessung eingesetzt wurden, zeigt die 16 m hohe Mauer Örükaya, die bei 5 m Sohlenbreite entgegen allen physikalischen Gesetzen nur deshalb noch steht, weil sie sich seitlich in die Bergflanken verkeilt hat. Die bei 2,5 m Breite nur 4 m hohe Mauer Böget ist dagegen in Talmitte eingestürzt.

Wenn die Römer im anatolischen Bergland (Hethiter, Urartäer) und in Syrien (Ägypter) auch Vorbilder für große Wasserspeicher vorfanden, so ist im römischen Talsperrenbau in der empirisch verbesserten Beherrschung großer Wasserdrücke und in der fortschrittlichen Technologie der Ausführung ein deutlicher Entwicklungsschritt zu erkennen. Bemerkenswert ist auch die erste Anwendung des Bogenprinzips, das ja die römische Architektur durch die Möglichkeit des Überspannens größerer Strecken so stark geprägt hat, beim Bau von Talsperren (Esparragalejo, Baume).

(e)   *Wasserzuleitungen*

Bei der Wasserzuleitung zu den Städten gaben die römischen Techniker gemauerten, abgedeckten Kanälen den Vorzug gegenüber mehrsträngigen Rohrleitungen vergleichbarer Leistung. Größere Robustheit, bessere Zugänglichkeit und leichtere Wartung dürften die Gründe dafür gewesen sein.

Die Kanäle wurden in der Regel in offener Baugrube erstellt und dann wieder mit Erdreich überdeckt. Im bergmännischen Vortrieb durch natürliche Böden oder durch Lockergestein erstellte Tunnelstrecken sind bekannt (z.B. Aksu-Leitung nach Pergamon), sie bilden jedoch die Ausnahme. Bei anstehendem Fels wurde der Kanal als Tunnel aus dem Gestein herausgearbeitet (Anio Vetus nach Rom, Kaikos-

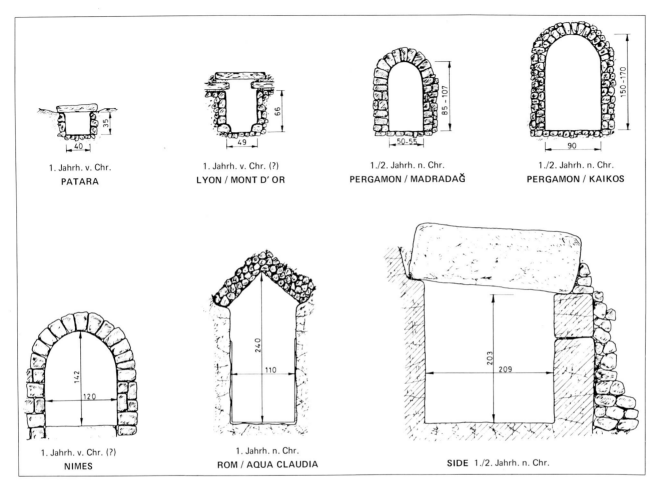

Bild 4. Querschnitte römischer Fernwasserleitungen.

Leitung nach Pergamon) oder der Felstrog bei oberflächennaher Führung mit Platten oder mit einem Gewölbe abgedeckt (u.a. Manavgat-Leitung nach Side, Teile der älteren Leitungen nach Rom). Schutz der Leitung vor klimatischen Einflüssen (Hitze, Wind, Staub) und vor feindlichen Einwirkungen in Kriegszeiten dürften die Hauptgründe für die unterirdische Verlegung gewesen sein.

Die Querschnittsgröße der Kanäle schwankte zwischen $b = 0{,}40$ m/$h = 0{,}35$ m (Patara-Leitung) und $b = 2{,}09$ m/$h = 2{,}03$ m (Manavgat-Leitung nach Side). In *Bild 4* sind einige Kanalquerschnitte dargestellt, die in der Unterschiedlichkeit ihrer Formen, Abmessungen und Abdeckungen die große Breite der Konstruktionsmöglichkeiten zeigen. Während bei den älteren Bauten die Kanäle noch mit Steinplatten (flach, spitzwinklig, mehrschichtig von der Seite einkragend) abgedeckt waren, wurden später die Wasserleitungen fast ausschließlich überwölbt. Aus Gründen der leichteren Wartung wurden die früher der Größe des Abflusses angepaßten Kanäle in späterer Zeit fast immer begehbar gebaut.

Der rechteckige Kanal und die Überwölbung bestanden im allgemeinen aus vermörtelten Lesesteinen, Sohle und Wangen waren verputzt. Vitruv beschreibt im einzelnen einen mehrschichtigen Ver-

Bild 5. Abdeckung der Aksu-Leitung nach Pergamon mit Ziegel-Platten (verlorene Schalung).

putz, der durch gute Konsistenz, große Dichte, gute Festigkeit, geringe Wasserabsorption, geringes Schwinden und geringe thermische Deformation zu einer guten und zuverlässigen Dichtung führt. Fortschritte in der Beherrschung der Betontechnologie führten dann zu einem „Guß" der Sohle und Wangen aus Beton (u. a. Aix-en-Provence, Teile der Eifel-Leitung nach Köln). Seit dem 3. Jahrhundert n. Chr. wurden Kanäle dann oft aus Ziegeln erstellt (Alexandrina nach Rom). Bemerkenswert ist in diesem Zusammenhang die streckenweise bergmännisch vorgetriebene Aksu-Leitung nach Pergamon, bei der vorgefertigte Tonplatten den Kanal sprengwerkartig überspannten und nach Hinterfüllung mit Beton als „verlorene Schalung" die Kanaldecke bildeten (*Bild 5*).

Die Trasse der Kanäle folgte weitgehend den Konturen des Geländes. Wo es die Wirtschaftlichkeit gebot, wurden lange Talausfahrungen durch Aquädukte ersetzt und das Umlaufen von Bergnasen durch Tunnel vermieden. Kürzere Tunnel wurden dabei von einem Ende aus, längere von beiden Seiten her gebaut (Mons Aeflanus, Saldae). Bei geringer Überdeckung wurden vertikale Schächte abgeteuft, von denen die Tunnel dann jeweils nach beiden Seiten vorgetrieben wurden, mit den Vorteilen schnelleren Baufortschritts und guter Belüftung. Die von Vitruv genannten Schachtabstände von 35 m sind offenbar nicht repräsentativ, wie Werte zwischen 8 m beim Halbergtunnel bei Saarbrücken und 70 m bei der Gier-Wasserleitung nach Lyon zeigen.

Wenn die Wasserfassung erheblich höher als die zu versorgende Stadt lag, konnten die Leitungen mit Gefällewechseln wirtschaftlich dem Geländeverlauf angepaßt werden. Bei nur kleinem Höhenunterschied mußte das geringe Kanalgefälle sorgfältig eingehalten werden. Die Kaikos-Leitung nach Pergamon besaß beispielsweise auf mehr als 50 km Lauflänge ein mit nur geringen Abweichungen konstantes Gefälle von 0,3‰, d.h. von nur 30 cm auf 1000 m. Da die Leitung nicht von einer Seite her kontinuierlich gebaut, sondern in eine größere Anzahl von simultan erstellten Baulosen aufgeteilt war, ist hier mit der Trassenabsteckung und Nivellierung ein Meisterwerk der Planung und Bauvorbereitung gelungen. In der nach dem Erdbeben von 178 n. Chr. gebauten Umleitungsschleife durch das Karkasos-Tal wurde auf 14 km Länge sogar ein Gefälle von nur 12 cm/km vermessen und eingehalten.

(f) Kanalbrücken

Die Kanalbrücken oder Aquädukte, mit denen die römischen Fernwasserleitungen Täler und Geländeeinschnitte überwanden, gehören zu den eindrucksvollsten Bauwerken nicht nur der Hydrotechnik, sondern der römischen Baukunst überhaupt. Es gibt wenig profane Bauwerke aus der Antike, in denen statisch-rationale Zweckmäßigkeit von Planung und Bau so harmonisch mit ästhetischer Formvollendung und zeitloser Würde zusammenfließen. Die eleganten Arkaden der Aqua Claudia/Anio Novus in der römischen Campania (*Bild 6*), der feste Pont du Gard bei Nîmes (*Bild 7*) und der grazile Aquädukt von Segovia (*Bild 8*, Bild auf Seite 17) sind hervorragende Zeugen derartiger Bauten und nicht umsonst sind es gerade die Aquädukte, die als Repräsentanten römischer Baukunst gelten.

Bild 6. Aquädukt der Aqua Claudia und Aqua Anio Novus in der römischen Campania.

Bild 7. Der Aquädukt „Pont du Gard" der Wasserleitung nach Nîmes.

Bild 8. Der Aquädukt von Segovia. ▷

Die höchsten Kanalbrücken sind der Pont du Gard (Wasserversorgung Nîmes) und der Aquädukt von Segovia in Spanien mit rund 50 m Höhe über Talsohle. Die Aquädukte in der römischen Campania sind bis zu 8 km lang.

Bei nur geringen Höhen der Kanalstrecke über dem Gelände wurden die Leitungen nicht über Bogenreihen, sondern über geschlossene Mauern (substructio) geführt. Die Baumaterialien wurden durch die örtlichen Möglichkeiten und den jeweiligen Stand der Bautechnologie bestimmt. Grob läßt sich dabei eine Tendenz vom Bau mit Natursteinquadern (Aqua Marcia, Pont du Gard) über verblendetes Gußmauerwerk (Kaikos-Leitung nach Pergamon) bis hin zum Ziegelbau (Aqua Alexandrina) erkennen. Ziegelsteinreparaturen in älteren Quaderbauwerken (Aqua Claudia, Anio Novus) bestätigen diese Entwicklung.

Eine wirtschaftlich oder technologisch bedingte obere Grenze für den Bau von Aquädukten sahen die römischen Techniker offenbar bei etwa 50 m Höhe und größeren Talbreiten. Bei größeren Höhen und Breiten wurde die Brücke auf Rampen an den Talflanken und einen horizontalen Unterbau (Venter) im tiefsten Talbereich reduziert. Die Freispiegelkanäle an beiden Talrändern wurden dann durch eine Anzahl von Druckrohren, die über die Rampen und den Unterbau liefen, miteinander verbunden (z.B. Gier-Leitung nach Lyon). Vitruv beschreibt die Elemente derartiger Druckleitungen recht genau. Seine Erklärungen des Wasserabflusses und der Krafteinwirkung sind aus heutiger Sicht nicht korrekt, entsprachen jedoch den empirischen Erfahrungen und dem begrenzten Wissensstand seiner Zeit.

Bemerkenswert sind die „hydraulischen Türme" (z.B. Aspendos, Craponne), mit denen die an Knickpunkten von Druckleitungen auftretenden Kräfte ausgeschaltet wurden und gleichzeitig eine Entlüftung erzielt wurde. Diese Bauwerke sind kennzeichnende Beispiele für die griechische und auch römische Art der empirisch-pragmatischen Beherrschung von physikalischen Phänomenen, die den Bestand der Leitungen gefährden könnten.

(g) Wasserverteilung

Die Wasserverteilungsnetze römischer Städte waren im allgemeinen „Durchlaufsysteme", bei denen das Wasser unter dem Einfluß der Schwerkraft kontinuierlich durch die Versorgungsleitungen zu den einzelnen Abnehmern floß und dann weiter in die Kanalisation. Durch die zweckentsprechende Anordnung und Bemessung von Überläufen oder Durchlässen wurde die erwünschte Verteilung erreicht. Willkürliche Beeinflussungen der Wasserverteilung waren durch Armaturen möglich.

Zwischen den Wasserzubringern (Fernwasserleitungen) und dem eigentlichen Verteilungsnetz in der Stadt (oder bei größeren Städten in einem Stadtteil) waren immer Wasserverteiler oder Wasserspeicher mit Verteilern angeordnet. Die Wasserspeicher waren oft künstlerisch gestaltet, wie z.B. das zweistökkige Nymphäum am Ende der Aqua Julia in Rom. Auch größere Provinzstädte (z.B. Side, Aspendos, Milet) besaßen prunkvolle öffentliche Brunnen am Ende der großen Wasserzuleitungen. Zwischengeschaltete Becken waren „Puffer", in denen sich kurzfristige Schwankungen des Zuflusses und des Verbrauchs ausgleichen konnten und sich, bei genügender Größe, Sand und Schwebstoffe absetzen konnten. In den Verteilern 1. und 2. Ordnung wurde der Zustrom aus größeren Zuleitungskanälen auf einzelne Rohrleitungen aufgeteilt, die dann entweder verschiedene Stadtteile oder aber verschiedene Abnehmer versorgten.

Nach Vitruv wurde in den Verteilern der Zufluß auf die Abnehmergruppen: Öffentliche Trinkwasserbrunnen, Zierbrunnen, öffentliche Bäder und private Haushalte dreigeteilt. Er führt dazu aus:

„Kommt die Leitung an die Stadtmauer, so soll man ein Wasserschloß (= Verteiler = Castellum) errichten und mit dem Wasserschloß verbunden zur Aufnahme des Wassers einen aus 3 Wasserkästen bestehenden Wasserbehälter. Im Wasserschloß lege man 3 Röhrenleitungen an, ganz gleichmäßig verteilt auf die Wasserkästen, die so untereinander verbunden sind, daß das Wasser, wenn es in den beiden äußeren Kästen überläuft, in den mittleren Kasten fließt. In dem mittleren Kasten sollen Röhrenleitungen so angelegt werden, daß sie zu allen Bassinbrunnen und Springbrunnen führen, damit das Wasser nicht in den öffentlichen Anlagen fehlt; aus dem zweiten Wasserkasten sollen Röhrenleitungen zu den Privatbadeanstalten führen, denn so können die Privatbadeanstalten das Wasser nicht wegnehmen, weil sie von den Ausgangsstellen an eine eigene Wasserleitung haben, aus dem dritten Wasserkasten Röhrenleitungen zu den Privathäusern, damit die, die privat Wasser in ihre Häuser leiten, jährlich dem Volk ein Wassergeld zahlen, durch das sie die Unterhaltung der Wasserleitung durch die Steuerpächter sicherstellen. Dies sind die Gründe, weshalb ich diese Einteilung so festgesetzt habe".

Die Vitruvsche Schilderung ist nicht eindeutig und kann unterschiedlich interpretiert werden. Zuweilen wird angenommen, daß die Anschlüsse am Castellum so eingerichtet waren, daß bei Wasserknappheit zunächst die Versorgung der Privatabnehmer selbsttätig ausfiel, dann bei größerem Wassermangel als zweites das Versorgungssystem für Zierbrunnen, Theater und Thermen unterbrochen wurde und daß die öffentlichen Trinkwasserbrunnen erst bei völligem Versiegen des Wasserzuflusses trocken fielen. Es ist jedoch kein Wasserverteilungsnetz einer römischen Stadt bekannt, das ganz oder doch weitgehend diesem Prinzip entsprach.

Das Castellum in Pompeji hat drei Ausläufe auf gleicher Höhe, denen anscheinend Überläufe vorgeschaltet waren, mit deren Hilfe bei Wassermangel ein gestaffeltes Trockenfallen der einzelnen Leitungen hätte erreicht werden können. Die Stadt besitzt jedoch offenbar kein dreifaches Verteilungsnetz zu den über das ganze Stadtgebiet verteilten drei Abnehmergruppen, so daß die Dreiteilung am Castellum u.U. eher einer Unterteilung der Stadt in Versorgungsbezirke entsprach, innerhalb derer die Verteilung dann über eine Anzahl von Hochbehältern (Wasser-Unterverteiler mit Überläufen) erfolgt. Auch das bekannte Castellum von Nîmes (*Bild 9*) ist unterschiedlich konzipiert. Der Zufluß aus dem rechteckigen Zuleitungskanal wird in einem kreisrunden Becken auf 10 horizontale Rohre in der gegenüberliegenden Beckenwand und auf 3 vertikal aus der Sohle abzweigende Rohre verteilt. In Laodikeia laufen von einem hoch gelegenen Verteiler (Zufluß durch eine Druckleitung aus Steinrohren) eine große Anzahl von Tonrohren aus (*Bild 10*).

Wie viele andere Angaben, so darf wohl auch die Vitruvsche Beschreibung der städtischen Wasserverteilung nicht als Bauvorschrift oder auch nur als allgemein verbreitetes Bauprinzip angesehen werden. Sicherlich hatte Vitruv auch keine so hohe Position, aufgrund der er verbindlich für das römische Reich derartiges hätte bestimmen können. Vielleicht ist sein abschließender Satz „Dies sind die Gründe, weshalb ich diese Einteilung so festgesetzt habe" dahingehend zu interpretieren, daß er als Fachmann eine derartige Dreiteilung für sinnvoll hielt. Auf die Konsequenz einer derartigen Verteilung, Städte oder Stadtteile mit drei getrennten Versorgungsnetzen zu versehen, geht Vitruv nicht ein.

Das Leitungsnetz innerhalb der Städte bestand aus Tonrohren (*Bild 11*) oder Bleirohren (*Bild 12*). Die römischen Tonrohre entsprachen in den Abmessungen ihren griechischen Vorgängern, lediglich die Muffen waren unterschiedlich ausgebildet. Unter welchen Bedingungen Tonrohre und unter welchen Voraussetzungen Bleirohre verwendet wurden, ist nicht bekannt.

Das ältere Verfahren des Gusses von Bleirohren (insbesondere für Druckleitungen) wurde in römischer Zeit durch das rationellere Biege-Löt-Verfahren ersetzt. Das Zusammenbiegen und Verlöten von Bleiplatten war arbeitstechnisch einfacher, es erlaubte die Herstellung dünnerer Rohrwandungen (und war somit wirtschaftlicher) und schließlich konnten damit größere Rohrlängen hergestellt werden. Die Querschnitte der Bleirohre waren, bedingt durch dieses Herstellungsverfahren, nicht kreisrund, sondern entsprachen etwa der Form eines Tropfens (*Bild 13*). Die Einzelrohre waren in ihren Größen genormt und der Abfluß wurde nach dem Rohrumfang (Breite der für die Herstellung verwendeten Bleiplatte), nach dem Rohrdurchmesser (soweit man bei dieser Rohrform von einem Durchmesser sprechen kann) oder nach der Querschnittsfläche bestimmt.

Während die ärmere Bevölkerung auf die öffentlichen Brunnen angewiesen war, konnten sich einflußreiche Bürger einen eigenen Hausanschluß legen lassen. Voraussetzung dafür war eine Bewilligung vom Kaiser. Das Wasserzumaß erfolgte dabei durch 25 cm lange Eichrohre aus Bronze. Auf Einzelheiten bezüglich der Normung und der Abflußbestimmung bei römischen Bleileitungen ist an anderer Stelle dieses Buches eingegangen.

Armaturen in den Bleileitungen (*Bild 12*) erlaubten ein Absperren des Wasserflusses in den Einzelrohren und damit eine Beeinflussung der Wasserverteilung. Da die Abgaben (Wassergebühren) der einzelnen Haushalte nicht nach dem Zeitraum der Wasserabnahme, sondern lediglich nach der Nennweite des Hausanschlusses erhoben wurden, kann wohl davon ausgegangen werden, daß das Wasser im Normalfall frei floß und nicht durch Armaturen gedrosselt wurde. Niemand hätte Grund oder Interesse gehabt, den Wasserfluß abzusperren, vor allem auch deshalb nicht, weil das Überschußwasser gleichzeitig der Abspülung von Fäkalien und Abfall aus den Häusern diente.

Allgemeine Planungsprinzipien für die städtische Wasserverteilung lassen sich aus den archäologischen Befunden nur selten ablesen, da die Versorgungssysteme über die Jahrhunderte oder Jahrtausende der Stadtgeschichte hinweg mehrfach verändert, umgebaut und ergänzt wurden. Wie bei den Wasserzuleitungen, so wird auch bei der Wasserverteilung pragmatisch den jeweilig gegebenen Erfordernissen entsprechend gebaut und laufend erweitert worden sein. Vielleicht ist davon auszugehen, daß im Prinzip (wie in Pompeji) die Wasserverteilung der Sequenz folgte: Zuleiter – (Zwischenspeicher) – Hauptverteiler (Stadt) – Hochbehälter oder Verteiler 2. Ordnung (Stadtteil) – Verteilerrohrnetz – Abnehmer (Brunner, Bäder, Private).

(b) Wasserableitung

Ein Großteil der Niederschläge sowie 70% bis 80% des Trink- und Brauchwassers müssen zusammen mit den Fäkalien und dem Unrat aus den Häusern und von den Straßen aus dem Stadtbereich wieder abgeführt werden.

Auch bei der Abwasserableitung gilt, wie bei der Wasserversorgung, daß es allgemeinverbindliche Prinzipien oder Vorschriften nicht gab und jede Stadt die ihr gemäße Lösung finden mußte. So hatte z.B. Pompeji, mit Ausnahme eines Hauptsammlers (mit wenigen kurzen Zuleitungen), der das Stadtgebiet bei der Porta Stabiana verließ, kein die gesamte Stadt erfassendes Abwassersystem. Fäkalien und Abfälle wurden über Senkgruben beseitigt, das Regenwasser wurde auf den gepflasterten Straßen abgeführt. In Rom wurden die wenigen natürlichen Bäche und die Entwässerungsgräben, wahrscheinlich nach Befestigung der Ufer, zunächst als offenes Abwassersystem benutzt. Bereits um 500 v. Chr. entstand der wohl berühmteste der großen antiken Abwasserkanäle, die Cloaca Maxima (*Bild 14*). Sukzessive wurden dann auch die anderen offenen Gerinne unter die Erde verlegt, bis schließlich die meisten Wohngebiete an das Abwassersystem angeschlossen waren. Die Haushalte einflußreicher Bürger entlang der Stränge des Abwassersystems waren mit ihren Toiletten und Waschgelegenheiten unmittelbar mit

Bild 9. Das Castellum (Wasserschloß, Verteiler) von Nîmes.

Bild 10. Vom Wasserverteiler (Wasserturm) in Laodikeia (Anatolien) ausgehende Wasserrohre mit starken Versinterungen.

Bild 11. Tonrohrleitungen in Sardes (Anatolien).

Bild 12. Bleirohre (Verzweigung) mit Absperrhahn in Pompeji (oben).

Bild 13. Römische Bleirohre (Thermenmuseum Rom).

den Abwasserkanälen verbunden. Die Bewohner kleiner Häuser oder großer Mietblocks waren auf öffentliche Latrinen angewiesen, von denen Rom um 300 n. Chr. 144 Anlagen mit laufender Wasserspülung besaß. Die Straßen wurden mit Überschußwasser aus den Fernwasserleitungen gespült.

Die Hauptabwasserkanäle waren gemauert und verliefen, durch Steinplatten abgedeckt, unter dem Pflaster der Gassen und Hauptstraßen (*Bild 15*). Die Hauptsammler gaben die Abwässer dann an den nächsten Vorfluter ab (z.B. Tiber in Rom) oder bei Berglagen einfach durch die Stadtmauer nach außen (z.B. Pergamon).

Die Spülung der Abwasserkanäle (und auch der Straßen) erfolgte durch Überlaufwasser aus den Zwischenspeichern, den öffentlichen Brunnen, den Thermen und auch durch das Überschußwasser aus den Privathaushalten. Während der Regenzeit nahmen die Abwässerkanäle auch die Niederschläge auf, soweit sie nicht in Zisternen geleitet wurden. Der Zulauf erfolgte durch Querrinnen auf den Straßen (z.B. Herculaneum) oder durch (zuweilen künstlerisch ausgestaltete) Einläufe (z.B. Side, *Bild 16*), die unseren heutigen Gullys entsprachen.

Die nicht völlig dichte Konstruktion der Kanäle sowie die offenen Einläufe in diese „Mischkanalisation" haben in den niederschlagsarmen Sommermonaten, wenn der Zufluß zu Städten und damit die Überschußwassermenge gering waren, sicherlich zu erheblichen Geruchsbelästigungen geführt.

(i) Armaturen

Das Prinzip der Wasserverteilung in römischen Städten war das des freien Abflusses von der Fernwasserleitung bis hin zu den verschiedenen Abnehmern. Die Anlagen waren so ausgebildet, daß über ihre Form und Höhenlage eine Selbstregelung des Wasserflusses, differenziert nach den einzelnen Verbrauchern, erfolgte. Absperrarmaturen waren dabei

Bild 14. Cloaca Maxima in Rom (Aufnahme zur Verfügung gestellt von H.-O. Lamprecht).

Bild 15. Hauptsammler unter dem Burgweg von Pergamon.

Bild 16. Regeneinlauf in Side (Anatolien).

überflüssig. Weder Vitruv noch Frontin erwähnen Absperrorgane. Trotzdem sind im Zusammenhang mit der privaten Wasserversorgung Absperrhähne gefunden worden (*Bild 12*). Ob es sich hierbei um Vorrichtungen gehandelt hat, mit Hilfe derer bei Wassermangel der private Verbrauch unterbrochen oder reduziert werden konnte, oder ob die Wasserhähne repräsentativen Ausdruck besonderen Wohlstandes waren (es gibt reich verzierte Wasserhähne, auch aus edlen Metallen), ist nicht bekannt. Grundsätzlich erforderlich waren Absperrorgane nur für den Betrieb (Regelung von Zu- und Abfluß) von Warmwasserbereitern.

Unter den Begriff Armaturen könnten auch die calices* eingeordnet werden, mit denen die den Privatabnehmern bewilligte Wassermenge festgelegt wurde. Die Gebührenabrechnung erfolgte nach der Größe der calices, nicht nach der tatsächlich abgenommenen Menge. Um Manipulationen zu erschweren, wurden die knapp 25 cm langen calices aus Bronze hergestellt, die härter als Blei und daher nur schwer zu verändern waren. Im ganzen gab es 25 verschiedene Größen der calices, weiter verbreitet war etwa die Hälfte davon.

---

* Calix = etwa 25 cm langes genormtes Bronzerohr hinter dem Verteiler, durch das die Wasserentnahme begrenzt wurde.

(k) Zusammenfassung

Die Wasserversorgungssysteme großer Städte in römischer Zeit bestanden, je nach den örtlichen Verhältnissen, aus den vorstehend angegebenen Bauelementen. Keines dieser Bestandteile ist römischen Ursprungs, alle waren seit Jahrtausenden bekannt und vielfach verwendet. Wenn es auch keine grundsätzlich neuen Konzepte gab, so muß den römischen Ingenieuren doch bescheinigt werden, daß sie die technologische Entwicklung auf einen Höhepunkt getrieben haben, der nach dem Untergang des Reiches für mehr als 1000 Jahre nie wieder erreicht wurde.

Die möglichen Formen, Größen, Anordnungen und Baumaterialien dieser Einzelelemente und deren Änderungen im Verlauf der technologischen Entwicklung erlauben eine unendliche Zahl von Kombinationen und so gleicht dann auch keine der bekannten römischen Wasserleitungen einer anderen. Bedarf, Dargebot, topographische Zwangsläufigkeiten und die verfügbaren finanziellen Mittel bestimmten die jeweils beste (d.h. wirtschaftlichste) Auswahl und Zusammensetzung. Der hohe Stand römischer Planung ist wohl am besten dadurch charakterisiert, daß es, insbesondere bei den großen Fernwasserleitungen, kaum Anlagen gibt, die mit den Entwurfsmethoden des 20. Jahrhunderts (bei Außerachtlassung großmaßstäblicher hydraulischer Maschinen) grundsätzlich anders konzipiert worden wären.

3. Die Wasserversorgung Roms

3.1 Allgemeines

Die Nahrungsmittelversorgung, die Wasserversorgung, die städtischen Bauten, die städtischen Straßen und Anlagen sowie die öffentlichen Spiele und Bibliotheken der Stadt Rom wurden jeweils gesondert verwaltet. Die Versorgung der Stadt mit Trink- und Brauchwasser unterstand seit Augustus einem „curator aquarum". Für die Tiberregulierung zum Schutz gegen Überschwemmungen waren seit Tiberius (14–37 n. Chr.) die „Curatores alvei Tiberis" zuständig, denen unter Traian (98–117 n. Chr.) auch die Aufsicht über die Kloaken der Stadt übertragen wurde.

Die ersten großen Fernwasserleitungen zur Stadt wurden als eine Art Infrastruktur vom Staat bezahlt. Später wurden die finanziellen Lasten derartiger öffentlicher Arbeiten dann von hervorragenden Persönlichkeiten (Caesar, Augustus, Agrippa) übernommen, um schließlich in die kaiserliche Zuständigkeit überzugehen.

In republikanischer Zeit galt für die Wasserversorgung Roms der Grundsatz, daß alles in die Stadt geleitete Wasser der öffentlichen, d. h. kostenfreien Versorgung der Bevölkerung dienen sollte.

Mit dem Beginn der Kaiserzeit nahm jedoch die private Inanspruchnahme von Wasser immer mehr zu. Zunächst erhielten nur wenige vornehme Bürger das Recht, Wasser in ihre Häuser zu leiten. Dann konnten, bei Zahlung einer Gebühr, Private das aus den Brunnen überfließende Wasser in Bädern und Wäschereien verwenden. Die immer stärker werdende Ausweitung der privaten Wassernutzung führte schließlich zu einer Neuregelung der Rechte für derartige Wasserentnahmen. Voraussetzung für private Wasseranschlüsse war nunmehr eine Bewilligung des Kaisers. Die Höhe der Gebühr für die Wasserlizenz wurde nach der Querschnittsfläche der Anschlußleitungen festgelegt.

Unrechtmäßige Wasserentnahme, Betrug und Manipulation der öffentlichen Einrichtungen scheinen bei der Wasserversorgung Roms an der Tagesordnung gewesen zu sein. Frontin nennt vor allem Nutzung der für die Spülung der Abwasserkanäle benötigten Überfallmengen für private Zwecke, nicht legalisierte Wasserentnahme aus öffentlichen Leitungen und Manipulation der Normrohre (calices).

Über die Verwaltung und Kontrolle der Wasserversorgungseinrichtungen und über die Würde und Pflichten des „curator aquarum" wird an anderer Stelle dieses Buches eingehend berichtet.

3.2 Die Wasserzuleitungen zur Stadt Rom

Im Verlauf seiner Entwicklung mußte Rom bei wachsender Bevölkerungszahl immer weiter in die Umgebung hinausgreifen, um den zunehmenden Wasserbedarf decken zu können. So entstand dann, ganz pragmatisch und durch die steigenden Anforderungen bestimmt, ein System von Zuleitungen, das zwar in der Ausbildung seiner Einzelteile, nicht jedoch in der Planung und als ganzes, einem von vornherein bestehenden Prinzip unterworfen war.

Die Stadt wurde für $4^{1}/_{2}$ Jahrhunderte nach ihrer Gründung zunächst mit Wasser aus dem Tiber, aus lokalen Bächen, Quellen und Brunnen sowie mit Zisternenwasser versorgt. Erst 312 v. Chr. wurde durch Appius Claudius Ceacus Quellwasser aus dem Anio-Tal aus 17,6 km Entfernung in die Stadt geleitet. Zur Zeit Frontins (um 100 n. Chr.) waren bereits 9 Leitungen von insgesamt 423 km Länge in Betrieb (*Tabelle 2*). Dazu kam im Jahre 117 n. Chr. unter Traian noch die 60 km lange Aqua Traiana und im Jahr 226 n. Chr. die 22,4 km lange Aqua Alexandrina, die zuweilen auch Aqua Hadriana genannt wurde (*Bild 17*).

In der Literatur werden noch weitere Leitungen an-

Tabelle 2:
Fernwasserleitungen Roms
(nach N. Smith)

Name der Fernwasser-leitung	gebaut	Länge (in km) etwa: gesamt	unter-irdisch	a.d.Erd-oberfl.	auf Brücken	Querschnitt (B × H in m) etwa:	Abgabe-höhe (m ü.M.)	Quellgebiete
Appia	312	17,6	16,8	0,8	0,09	0,69 × 1,68	20	Quellen im Tal des Anio. Ausgezeichnete Qualität
Anio Vetus	272	64	63,6	0,4	—	0,91 × 2,29	48	Fluß Anio. Trübes Wasser, schlechte Qualität
Marcia	144–140	91,2	80	0,8	10,4	1,52 × 2,59	59	Quellen im Anio-Tal. Ausgezeichnete Qualität
Tepula	126	18,4	8,4	0,8	9,2	0,76 × 1,07	61	Vulkanische Quellen in den Albaner Bergen. Warmes Quellwasser
Iulia	33	22,8	12,4	0,8	9,6	0,61 × 1,52	65	Quellen in den Albaner Bergen. Ausgezeichnetes kaltes Wasser
Virgo	19–21	20,8	19,2	0,4	1,2	0,61 × 1,75	20	Quellen im Anio-Tal
Alsietina	10–2	32,8	32,4	—	0,4	1,75 × 2,59	17	Lacus Alsietinus (Martignano-See). Trübes und untrinkbares Wasser, das für eine Naumachie, zur Straßenreinigung und Bewässerung benutzt wurde
	n.Chr.							
Claudia	38–52	68,8	53,6	1,2	14	0,91 × 1,98	67	Quellen in der Nähe der Marcia-Quellen. Ausgezeichnetes Wasser
Anio Novus	38–52	86,4	72,8	2,4	11,2	1,22 × 2,74	70	Anio-Fluß oberhalb Subiaco. Trübes Wasser, schlechte Qualität
Traiana	109–117	59,2	59,2	—	—	1,30 × 2,29	73	Quellen in der Nähe des Sabatiner-Sees. Qualität unbekannt.
Alexandrina	226	22,4	12,8	7,2	2,4	—	—	Quellen am Sasso Bello

gegeben, die jedoch nur als Erweiterungen bzw. Verbesserungen des Systems der 11 Fernwasserleitungen anzusehen sind. Die Aqua Augusta leitete weitere Quellen in die Aqua Appia ein, die Aqua Iovia war eine Abzweigung von der Aqua Marcia zu den Diocletiansthermen, die Aqua Antoniniana verließ die Aqua Marcia zur Versorgung der Caracalla-Thermen und die als Rivus Herculaneus bezeichnete Leitung (ebenfalls von der Aqua Marcia ausgehend) führte Wasser ins Gebiet Transtiberium. Wahrscheinlich später errichtete, jedoch nicht identifizierte Nebenleitungen (Zu- bzw. Ableitungen) sind die Aqua Caerulea, Aqua Ciminia, Aqua Aurelia, Aqua Damnata, Aqua Drusia und Aqua Severina.

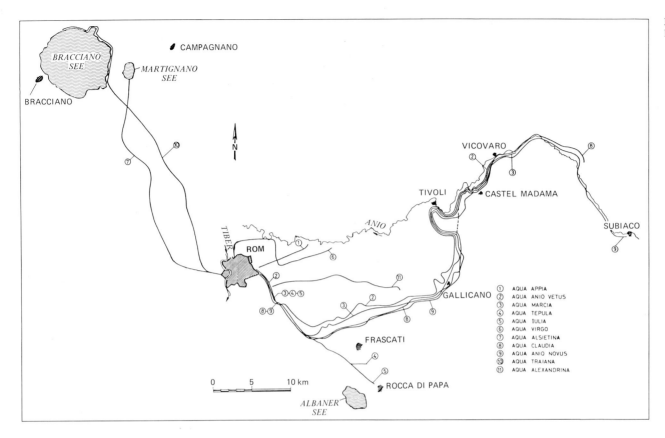

Bild 17. Die Fernwasserleitungen Roms.

Die frühen Leitungen waren im wesentlichen unterirdisch verlegt. Die Aqua Appia hatte bei 17,6 km Gesamtlänge nur 890 m Trassenführung an der Oberfläche und die Aqua Anio Vetus bei 64 km Gesamtlänge nur 400 m sichtbare Kanalstrecke. Im Laufe der folgenden Jahrhunderte wurde das Wasser dann auf immer höherem Niveau in die Stadt geführt, d. h. die Aquädukte in der Ebene vor der Stadt wurden höher und länger und mußten oft über die älteren niedrigeren Aquädukte hinweggeführt werden. Die Aqua Iulia besaß bei 22,8 km Gesamtlänge 9,6 km Aquädukte und die Aqua Claudia bei 68,8 km Länge rund 14 km Aquädukte. 42% bzw. 20% Aquäduktanteil an der Gesamtlänge sind außerordentlich hohe Werte, die von den Wasserleitungen in den römischen Provinzen nicht bekannt sind. Bei der Kaikos-Leitung nach Pergamon und der Wasserleitung nach Metz liegt der Anteil in der Größenordnung von 15% und die überwiegende Zahl der übrigen Fernwasserleitungen dürfte weniger als 10% Aquäduktstrecken besessen haben.

In der Campagna verliefen die Aqua Tepula und die Aqua Iulia auf dem Aquädukt der Aqua Marcia und auch die Aqua Anio Novus und die Aqua Claudia waren in einem Bauwerk zusammengefaßt (*Bild 6*). Diese Mehrfachbenutzung von Aquädukten war möglich, weil die Quellen verschiedener Wasserleitungen im gleichen Gebiet lagen und diese Leitungen somit zwangsläufig auf gleicher Trasse nach Rom verliefen. Diese 5 Leitungen, zusammen mit der Aqua Appia, der Aqua Anio Vetus und der Aqua Alexandrina traten im Bereich der späteren „Porta Praenestina" in die Stadt ein (*Bild 18*). Die Aqua

Bild 18. Wasserleitungen im Stadtgebiet Rom.

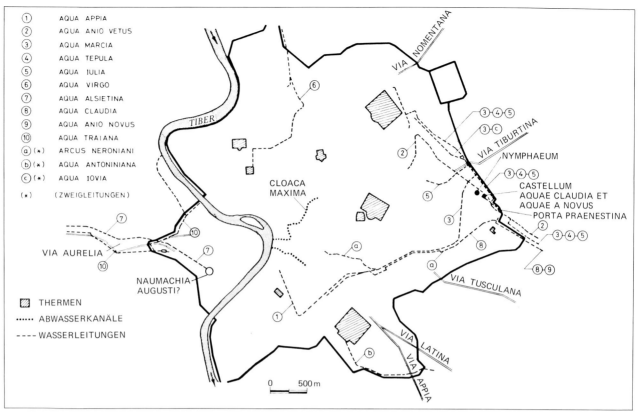

Virgo erreichte die Stadt von Norden, die Aqua Alsietina und Aqua Traiana von Westen.

Mit Ausnahme der Aqua Appia und der Aqua Virgo besaßen alle Fernwasserleitungen Absetzbecken stadtwärts des 7. Meilensteins. Die Aqua Anio Novus passierte einen Sandfang bereits unmittelbar hinter der Flußentnahme.

Im römischen Recht ist eine Enteignung von Grund und Boden für öffentliche Zwecke nicht entwickelt. Oft mußten daher größere Grundstücke und Felder teuer aufgekauft und die für den Kanalbau nicht genutzten Flächen dann wieder veräußert werden. Wo das nicht zum Ziel führte, wurde bisweilen politischer Druck ausgeübt. Die Breite des für Bau, Betrieb und Unterhaltung erforderlichen Streifens betrug im allgemeinen 4,5 m (im Stadtgebiet weniger) auf beiden Seiten der Quellen, Leitungen und Bauwerke. Er war zu roden und freizuräumen. Die Errichtung von Bauten und eine landwirtschaftliche Nutzung (mit Ausnahme von Beweidung und Heuernten) war untersagt.

Von Augustus und Tiberius eingeführte Markierungssteine (cippi) im Abstand von rund 70 m erlaubten eine bessere Kennzeichnung und Verwaltung der Leitungen. Ein durchgehend regelmäßiges Abstandssystem ist dabei jedoch nicht erkennbar. Teilweise waren die Einstiegsschächte (putei) in die Leitungen durch Markierungssteine gekennzeichnet, jedoch durchaus nicht alle.

Undichte Stellen durch den Zerfall der Innenauskleidung (Verputz), durch Dehnungs- und Setzungsrisse und das Eindringen von Baum- und Strauchwurzeln waren ein ständiges Problem. Die zahlreichen Reparaturstellen legen noch heute Zeugnis für das

Bemühen ab, die sichtbaren Leckstellen immer wieder zu verschließen. Im Verlauf der mehr als 400 Kilometer langen unterirdischen Leitungen waren die unentdeckten Sickerverluste sicher ganz erheblich. Zuweilen mußten, vor allem an den älteren Versorgungsleitungen, umfangreiche Instandsetzungsarbeiten auf größeren Strecken vorgenommen werden. Frontin schreibt, daß zur Zeit des Baus der Aqua Marcia sowohl die Aqua Appia als auch die Aqua Anio Vetus renoviert worden seien und daß Agrippa beim Bau der Aqua Iulia auch die Aqua Appia, die Aqua Anio Vetus und die Aqua Marcia ausgebessert habe. Inschriften berichten von Reparaturarbeiten in allen Fernwasserleitungen in den Jahren 11 bis 5 v. Chr, an der Aqua Claudia im Jahr 71 n. Chr. (nachdem sie sich zehn Jahre in Betrieb und neun außer Betrieb befunden hatte), an der Aqua Marcia im Jahr 71, an der Aqua Claudia und der Aqua Anio Novus im Jahr 81, nochmals an der Aqua Claudia im Jahr 84 und schließlich an der Aqua Marcia zur Zeit von Frontins Tod.

Frontin berichtet auch, daß nicht nur die älteren, sondern auch einige der jüngeren Bauwerke wesentliche technische Mängel aufwiesen. Daß sich in den Böden der Aquädukte ziemlich schnell Risse auftaten, ist noch heute an den erhaltenen Überresten deutlich sichtbar. Viele Bögen der Aqua Claudia sind beispielsweise mit dicken Mauerstein-, Ziegelplatten- und Mörtelschichten verstärkt, die in einigen Fällen weit an den Pfeilern hinunterreichen. Der damit verfolgte Zweck mag eine strukturelle Verstärkung gewesen sein, wenn auch die Ansicht vertreten wird, daß hier lediglich Leckstellen der Wasserleitungen von außen zugemauert worden seien. Talausfahrungen mit unterirdischem Leitungsverlauf wurden bei starken Schäden aufgegeben und durch kürzere Talüberquerungen (Untermauerungen, Bogenbrücken) ersetzt.

Eine Schätzung der täglich nach Rom fließenden Gesamtwassermenge ist schwierig, da unbekannt ist, wieviele der großen Wasserzuleitungen gleichzeitig in Betrieb waren, wie groß die Wasserverluste durch Undichtigkeiten und Wasserbetrug waren und bis zu welcher Höhe die auf Begehbarkeit ausgelegten Querschnitte tatsächlich durchflossen wurden. Des weiteren war der Wasserfluß starken jahreszeitlichen Schwankungen unterworfen. Schätzwerte (oder sollte man sagen: geratene Werte?) umfassen die ganze Spanne zwischen 100 000 m^3 und 1 500 000 m^3. Bei Annahme einer Bevölkerung von einer Million im 2. Jahrhundert n. Chr. würden sich daraus tägliche pro-Kopf-Werte von 100 l bis 1500 l ergeben. 100 l/E·d sind, im Licht der Tatsache, daß es sich um ein Versorgungssystem mit stetigem Durchfluß handelt, sicher zu niedrig gegriffen. 1500 l/E·d dürften dagegen wohl als obere Grenze anzusehen sein.

Zusammenfassend ist zum stadtrömischen Fernwasserleitungssystem, wie auch zu vergleichbaren Anlagen in den Provinzen (z. B. Lyon, Pergamon, Köln), zu sagen, daß die Aufgabe der Wasserversorgung von Großstädten bis hin zu 1 Million Einwohnern von den römischen Ingenieuren planerisch und konstruktiv hervorragend gelöst wurde. Diese Leitungen gehören zu den eindrucksvollsten Zeugnissen römischer Zivilisation. Höchste Achtung gebührt dieser Leistung vor allem auch deshalb, weil es exakte technisch-wissenschaftliche Grundlagenkenntnisse kaum gegeben hat und weil die technologischen Mittel der damaligen Zeit begrenzt waren. Die vorstehend genannten Baumängel (örtlich minderwertige Bausubstanz, Setzungen, Risse) und Betriebsschwierigkeiten (Undichtigkeiten, Sandablagerungen, Versinterungen usw.) vermindern diese hohe Einschätzung nicht, sind uns doch diese Beanstandungen aus Berichten über vergleichbare Anlagen aus dem 20. Jahrhundert nur zu vertraut.

3.3 Die Wasserverteilung in der Stadt

Im Gegensatz zu manchen Stadtneugründungen in den Provinzen des Reiches mit geometrisch regelmäßiger Führung der Straßen und Versorgungsleitun-

Bild 19. Aqua Claudia und Aqua Anio Novus an der Porta Maggiore in Rom.

gen, ist die Hauptstadt Rom als ganzes vergleichsweise unorganisch gewachsen. Wie das Fernwasserleitungsnetz, so ist auch das Wasserverteilungssystem innerhalb der Stadt der Bevölkerungsentwicklung im gesamten als auch innerhalb der einzelnen Stadtbezirke, den politischen Gegebenheiten und der wirtschaftlichen Situation entsprechend im Laufe der Jahrhunderte immer wieder erweitert, verbessert, verändert und repariert worden. Ein von vornherein wohldurchdachtes, konsequent durchgeführtes Muster von Planung, Bau und Unterhaltung der Wasserverteilung ist nicht erkennbar.

Grundsätzlich läßt sich sagen, daß die Fernwasserleitungen nach ihrem Eintritt in die Stadt (*Bild 19*) zunächst zu höher gelegenen Gebieten führten. Von hier aus versorgten sie dann die niedriger gelegenen Stadtteile, oft endend in Thermen (Agrippa, Traian, Caracalla, Diocletian), Nymphäen (Iulia) oder Naumachien (Augustus). Insgesamt erhielten im 4. Jahrhundert n. Chr. 11 Thermen, 15 Nymphäen, 5 Naumachien, etwa 850 kleinere Bäder sowie rund 1350 öffentliche Brunnen (fast 1 Brunnen je ha Stadtfläche) Trink- und Brauchwasser.

Die Wasserverteilung selbst erfolgte durch unterirdisch verlegte Blei- oder Tonrohrleitungen, die aus den Fernwasserleitungen (bzw. aus deren Abzweigungen) direkt, aus Stadtverteilern (Castella 1. Ordnung) oder untergeordneten Verteilungsbecken 2. Ordnung versorgt wurden. Die Endabgabestellen waren öffentliche Wasserbecken oder Brunnen, aus denen die Bevölkerung Wasser ohne Einschränkung und ohne Bezahlung schöpfen konnte. Es gehörte zu den Pflichten der Kuratoren, dafür Sorge zu tragen, „... daß die öffentlichen Brunnen möglichst ohne Unterbrechung bei Tag und Nacht ihr Wasser zum Nutzen des Volkes fließen lassen ..." (Frontin).

Kaiserpaläste und die Häuser wohlhabender und einflußreicher Bürger waren unmittelbar an das städtische Versorgungsnetz angeschlossen. Die Privatanschlüsse waren zunächst nur Vergünstigungen für besonders verdiente Persönlichkeiten, wurden später jedoch auf Antrag und nach Bewilligung durch den Kaiser gegen Bezahlung einer Gebühr großzügiger gewährt. Dazu schreibt Frontin:

„Es soll keinem Privaten erlaubt sein, Wasser aus den öffentlichen Wasserleitungen unmittelbar zu entnehmen. Alle, denen das Recht, Wasser abzuleiten, verliehen worden ist, sollen es aus Verteilerbauwerken ableiten. Die Kuratoren der Wasserversorgung sollen darauf achten, daß Privatleute an geeigneten Stellen innerhalb und außerhalb der Stadt Verteilerbauwerke errichten können, aus denen sie das Wasser ableiten können, das sie gemeinschaftlich aus einem Verteilerbauwerk von den Kuratoren der Wasserversorgung zugewiesen bekommen haben.

Wem öffentliches Wasser gegeben wird, der hat kein Recht, in einer Entfernung von 50 Fuß von dem Verteilerbauwerk, aus dem er Wasser ableitet, ein größeres Rohr anzuschließen, als bewilligt ist".

Als Frontin curator aquarum war, wurde die der Hauptstadt zufließende Wassermenge wie folgt verteilt:

A. Gesamtabfluß	14 018 Quinarien
B. Davon außerhalb der Stadt	
— Im Namen und auf Rechnung des Kaisers	1 718 Quinarien
— Privatabnehmer	2 345 Quinarien
	4 063 Quinarien
C. Davon innerhalb der Stadt (247 Verteilerbauwerke)	
— Im Namen und auf Rechnung des Kaisers	1 707 Quinarien
— Privatabnehmer	3 847 Quinarien
— Öffentliche Zwecke	4 401 Quinarien
	9 955 Quinarien

Die für die öffentlichen Zwecke abgeleiteten Wassermengen schlüsseln sich wie folgt auf:

18 Castra (Kasernen?)	279 Quinarien
95 Öffentliche Bauwerke	2 301 Quinarien
39 Zierbrunnen	386 Quinarien
591 Brunnenbecken	1 435 Quinarien
	4 401 Quinarien

(Über das Maß der Quinarie ist an anderer Stelle dieses Buches eingehend berichtet.)

Neben dem Verdienst, bei der Manipulation von Einrichtungen, bei Wasserdiebstahl und bei Korruption hart durchgegriffen und einen ordnungsgemäßen Betrieb weitgehend wiederhergestellt zu haben, darf Frontin auch für sich in Anspruch nehmen, eine ganze Reihe von Verbesserungen eingeführt zu haben. Er reservierte das kalte und klare Wasser der Aqua Marcia ausschließlich für Trinkwasserzwecke und bestimmte das trübe Wasser der Aqua Anio Vetus zur Verwendung in der Bewässerung und zur Spülung der Abwasserkanäle. Der Abfluß der hoch liegenden Aqua Anio Novus, zunächst ebenfalls von schlechterer Qualität, wurde durch die Verlegung des Einlaufs an einen See oberhalb der Villa des Nero in Subiaco verbessert. Dicht bevölkerte Hügel, die bisher nur durch eine Leitung versorgt wurden, erhielten mehrere Zuleitungen und in allen Teilen der Stadt wurden die für die allgemeine Wasserversorgung so wichtigen öffentlichen Brunnen jeweils an zwei verschiedene Zuleitungen angeschlossen, damit die Versorgung bei Ausfall einer Leitung nicht völlig unterbrochen wurde.

3.4 Die Abwasserleitungen Roms

Wie in den frühen Entwicklungsstadien vieler anderer großer Städte, so gelangten auch in Rom alle flüssigen und festen Abfälle zunächst über die die Stadt durchfließenden natürlichen Wasserläufe in den nächsten Vorfluter (den Tiber). Diese Abfallbeseitigung, in den ersten Jahrhunderten der Stadt private Angelegenheit, später durch eine städtische Straßenreinigung durchgeführt, mußte unter den örtlich gegebenen klimatischen Bedingungen zeitweise versagen, da die Gewässer in den Sommermonaten teilweise trocken fielen und auch der Tiber selbst nur wenig Wasser führte. Die unreine Luft in Rom wurde oft beklagt und es bestand immer die Gefahr des Ausbruchs von Epidemien. Erst als ein unterirdisches Kanalsystem ausgebaut war, das laufend mit Überschußwasser aus den Fernwasserleitungen gespült werden konnte, verbesserten sich die Verhältnisse grundlegend. Frontin schreibt dazu: „Nicht einmal das Überlaufwasser ist unnütz. Die Ursachen des ungesunden Klimas werden fortgespült, der Anblick der Straßen ist sauber, reiner die Atemluft, beseitigt ist die Atmosphäre, die bei unseren Vorfahren der Stadt immer schlechten Ruf eintrug".

Vorläufer der Kanalisation waren die Entwässerungskanäle der tiefliegenden, zur Versumpfung neigenden Stadtgebiete. So wurde z. B. das Forumsgelände und das anschließende Velabrum durch die spätere Cloaca Maxima entwässert. Sie war zunächst nur ein offener Graben, wurde aber schon um 500 v. Chr. vollständig ausgemauert, überwölbt und unter die Erde verlegt.

Die bis zum 1. Jahrhundert n. Chr. als Hauptsammler ausgebauten und unter die Erde verlegten Entwässerungskanäle wurden später durch immer neue Zuleitungen erweitert und durch Spülung mit Wasser aus den Fernleitungen (zusammen mit der Straßenreinigung) funktionsfähig gehalten. Mit dem Anschluß der meisten Wohnquartiere und aller öffentlichen Bedürfnisanstalten, hatte sich Rom ein Abwassersystem geschaffen, das in seiner zweckmäßigen Anlage, seiner baulichen Ausführung und seiner betrieblichen Effizienz für die damalige Zeit vorbildlich war. Nach dem Untergang des römischen Reiches vergingen $1^{1}/_{2}$ Jahrtausende, ehe die Bedeutung der Hygiene wieder erkannt wurde und bis auch die großen Städte der Neuzeit ausreichende Abwassernetze erhielten.

Nicht zu beheben war in Rom allerdings der Nachteil der widrigen Topographie. Hohe Wasserstände im Tiber führten zu einem Rückstau in die Hauptkanäle und damit zu einem Austreten des Wassers in den tiefer gelegenen Stadtteilen.

3.5 Wissenschaftlich-technische Grundlagen (Hydraulik) der Wasserversorgung

Es gibt nicht viele Punkte im Zusammenhang mit antiken und insbesondere mit römischen Wasserversorgungsanlagen, bei denen Meinungen so stark differieren, wie bei der Frage, ob diese Wasserleitungen „berechnet" worden waren oder nicht. Ein Nachweis wird wohl nicht zu führen sein, weder für die Auffassung, daß bei korrekter Berücksichtigung der maßgebenden Parameter gerechnet worden ist, noch für die Ansicht, daß die Abmessungen aller Anlagen nur auf der Basis von überschläglichen Schätzungen festgelegt wurden. In diesem Abschnitt kann und soll daher auch nur eine persönliche Meinung dargelegt werden. Als Bezugszeitpunkt soll dabei das Jahr 100 n. Chr. gelten, d.h. die Zeit, als Frontin curator aquarum in Rom war.

Kein Zweifel besteht darüber, daß mittels Chorobat und Dioptra sehr genau nivelliert werden konnte (Parameter Gefälle). Die exakte Längenbestimmung war kein Problem (Parameter Querschnittsabmessungen und Leitungslänge). Es bleibt also die Frage der hydraulischen Bemessung.

Qualitativ/empirisch bekannt waren seit alters her:

a) Daß ein Formwiderstand von relativ zur Strömung bewegten Körpern (Schiff, Brückenpfeiler) bestand.

b) Die Notwendigkeit eines Potentials (topographische Höhe, Druckhöhe) zur Erzeugung eines Wasserabflusses.

c) Die Tatsache schnelleren Fließens bei größerem Gefälle (größerer relativer Geländehöhe).

d) Die Zunahme der Ausflußmenge aus Gefäßen bei wachsender Druckhöhe.

e) Die Zunahme der Abflußmenge in einem Gerinne oder aus einem Gefäß mit zunehmendem durchflossenen Querschnitt.

f) Die Tatsache, daß der Wasserspiegel in untereinander verbundenen Rohren bzw. Leitungen sich auf gleicher Höhe einstellt.

Die Erkenntnisse allein lassen qualitativ die grundsätzlich richtige Anlage von Rohrleitungen und offenen Gerinnen zu, nicht jedoch die hydraulische Dimensionierung einer Wasserleitung, d.h. die Ermittlung des kleinsten notwendigen Abflußquerschnitts zur Abführung einer gegebenen Wassermenge. Sie erlauben auch nicht, die in einem gegebenen Gerinne abfließende Wassermenge quantitativ zu bestimmen. Die Kenntnis der allgemeinen Zusammenhänge gewinnt eine quantitative Dimension erst dann, wenn sie mit genügenden (oft erst in Generationen zu sammelnden) Erfahrungen gekoppelt wird.

Bei der Planung und beim Bau der späten römischen Fernwasserleitungen war die Frage der hydraulischen Bemessung ohnehin ohne Belang, da das Hauptkriterium für die Bemessung des Abflußquerschnitts die Begehbarkeit war. Bei der vergleichsweise geringen Größe der verfügbaren Quellschüttungen war damit im allgemeinen von vornherein eine Überdimensionierung gegeben. Die Tatsache, daß Gefällsänderungen bei römischen Leitungen sich nicht in Querschnittsänderungen niederschlugen, wird durch die Forderung durchgehender Begehbarkeit erklärt.

Anders lagen die Dinge bei der innerstädtischen Wasserverteilung. In diesem System der vollaufenden Röhren und überlaufenden Behälter unter unterschiedlichen Druckhöhen kann ein Gleichgewicht, d.h. eine angemessene und gerechte Verteilung des Wassers auf alle Abnehmer nur über Berechnungen oder jedoch aufgrund sehr langer Erfahrung über die zweckmäßige Lage, Form und Größe von Leitungen, Ausflüssen und Überfällen erreicht worden sein.

Frontin stand bei der Übernahme des Amtes eines curator aquarum nicht vor dem Problem der Bemessung von Leitungen, sondern u.a. vor der Aufgabe zu bestimmen, welche Wassermengen in dem bestehenden Leitungsnetz Roms tatsächlich abflossen, wieviel Wasser verloren ging und welche Wassermengen letzten Endes an die Verbraucher abgegeben wurden. Der Abfluß ist die Wassermenge, die einen bestimmten Abflußquerschnitt je Zeiteinheit passiert. Die Grundfrage ist also, ob Frontin den Zeitfaktor (d.h. die Abflußgeschwindigkeit) berücksichtigte oder, anders ausgedrückt, ob er in der Lage war, im Begriff Volumen je Zeiteinheit zu denken.

In Rom wurde die Abflußmenge im Verteilernetz, d.h. die hydraulische Leistungsfähigkeit, in Längen ausgedrückt, die, mit anderen Längen kombiniert, Flächen und Volumina ergeben. In (26) sagt Frontin: „Jedes Maß wird dargestellt entweder durch den Durchmesser, durch den Umfang oder durch den Querschnitt, aus welchem auch die Leistungsfähigkeit hervorgeht ... müssen wir den Begriff der Quinarie verwenden, welches als Flächenmaß das sicherste und am meisten verbreitete ist".

Als die Ableitungswassermenge aus einem Kanal oder Verteiler beeinflussende Faktoren erkannte Frontin die Stellung des Abzweigs (des calix) zur Anströmrichtung (36), den Durchmesser der hinter dem nur 25 cm langen Normrohr weiterführenden Leitung (106, 112) sowie die Höhenlage des Abzweigs (113). Quantitative Aussagen oder Folgerungen aus diesen richtigen Erkenntnissen fehlen ebenso wie Hinweise auf den kontinuierlichen Ausfluß im Sinne von Volumen je Zeiteinheit. Auch wurden Leitungslänge und Höhenlage des Leitungsendpunktes nicht als Einflußgrößen erkannt.

Schlüsse über den Kenntnisstand Frontins läßt noch am ehesten sein Bericht zu, in dem er seine Versuche beschreibt, die Wassermenge zu bestimmen, die der Hauptstadt über die Fernwasserleitungen zugeführt wurden. Bevor eine Deutung von Frontins Angaben versucht wird, ist jedoch Heron von Alexandria zu nennen, der als erster den Zeit-(Geschwindigkeits-)einfluß erkannt hat und korrekt dessen Berücksichtigung beschreibt:

„Es ist erforderlich, alles Wasser der Quelle zu fangen, so daß nichts an irgendeinem Punkt abfließt und ein Bleirohr mit rechteckigem Querschnitt anzufertigen. Es ist darauf zu achten, daß die Abmessungen des Rohres wesentlich größer sind als die des Wasserabflusses. Das Rohr soll dann so angebracht werden, daß alles Wasser der Quelle hindurchfließt.

Das durch das Rohr fließende Wasser bedeckt jetzt am Einlauf einen Teil des Querschnitts. Dieser Teil sei z.B. 2 digiti (2 Fingerbreiten). Wenn das Rohr 6 digiti breit ist, dann beträgt der Abfluß 2 × 6 = 12 digiti.

Es ist zu bemerken, daß es zur Bestimmung des Abflusses nicht ausreicht, die Abfluß-Fläche (den Abfluß-Querschnitt) zu finden, welche in diesem Fall 12 digiti ist. Es ist auch notwendig, die Geschwindigkeit des Abflusses zu finden. Je schneller der Abfluß ist, desto mehr leistet die Quelle, und je langsamer er ist, desto weniger leistet sie.

Man kann auch einen Behälter unter dem Abfluß graben und mit Hilfe eines Sonnenzeigers messen, wieviel Wasser in einer bestimmten Zeit in den Behälter fließt und so die Wassermenge bestimmen, die an einem Tage abfließt. Es ist daher nicht notwendig, den Querschnitt des Abflusses zu messen, denn die Menge des Abflusses ergibt sich aus der Messung der Zeit".

Herons Lebenszeit ist nicht bekannt. Vermutungen reichen vom 2. Jahrhundert v.Chr. bis zum 1. Jahrhundert n.Chr. oder sogar noch später. Da er Angaben über eine in Alexandria und Rom gleichermaßen sichtbare Mondfinsternis macht, die nach heutiger Kenntnis im fraglichen Zeitraum nur am 13. März 62 n.Chr. stattgefunden haben kann, ist anzunehmen, daß er etwa gleichzeitig mit Frontin gelebt hat. Wenn das zutrifft, dann ist wenig wahrscheinlich, daß Frontin die Schriften Herons gekannt hat. Für diese These spricht auch, daß Frontin (so wie er Vitruv nennt) sicherlich auch Heron zitiert hätte, vor allem im Zusammenhang mit der für ihn so wichtigen Frage der Mengenbestimmung.

Bei Frontin fehlt der Begriff Zeit völlig und auch die Gesichtspunkte, die er nennt, unterscheiden sich von denen Herons.

Aus Frontins Schrift über die Wasserleitungen der Stadt Rom ergibt sich im einzelnen:

- (35): Größeres (kleineres) Gefälle ergibt eine größere (kleinere) Geschwindigkeit und somit einen größeren (kleineren) Abfluß. Dementsprechend sind Berichtigungen des Abflusses vorzunehmen.
- (65): Der Abfluß entspricht dem Querschnitt (Quinarien), d.h. bei gegebener Breite der Wassertiefe.
- (67): Der Abfluß wird aus Tiefenmessungen bestimmt.
- (70): Die Messung erfolgt nicht bei „langsamerem" Abfluß, sondern dort, wo das Wasser „schon schneller fließt".
- (73): Es fließt mehr als die Messung (= Tiefe) ergibt „wenn die Kraft des Wassers reißender ist als aus der Breite und der raschen Strömung abgeleitet; auch die Schnelligkeit selbst vergrößert den Abfluß".

Danach ist bei den römischen Fernwasserleitungen der Abfluß aus Tiefenmessungen bestimmt worden. Tiefe × Breite = Abflußmaß. Gemessen wurde in „normal" durchflossenen Querschnitten. Da die Gefälle der meisten Leitungen Roms in der gleichen Größenordnung lagen und die Geschwindigkeit sich unterproportional (Exponent $1/2$) mit dem Gefälle ändert, und da auch die Wandrauheiten nicht sehr unterschiedlich waren, haben sich die Abflußverhältnisse in den einzelnen Kanälen wohl nur wenig unterschieden und so hat die Tiefenmessung de facto eine recht gute Abflußabschätzung ermöglicht.

Frontin ist jedoch nicht entgangen, daß in Strecken stark unterschiedlichen Gefälles (stark unterschiedlicher Geschwindigkeit) eine Tiefenmessung allein zu unrichtigen Ergebnissen führt und daß in diesen Fällen Korrekturen erforderlich waren.

Als persönliche Auffassung möchte ich aus den Angaben Frontins die Schlüsse ziehen:

- Die Proportionalität des Abflusses zur durchflossenen Querschnittsfläche ist quantitativ korrekt erkannt.

– Da die Wandrauheit, das Gefälle und der hydraulische Radius bei den römischen Fernwasserleitungen im allgemeinen nicht sehr unterschiedlich waren, ist Frontin im großen und ganzen zu recht zuverlässigen Abflußwerten gekommen, obwohl er sie direkt nicht berücksichtigt.
– Er war ein außerordentlich scharfer Beobachter und erkannte Abweichungen vom „Normalmaß". Seine Deutung dieser Abweichungen ist qualitativ korrekt (Gefälle, Geschwindigkeit), er vermochte jedoch den Schritt zur quantitativen Korrektur nicht zu tun.
– Insbesondere wird die Proportionalität des Abflusses zur Geschwindigkeit nicht erkannt. Damit fehlt das Zeitelement in der Betrachtung und der Übergang von der grob vereinfachenden Beziehung

Abfluß = Querschnittsmaß

zu der Vorstellung

Abfluß = Volumen pro Zeiteinheit

konnte nicht vollzogen werden. Heron hatte eben dieses erkannt: „... die Menge des Abflusses ergibt sich aus der Messung der Zeit".

Die Feststellung, daß Frontin eben doch nur sehr grob vereinfachend „gerechnet" hat und nur wegen der relativen Konstanz der anderen Parameter zu recht zuverlässigen Ergebnissen kam, tut seiner Bedeutung keinen Abbruch. Er hat als Nicht-Physiker und nach einer nur sehr kurzen Beschäftigung mit der Materie, die wesentlichen Parameter mit bewundernswertem Einfühlungsvermögen in den Abflußvorgang erkannt und beschrieben. Den Einflußfaktor Zeit zu erfassen, blieb dem Naturwissenschaftler Heron vorbehalten und die korrekte formelmäßige Darstellung $Q = A \cdot v$ (m^3/s) nach der Formulierung des Prinzips der Kontinuität durch Leonardo da Vinci 15 Jahrhunderte später erst Benedetto Castelli (1577–1644).

4. Zusammenfassung

Den Griechen gebührt das Verdienst, das subjektiv-mythologische Verhältnis des Menschen zur Natur durch kritische Distanz, durch wägendes und analysierendes Betrachten sowie durch Fragen nach den Ursachen der beobachteten Phänomene und letztendlich nach den Grundprinzipien der Natur ersetzt zu haben. Die griechischen Naturphilosophen und Wissenschaftler schufen das Fundament auf dem bis hin zur Renaissance Ingenieure, Architekten und Baumeister gearbeitet haben. Bis an die Schwelle der Neuzeit vermochte keine der folgenden Zivilisationen, auch die römische nicht, das von den Griechen errichtete Gebäude naturwissenschaftlicher Erkenntnis durch neue Denkansätze und Konzeptionen zu erweitern.

Auf dem Gebiet der Hydrotechnik waren zur Zeit des Aufstiegs Roms zur Weltmacht alle technischen Grundelemente und die Möglichkeiten ihres zweckmäßigen Einsatzes bekannt. Trotzdem sind die römischen Wasserversorgungsanlagen keine Nachahmung älterer Vorbilder. Kühle Analyse der Probleme, die bei der Wasserversorgung großer Städte auftreten, folgerichtige Anwendung und laufende Verbesserung der Bautechnologie sowie die Einführung des Rundbogens und später des Backsteinbaus in den Wasserbau (all das auf der Grundlage der großen wirtschaftlichen Kraft des Reiches) führten zum Bau und zum erfolgreichen Betrieb von Wasserversorgungssystemen, wie sie in bezug auf Abmessungen, technische Qualität und betriebliche Effizienz bis dahin nicht bekannt waren und wie sie (insbesondere in hygienisch-gesundheitlicher Hinsicht) auch nachher bis hin ins 19. Jahrhundert nur selten wieder gebaut wurden.

Frontin bewertet in seiner Schrift (16) die Versorgung der Hauptstadt Rom mit Wasser: „Mit so vielen Wasserleitungen und so vielen notwendigen Bauwerken kannst Du natürlich vergleichen die überflüssigen Pyramiden oder die übrigen, nutzlosen im Gerede gerühmten Werke der Griechen" und Plinius schreibt im 36. Buch (24) seiner Naturgeschichte: „... Wenn man die große Menge Wasser an öffentlichen Orten, in Bädern, Fischteichen, Häusern, Kanälen, Gärten, den Gütern vor der Stadt, Landhäusern, dann die zu dessen Herleitung gebauten Bögen, durchgrabene Berge und geebnete Täler mit Aufmerksamkeit betrachtet, so muß man gestehen, daß die ganze Welt kein größeres Wunderwerk aufzuweisen hat ...".

Wenn wir heute aus der kühlen Distanz von 2000 Jahren und auf der Basis modernen wissenschaftlichen und technologischen Rüstzeugs vielleicht nicht so euphorisch urteilen wie diese beiden (durchaus als objektiv bekannten) Augenzeugen aus dem 1. Jahrhundert n. Chr., so bleibt doch die uneingeschränkte Hochachtung vor der ingenieurmäßig-schöpferisch herausragenden Leistung der Römer. Noch heute beeindrucken die über Jahrtausende erhalten gebliebenen Aquädukte in ihrer Harmonie von Zweckmäßigkeit und Schönheit, von Technik und Kunst auch den kritischen Betrachter. Die Wertschätzung gewinnt besonderes Gewicht, wenn in Betracht gezogen wird, wie rudimentär die wissenschaftlichen Kenntnisse und wie begrenzt die technologischen Möglichkeiten waren, die den römischen Ingenieuren bei Planung, Bau, Betrieb und Unterhaltung ihrer hydrotechnischen Anlagen zur Verfügung standen.

Eines lehren die Ruinen der großen römischen Wasserbauten uns Ingenieure noch heute: Ehrfurcht vor der Vergangenheit und Bescheidenheit in der Gegenwart. Sie stellen darüber hinaus eine Herausforderung dar, unser technologisches Wissen und Können auf dem Gebiet der Hydrotechnik kreativ weiterzuentwickeln.

Die Gestalt Frontins in ihrer politischen und sozialen Umwelt

Organisation und Administration der Wasserversorgung Roms

Werner Eck

Professor Dr. phil. Werner Eck
Alte Geschichte, Universität Köln

Die Gestalt Frontins in ihrer politischen und sozialen Umwelt

„Der Aufwand für ein Grabmonument ist überflüssig. Die Erinnerung an uns wird fortbestehen, wenn wir es durch unser Leben verdient haben" (Impensa monumenti supervacua est; memoria nostri durabit, si vita meruimus, Plinius ep. 9, 19, 5). Diese selbstbewußten und keineswegs unsympathischen Worte standen im Testament des Sextus Iulius Frontinus, als der mehr als siebzigjährige römische Senator im Jahr 103 oder 104 starb[1]. Er verbot mit diesen Sätzen seinen Erben, ihm ein repräsentatives Grabmal zu errichten, wie es für ein Mitglied seines gesellschaftlichen und politischen Lebenskreises zu Beginn des 2. Jahrhundert n. Chr. normalerweise ganz selbstverständlich gewesen wäre[2]. Wenige Jahre später, 108 n. Chr., hat ein anderer, uns namentlich unbekannter Römer, der ein ähnliches politisches Leben wie Frontin hinter sich gehabt haben dürfte, in seinen testamentarischen Verfügungen genauestens festgelegt, wie sein Begräbnis ablaufen sollte, welche finanziellen Aufwendungen für sein Grab zu erbringen waren und wie die Pflege dieser Begräbnisstätte auf möglichst lange Frist hin gesichert werden konnte. Ein Landgut von erheblicher Größe wurde dazu aus der Erbschaft ausgesondert, dessen Ertrag den Lebensunterhalt von mehreren Freigelassenen erbringen sollte. Diese waren dadurch freigestellt, die Grabanlagen zu betreuen und den Totenkult durchzuführen. Wir wissen dies deswegen so genau, weil auch das Testament auf einer monumentalen Marmortafel von über 2,50 Metern Höhe und mehr als einem Meter Breite an dem Grabmal angebracht wurde[3]. So repräsentierte dieses Monument über den Tod hinaus eine Lebensweise, die umfassend auf Öffentlichkeit angelegt war und hier ihre eigentliche Erfüllung fand.

Vergleicht man damit Frontin, so ist seine Haltung zwar einerseits atypisch, weil er zumindest einen Teil der äußeren Formen mit seiner testamentarischen Verfügung ablehnte. Andererseits ist das Ziel, das er erstrebte und das sich in seinen Worten ausspricht: die memoria nostri, die Erinnerung an uns, das Nichtvergessenwerden, das gleiche wie bei seinem Standesgenossen, dessen Haltung zunächst so ganz anders erscheinen möchte. Gloria – Ruhm bei der Nachwelt – dies sicherte das Weiterleben, nur die Mittel konnten verschieden sein[4].

Hätte Frontin freilich einem üblichen großen Grabmonument zugestimmt, dann wäre für uns die Chance größer gewesen, daß wir durch die Inschrift, die am Grabbau Auskunft über den Bestatteten gab, genauer über seine öffentlich-staatliche Tätigkeit informiert wären. Denn mag er auch heute bei den wenigen, die noch von ihm gehört haben, hauptsächlich oder ausschließlich durch seine literarischen Produkte bekannt sein[5], so war doch seine damalige Existenz nicht die eines „Fachschriftstellers", wie er oft genannt wird; er war vielmehr und in erster Linie Mitglied der am politischen Regiment beteiligten Reichsaristokratie. Trotz der vor allem während seines letzten Lebensjahrzehnts führenden Stellung im öffentlichen Leben seiner Zeit ist allerdings die Überlieferung außerhalb seiner Schriften nicht gerade sehr breit; seine eigenen Werke beleuchten nur schmale Ausschnitte seines Tuns, geben jedoch einen Einblick in seine Persönlichkeit wie bei wenigen anderen seiner Zeitgenossen. Immerhin gestatten es die fragmentarischen Traditionsverhältnisse, Frontin auch in seinem öffentlichen Wirken in den Grundzügen zu erfassen.

Frontin wird für uns zum ersten Mal am 1. Januar 70 n. Chr. greifbar, als er in Rom als Stadtprätor (praetor urbanus) die Eröffnungssitzung des Senats im neuen Jahr leitet[6]. Alles, was vor diesem Datum liegt, ist uns unbekannt, zumindest nicht unmittelbar bezeugt; doch läßt sich immerhin typologisch einiges für Frontin erschließen, sowohl über seine geographische und soziale Herkunft als auch über sein Alter.

Die Mitglieder der herrschenden Schicht Roms, d. h. während der gesamten Republik und auch zunächst in der Kaiserzeit die Senatoren, stammten ursprünglich aus Rom selbst und seiner näheren Umgebung. Mit der Ausdehnung der römischen Herrschaft über die Länder des Mittelmeerraumes ändert sich daran unmittelbar nichts; erst seit dem Ende der Republik und dann zunehmend unter der Herrschaft der Kaiser wurden schrittweise, analog zur Ausbreitung des römischen Bürgerrechts bei den ehemals Unterworfenen, auch einzelne Provinziale zur politischen Tätigkeit herangezogen[7] und erhielten die Möglichkeit, sich in Rom um die traditionellen republikanischen Ämter zu bewerben (Quästur, Volkstribunat oder Ädilität, Prätur und schließlich der Konsulat) und im kaiserlichen Dienst tätig zu sein[8]. Natürlich war nicht jeder Provinziale dazu „qualifiziert", da allein schon ein Mindestvermögen von einer Million Sesterzen vorausgesetzt wurde. Man mußte somit einigermaßen begütert sein, was angesichts der in der Antike weithin üblichen sozio-politischen Ordnung auch Zugehörigkeit zur jeweiligen lokalen, städtischen Führungsschicht bedeutete. Auf diese munizipale Aristokratie stützte sich die römische Herrschaft; manche ihrer Mitglieder wurden zunächst einmal als Mitglieder des Ritterstandes zum Militärdienst – natürlich sogleich in Offiziersstellungen – herangezogen, womit die Zuverlässigkeit im politischen Sinne Roms eindeutig erbracht wurde[9]. Einige wenige dieser ritterlichen Militärs konnten in die kaiserliche Administration überwechseln und damit ihren politischen Einfluß, aber auch ihr Sozialprestige vergrößern[10]. Wiederum eine Auswahl aus diesen kaiserlichen Vertrauensleuten des Ritterstandes gelangten schließlich entweder selbst in die eigentliche politische Führungsschicht, den Senatorenstand, oder ermöglichten zumindest ihren Kindern diesen Aufstieg. Im ersten Jahrhundert der Kaiserzeit kamen diese neuen Senatoren (man nannte sie homines novi, was wir als Aufsteiger bezeichnen würden), abgesehen von Italien selbst, fast ausnahmslos aus den westlichen Provinzen, die seit vielen Generationen sich schon römischer Sprache, Kultur und politischer Praxis auf der lokalen Ebene geöffnet hatten, d. h. weitgehend romanisiert waren. Dieser Tatbestand traf vor allem auf die Provinz Narbonensis (im wesentlichen die heutige Provence) und die Provinz Baetica (Südspanien) zu[11].

Es besteht eine hohe Wahrscheinlichkeit, daß auch Sex. Iulius Frontinus zu diesen neuen Senatoren gehörte, obwohl es nicht auszuschließen ist, daß auch schon sein uns unbekannter Vater einen Senatssitz eingenommen hatte. Da im 2. Jh. aus der provincia Narbonensis ein Q. Valerius Lupercus Iulius Frontinus als Senator bekannt ist, liegt die Vermutung nahe, auch Sex. Iulius Frontinus könne dort seine Heimat gehabt haben[12]. Daß er später in Italien nahe bei Terracina, etwa 90 km südlich von Rom, eine Villa besaß[13], sagt nichts über seine Herkunft. Denn da alle Mitglieder des Senats, wenn sie sich nicht in den Provinzen in amtlichem Auftrag aufhielten, in Rom an den Sitzungen ihrer Körperschaft teilnehmen mußten, sie aber trotzdem nicht stets im Gewühl und Lärm der Hauptstadt leben wollten, gab es wohl kaum einen Senator, der nicht an der Küste von Latium oder Kampanien bzw. in den Bergen östlich von Rom ein Landgut erwarb, um dort die nicht mit offiziellen Geschäften besetzten Tage zu verbringen[14].

Ebenso wie die Herkunftsprovinz läßt sich auch das Lebensalter und damit in etwa die Geburtszeit erschließen. Im Jahr 70 war Frontin Prätor, am ehesten im Jahr 73 Konsul. Während die Prätur ein Mindestalter von 30 Jahren erforderte, konnte man

Ruinen einer Wasserleitung (Rom). Kupferstich von Piranesi, 1784.
Photo: Deutsches Museum, München.

A *Avanzo degli archi Neroniani sul monte Celio ov' era la loro terminazione.* B e C *Fistole e Cloache nell' avanzo de' muri del castello dell' acqua.*

Piranesi Architetto diseg. incise

zum Konsulat üblicherweise, zumal wenn man nicht der bevorzugten Gruppe der Patrizier angehörte, erst mit 40–42 Jahren gelangen. Da Frontin nicht patrizischen Ranges war und zudem wohl als Neuling in den Senat gekommen war, wird er bei seinem Konsulat eher schon gegen 40 Jahre alt gewesen sein. Zwar konnte gerade die veränderte politische Situation beim Regierungsbeginn des flavischen Kaiserhauses, das durch einen Militärputsch gegen Kaiser Vitellius an die Macht gekommen war, manche Beschleunigung in einer Laufbahn bewirken. So war z. B. Iulius Agricola, der Schwiegervater des Historikers Tacitus und Zeitgenosse Frontins, der aus Forum Iulii (Frejus in der Provence) stammte, in seinem Konsulat 77 n. Chr. erst 37 Jahre alt[15]. Aber zwingend ist diese Annahme bei Frontin nicht. Wenn man annimmt, er sei spätestens Mitte der 30er Jahre des 1. Jahrhunderts n. Chr. geboren, wird man nicht allzu weit vom Richtigen entfernt sein.

Wie sich die politische Tätigkeit und der Aufstieg Frontins bis zum Jahre 70 gestaltete, bleibt im Bereich der mehr oder minder wahrscheinlichen Spekulation. Immerhin kann man mit Sicherheit einen Aufenthalt beim Heer voraussetzen, entweder als ritterlicher oder als senatorischer Offizier. Denn Frontin wäre gewiß nicht in der kritischen Situation zu Beginn des Jahres 70 mit dem Kommando über eine römische Truppe gegen die aufständischen Gallier betraut worden, wenn er nicht mit dem Heer, seiner Kampfpraxis und seinen logistischen Erfordernissen vertraut gewesen wäre. Trotzdem braucht man in ihm deswegen nicht einen Berufsoffizier zu sehen. Der englische Althistoriker Sir Ronald Syme hat aus einer der Schriften, die Frontin in der Regierungszeit Domitians verfaßte, den sogenannten Strategemata, den nicht unwahrscheinlichen Schluß gezogen, Frontin könne vielleicht in den späten 50er Jahren des 1. Jahrhundert im Osten des Reiches unter dem General Domitius Corbulo gedient haben, der unter Nero gegen die Parther zu kämpfen hatte[16]. Denn während der Verfasser der Strategemata – wenn man einmal von den domitianischen Feldzügen gegen die Chatten absieht – kaum auf zeitgenössische militärische Ereignisse zu sprechen kommt, erwähnt er Corbulo insgesamt fünfmal[17]. Mehr als eine – freilich wahrscheinliche – Vermutung kann allerdings auch dies nicht sein, da die Kämpfe und militärischen Maßnahmen des neronischen Heerführers in Rom nicht geringe Aufmerksamkeit erregt hatten. Ein Teil seiner Unterführer gehörte wenige Jahre später zu dem engsten Führungskreis um Vespasian, mit dem die Revolte des Statthalters von Judäa gegen Kaiser Vitellius zum Erfolg geführt wurde. Daß sie auch nach dem Sieg der flavischen „Partei" zu den einflußreichsten Persönlichkeiten zählten, ist nicht verwunderlich.

Falls Frontin im Osten als ritterlicher und nicht als senatorischer Offizier an den Kämpfen der Römer gegen die Armenier und Parther beteiligt war, muß er vor dem Jahr 70 in den Senatorenstand und auch in den Senat aufgenommen worden sein. Da er kurz nach seinem Amtsantritt als Stadtprätor im Jahr 70 von Licinius Mucianus, dem engsten Vertrauten Vespasians und dem eigentlichen Machthaber in Rom, schon von seinem Posten abgelöst und nach Gallien gesandt wurde, möchte man kaum annehmen, er sei erst durch die am 21. Dezember 69 in Rom siegreich eingezogenen Flavier mit diesem Amt betraut worden, da Mucian sonst wohl schon von vornherein die Geschäftsverteilung anders durchgeführt hätte. Domitian, der bald nach dem 1. Januar die Prätur von Frontin übernahm, hatte sie erst am 22. Dezember 69 auf Senatsbeschluß hin erhalten, sie muß also schon vorher für Frontin bestimmt gewesen sein. Um so erstaunlicher ist die Laufbahn, die Frontin unter Vespasian absolvierte, was bei einem von Vitellius geförderten Senator nicht so ohne weiteres zu erwarten wäre. Allein gerade die Bürgerkriegszeit hat mehr als einen überraschenden Wechsel von der einen zur anderen „Partei" gebracht, so daß die üblichen politischen und personellen Mechanismen leicht außer Kraft gesetzt werden konnten. Ganz sicher hatte sich der Senator aber nicht in entscheidender Weise kompromittiert oder gar bis zuletzt am Kampf gegen die Flavier teilgenommen. Ob Kaiser Galba Frontin wie so manch andere seiner Anhänger aus Spanien oder Südgallien in den Senat gebracht hat, ist möglich, aber nicht zu beweisen.

Wie oben schon einmal betont, ist die Stellung eines Stadtprätors in Rom das erste eindeutige Faktum, das wir aus der politischen Laufbahn Frontins kennen. In dieser Eigenschaft eröffnete und leitete er die Senatssitzung am 1. Januar 70 (Tacitus, Historien 4, 39). Üblicherweise hätten dies die beiden ordentlichen Konsuln tun müssen, die am 1. Januar ihr Amt antraten. Das waren im Jahr 70 Vespasian und sein Sohn Titus. Doch während der Kaiser selbst sich noch in Ägypten aufhielt, leitete Titus die militärischen Operationen gegen die aufständischen Juden Palästinas, die schließlich im Herbst 70 zur Eroberung und Zerstörung Jerusalems führten. So fiel in Abwesenheit der beiden Konsuln dem Stadtprätor als höchstem Magistrat die Leitung der Sitzung zu, in der, ebenso wie in bereits vorangegangenen, Maßnahmen getroffen wurden, die sich zwingend aus dem siegreichen Kampf der flavischen Truppen ergaben. Dabei war es in erster Linie nötig, den militärischen Parteigängern Vespasians: Offizieren, Truppen und den zu Vespasian übergewechselten Klientelkönigen Auszeichnungen und Belohnungen zu beschließen. Einem Freigelassenen Vespasians mit dem Namen Hormus, der an den Kämpfen beteiligt gewesen war, wurde der Rang eines römischen Ritters zuerkannt[18]; manche Senatoren mochten dabei ein inneres Widerstreben verspüren und sich an unliebsame Erscheinungen der Vergangenheit erinnert fühlen.

Nicht allzu lange nach dem 1. Januar trat Frontin von seiner Magistratur zurück, die vom Kaisersohn Domitian übernommen wurde, der nominell als Vertreter seines Vaters in der Hauptstadt agierte. Die Stellung eines Stadtprätors gab ihm dafür zugleich eine offizielle Funktion. Man hat gelegentlich gemeint, dies als Affront des später so verhaßten Domitian gegenüber Frontin deuten zu müssen. Doch kann davon keine Rede sein. Denn Frontin wurde offensichtlich unmittelbar nach Gallien beordert, um dort den Kampf der Römer gegen abgefallene gallische und germanische Stämme mitzuorganisieren[19]. Obwohl nicht bekannt ist, wie sein Titel lautete, muß es sich um das Kommando über eine nicht kleine Einheit gehandelt haben[20], d. h. entweder über eine ganze Legion oder eine aus verschiedenen Truppen zusammengesetzte Eingreifarmee, wie wir es ähnlich von zwei Brüdern, Domitius Lucanus und Domitius Tullus, kennen, die ein vereinigtes Hilfstruppenkontingent gegen die aufständischen Germanen kommandierten[21]. Das hieß aber dann für Frontin keine Zurücksetzung, sondern im Gegenteil eine außerordentliche Beschleunigung seiner Laufbahn, was sich auch wenige Jahre später in einem frühen Konsulat zeigte. Daraus ergibt sich zudem, daß seine militärische Tätigkeit höchst erfolgreich gewesen sein muß, was mit dem einzigen konkreten Bericht über seinen Aufenthalt in den gallischen Provinzen, den er selbst gibt, zusammenstimmt (Frontin, Strategemata 4, 3, 14). Beim Anrücken der römischen Armee befürchtete der Stamm der Lingonen um die Stadt Augustodunum (Langres) die Verwüstung seines Gebiets. Als dies aber nicht eintrat, verstanden sie sich zur Unterwerfung, die Frontin selbst entgegennahm, womit er eindeutig als der kommandierende Offizier der römischen Truppe gekennzeichnet ist. Die Streitmacht der Lingonen, die sich ergab, betrug nach Frontins Worten 70000 Bewaffnete, was freilich mehr wegen der hohen Zahl dem Prestige des erfolgreichen römischen Generals zugute kam, als daß man darunter voll einsetzbare, gut geschulte Soldaten verstehen dürfte. Gallischer Landsturm würde wohl die Situation besser beschreiben. Man hat in der Forschung verschiedentlich versucht, die Einheit (man denkt im allgemeinen an die legio II Adiutrix bzw. XXII Primigenia) zu bestimmen[22]. Doch bleibt dies letztlich ein müßiges Spiel, da in den Kämpfen gegen die abgefallenen

Germanen und Gallier auch Sonderkommanden nötig waren. Ebenso bringt es keinen Erkenntnisfortschritt, wenn man meint, Frontin sei als Legionskommandeur ca. 71/73 in Britannien tätig gewesen, weil dies sowohl bei seinem Vorgänger wie bei seinem Nachfolger in der späteren Statthalterschaft über die Inselprovinz der Fall gewesen sei[23].

Spätestens im Jahr 73, doch ist auch das vorhergehende Jahr nicht absolut ausgeschlossen, gelangte der erfolgreiche Truppenkommandeur zum Konsulat, dem alten republikanischen Oberamt. Alle republikanischen Magistraturen haben, schon in der letzten Zeit des Freistaates, noch mehr aber unter der kaiserlichen monokratischen Herrschaft Macht und Einfluß eingebüßt, aber sicher keine in so umfassendem Maß wie der Konsulat. Denn während alle anderen wenigstens ihre normale Dauer von einem Jahr beibehielten, wurde er allmählich immer mehr verkürzt, bis eine Amtsdauer von zwei bis höchstens vier Monaten das übliche war[24]. Abgesehen von wenigen Situationen haben die Konsuln jegliche politische Macht verloren. Um so mehr ist freilich das äußere Prestige des Amtes gestiegen; vor allem aber wurde es, wie übrigens schon zur Zeit der Republik, die unumgängliche Voraussetzung für die Übernahme der großen Statthalterschaften, insbesondere in den Provinzen, deren Gouverneure unmittelbar vom Kaiser ernannt wurden und die Amtsbezeichnung legatus Augusti pro praetore (= Stellvertreter des Kaisers im Rang eines Prätors) trugen[25]. Ein direktes Zeugnis für den Konsulat Frontins haben wir nicht, aber die nachfolgende Statthalterschaft in Britannien erfordert ihn zwingend. Später als im Jahr 73 kann er nicht in Rom den Konsulat übernommen haben. Denn im Jahr 74 sind bis zum 15. Mai, als sein Vorgänger in Britannien, Q. Petillius Cerealis, in Rom zum zweiten Mal die fasces führte, alle Konsuln bekannt[26]. Da im allgemeinen ein Statthalter in einer Provinz die Ankunft seines Nachfolgers abzuwarten hatte, müßte der Wechsel in Britannien spätestens im März 74 erfolgt sein, was man aber wegen der schwierigen Reiseverhältnisse in den Winter- und Frühjahrsmonaten für wenig wahrscheinlich ansehen möchte; somit wird Frontin wohl eher schon im Herbst 73 die militärische und zivile Leitung Britanniens übernommen haben.

Damit hat er einen ungeheuer schnellen Aufstieg erlebt. Im Verlauf von insgesamt vier Jahren gelangte er von der Prätur über ein Militärkommando zur höchsten Magistratur und zur Statthalterschaft in einer der wichtigsten Militärprovinzen des Reiches. Kaum einem seiner Zeitgenossen ist eine solche Blitzkarriere möglich gewesen. Cn. Iulius Agricola etwa brauchte dafür die Jahre von 68 bis 77[27]; andere, die von Vespasian schon 69/70 bzw. im Jahr seiner Censur 73/74 prätorischen Rang erreicht hatten, mußten zumeist bis in die domitianische Zeit warten, um Konsuln zu werden[28]. Nur drei Personen scheint eine ähnlich schnelle Laufbahn möglich gewesen zu sein, mit nur einem Amt zwischen Prätur und Konsulat wie offensichtlich bei Frontin. Valerius Festus wurde, wohl von seinem Verwandten Vitellius, als Kommandant der einzigen Legion in Nordafrika bestellt, obwohl Festus zuvor nur Prätor gewesen war. Rechtzeitig entschied er sich für Vespasian und ließ einen angeblichen Thronprätendenten, den Prokonsul Calpurnius Piso, in Karthago ermorden. Der frühe Konsulat bereits im Jahr 71 war die „verdiente" Kompensation dafür[29]. Auch zwei Brüder, Domitius Lucanus und Domitius Tullus, wurden unter Vespasian offensichtlich schnell von der Prätur zum Konsulat befördert; doch ist bei ihnen die Aufnahme unter die Patrizier ein zusätzliches Argument gewesen, das bei Frontin nicht wirksam werden konnte[30]. Zwar hat man verschiedentlich das kurze Intervall durch die Annahme zu erklären versucht, auch Frontin sei durch Vespasian in diese spezielle und unter dem Gesichtspunkt der Ämterlaufbahn privilegierte Gruppe des Senatorenstandes erhoben worden (adlectio inter patricios). Allein da der Senator spätestens im Sommer 73 zum Konsulat gekommen sein muß, könnte eine solche adlectio nicht mehr wirksam geworden sein, da Vespasian erst während seiner Censur, die er seinerseits erst um die Jahresmitte 73 übernahm, den Patrizierstand ergänzt hat. Somit muß der Grund für den frühen Konsulat Frontins wesentlich in seiner eindeutigen Unterstützung der flavischen Sache bzw. seinen militärischen Verdiensten und Fähigkeiten gesehen werden. Zumindest ist eine sonstige engere Bindung an das flavische Kaiserhaus etwa durch eine nähere Verwandtschaft oder Verschwägerung nicht bezeugt.

Kurze Zeit nach diesem ersten Höhepunkt seiner öffentlichen Laufbahn wurde er mit der Statthalterschaft in Britannien betraut, wo er Petillius Cerealis, einen Verwandten der kaiserlichen Familie, ablöste[31]. Damit hatte Frontin die Leitung der Provinz übernommen, die wohl die größte Truppenkonzentration im Imperium Romanum aufwies: 4 Legionen und eine nicht genau zu bemessende Zahl von 500 bis 1000 Mann starken Hilfstruppeneinheiten, den sogenannten alae und cohortes. Da man die Auxilien bis auf 50000 Soldaten geschätzt hat[32], mußten dem Statthalter fast 75000 Mann unterstehen mit insgesamt vier prätorischen Legionslegaten und mindestens 100 ritterlichen Offizieren. 20–25% der gesamten römischen Militärmacht wurden somit von dem kaiserlichen Legaten Britanniens befehligt. Diese immense Truppenkonzentration war dadurch erklärlich, daß dieses Prestigeobjekt der imperatorischen Selbstbestätigung des Kaisers Claudius seit dem Jahr 43 nur sehr schrittweise erobert und nur im Süden als römische Provinz eingerichtet worden war. Sowohl Wales als auch die gesamte nördliche Hälfte hatten sich noch dem römischen Eroberungsdrang widersetzt. Zusätzlich war es infolge des Bürgerkrieges der Jahres 68/69 zu erheblichen Unruhen gekommen, so daß nunmehr eine erneute Anstrengung der Römer nötig wurde, was sich auch in einer Verstärkung der Besatzungstruppen bemerkbar machte. Wohl im Jahr 71 war die legio II Adiutrix nach Britannien verlegt worden. Petillius Cerealis hatte sich von 71–73 besonders gegen den Stamm der Briganten in Mittelengland gewandt und ihn in blutigen Schlachten mit Erfolg bekämpft. Frontin dürfte diese Kämpfe weitergeführt haben, doch sein hauptsächliches Angriffsziel wurde die Halbinsel Wales mit dem zahlenmäßig starken und kriegerischen Stamm der Silurer, die er nach dem Zeugnis des Tacitus unterworfen hat (Tacitus, Agricola 17,3). Einige der imperatorischen Akklamationen, die Vespasian und Titus in den Jahren zwischen 74 und 77 angenommen haben, dürften auf siegreiche Kampfhandlungen des britannischen Statthalters zurückgehen. Einzelheiten, insbesondere die strategische Einschnürung der in dem recht unwegsamen Bergland sich verteidigenden Stämme durch kleinere und größere Forts, hat die britische Archäologie nachweisen können. Deutlichstes Zeichen für den militärischen Druck, der auf die Bewohner von Wales ausgeübt wurde, waren die beiden Legionsfestungen, im Süden in Isca Silurum (Caerleon) für die legio II Adiutrix, im Norden Deva (Chester) für die legio XX Valeria Victrix. Dazu kamen zahlreiche kleinere Kastelle für die Hilfstruppen und größere Marschlager auf den Hochebenen von Wales, von denen aus die Kampfhandlungen geführt wurden. All diese militärischen Anlagen gehen auf die Zeit der britannischen Statthalterschaft Frontins zurück.

Vielleicht noch vor Abschluß der endgültigen Unterwerfung der Halbinsel Wales hat Frontin das Kommando an seinen Nachfolger Agricola übergeben, entweder noch im Jahr 77 oder auch erst 78[33]. Damit war Frontin vier oder sogar fünf Jahre Statthalter in Britannien gewesen, länger somit als es der durchschnittlichen Dauer eines solchen Amtes von drei Jahren entsprach. Der Empfang in Rom dürfte höchst ehrenvoll gewesen sein und man wird annehmen können, daß der erfolgreiche General vom Senat auf Antrag des Kaisers entsprechende Auszeichnungen erhalten hat, vermutungsweise die sogenannten Triumphalornamente, womit auch die Aufstellung einer Bronzestatue des Senators auf dem Augustusforum in Rom verbunden gewesen wäre.

Sowohl sein Nachfolger Agricola erhielt, modern gesprochen, diese Orden, als auch ein direkter Zeitgenosse Frontins, Pinarius Cornelius Clemens, der etwa in den Jahren 72–74 das südbadische Gebiet eroberte, damit die direkte Verbindung zwischen Rhein und oberer Donau herstellte und dadurch eine erheblich günstigere Verkehrssituation vor allem für das römische Militär herstellte[34]. Die Auszeichnungen dokumentierten und festigten im allgemeinen den politischen und gesellschaftlichen Rang des Geehrten.

In den nachfolgenden Jahren hören wir nichts von Frontin, was freilich angesichts der höchst fragmentarischen Überlieferung nichts besagt (vgl. S. 55). Erst zum Jahr 83 kann man eine offizielle Stellung wenigstens wahrscheinlich machen. Domitian, der nach seinem Vater Vespasian (gestorben Juni 79) und seinem Bruder Titus (gestorben September 81) das Kaisertum übernommen hatte, mußte, oder meinte zumindest die Verpflichtung zu spüren, seine militärischen Fähigkeiten als oberster Kriegsherr der römischen Truppen unter Beweis zu stellen. Angriffsziel waren die etwa im heutigen Hessen wohnenden Chatten, die mehrfach auch römisches Gebiet belästigt hatten[35]. Die Chatten waren ein germanischer Stamm, gehörten also zu der Völkergruppe, über die, wie Tacitus ironisch-sarkastisch bemerkt, die Römer so oft Triumphe gefeiert hätten und die dennoch nie endgültig besiegt worden waren[36]. Seit den augusteischen Germanenkriegen mußte jedem Feldherrn, der sich siegreich mit den Germanen auseinandersetzte, ein besonderer Nimbus zufließen[37]. Wohl aus diesem Grund, aber auch aus der konsequenten Fortsetzung der Politik seiner beiden Vorgänger im rechtsrheinischen Obergermanien erklärt sich das Ziel des domitianischen Angriffes im Frühsommer des Jahres 83. Aus der Umgebung von Mainz und dem rechtsrheinischen Vorfeld wurde der Vorstoß gegen die Chatten geführt, vor allem mit den Truppen der beiden germanischen Militärbezirke. Frontin dürfte an diesen Kämpfen beteiligt ge-

Bild 1. Weihinschrift aus Xanten in Niedergermanien (CIL XIII 8624): I(ovi) O(ptimo) M(aximo) I]unoni [Mine]rvae pro [sal(ute) S]exti Iul(i) [Fro]ntini [leg(ati) Aug(usti)?]: „(Weihung an) Iuppiter den Besten und Größten, Iuno und Minerva für die Unversehrtheit (des kaiserlichen Beauftragten) Sextus Iulius Frontinus." Die Dedikation, die aus Xanten stammt, bezieht sich auf eine Zeit amtlicher Tätigkeit Frontins im germanischen Bereich, ohne daß diese genauer bestimmt werden könnte. Typisch für die öffentliche Funktion ist die Wendung an die drei höchsten Götter des römischen Staates. Photo: Rheinisches Landesmuseum, Bonn.

wesen sein, wie mehrere Beispiele aus der unkonventionellen Kriegführung der Römer, die er in seine Strategemata aufgenommen hat, vermuten lassen. Es ist nicht ausgeschlossen, daß Frontin in dieser Zeit Kommandeur des gesamten niederrheinischen Heeres gewesen ist, worauf auch eine fragmentarische Weiheinschrift hinweisen könnte, die in der Nähe von Xanten, wo sich ein römisches Legionslager befand, für das Wohl des Frontin den Göttern Jupiter, Juno und Minerva gesetzt wurde[38]. Freilich könnte man diesen inschriftlichen Text auch auf die Zeit seiner Kämpfe gegen die Gallier seit dem Jahr 70 beziehen, so daß man besser keine zu sicheren Schlußfolgerungen daraus ziehen sollte. Wenn Frontin nicht als Legat des untergermanischen Heeres im Stab Domitians tätig war, kann er auch die Stellung eines comes, eines engen militärischen Beraters und

Armeekommandeurs, eingenommen haben. Auf jeden Fall zeigt die recht wahrscheinliche Heranziehung des erfahrenen Senators, wie dieser auch nach dem Regierungswechsel von Titus zu Domitian noch zu dem engeren Führungszirkel um den Kaiser gehörte. Von einer äußeren Distanzierung Frontins von dem „Tyrannen" Domitian bzw. umgekehrt einer Kaltstellung durch den Kaiser kann zumindest in den Anfängen der domitianischen Regierungszeit nicht die Rede sein.

Wenige Jahre später ging Frontin als Prokonsul in die Provinz Asia, d. h. den westlichen Teil der heutigen Türkei. Damit hatte er in einer senatorischen Karriere eine Höhe erreicht, die kaum noch überboten werden konnte. Das genaue Amtsjahr, das bei einem Prokonsul am 1. Juli begann und am 30. Juni des folgenden Jahres endete, ist nicht exakt überliefert. Doch hat das Jahr 84/85 die größte Wahrscheinlichkeit für sich[39]. Seine Aufgaben während der nur 12 Monate dauernden Amtszeit waren rein zivil; denn Militär war, abgesehen vielleicht von ein oder zwei Auxiliareinheiten (also höchstens 1000 Soldaten) in dieser Senatsprovinz nicht stationiert. Neben der jurisdiktionellen Tätigkeit, die zentral für jeden Prokonsul war[40], stand eine partielle Kontrolle der lokalen Selbstverwaltung der Städte, insbesondere soweit der Sektor der öffentlichen Bauten dabei berührt wurde. In Hierapolis in Phrygien hat so Frontin ein Tor mit Türmen reparieren lassen, in Laodikeia ein ähnliches Bauwerk, das von einem kaiserlichen Freigelassenen erbaut worden war, eingeweiht[41]. Man hat gemeint, Frontin selbst habe die Kosten für die Baumaßnahmen in Hierapolis getragen; doch ist dies recht unwahrscheinlich; seine Beteiligung beschränkte sich wohl auf die Genehmigung und die Kontrolle der dafür aufgewendeten städtischen Gelder.

Nach seinem Prokonsulat in Asia hat unseres Wissens Frontin keine weiteren amtlichen Aufgaben mehr von Domitian erhalten. Es wäre auch ganz ungewöhnlich gewesen, da er ohnehin schon eine beachtliche Laufbahn nach seinem Konsulat hinter sich gebracht hatte: zwei konsulare Stellungen im Dienst des Kaisers und eine Statthalterschaft in einer der zwei großen Senatsprovinzen Asia und Africa. Nur ein Teil aller Konsulare konnte diese Reihe von Ämtern erwarten. Lediglich ein zweiter Konsulat wäre theoretisch noch möglich gewesen. Doch wurden derartige Auszeichnungen (dazu gehörte weit mehr noch ein etwaiger dritter Konsulat) lediglich den engsten Vertrauten eines Kaisers bzw. denen verliehen, die sich in außergewöhnlicher Weise um den Herrscher verdient gemacht hatten. Vibius Crispus und Fabricius Veiento etwa, die schon unter Vespasian und Titus zu den wichtigsten politischen Helfern der Kaiser gehört hatten und deshalb im Jahr 74 bzw. 80 zum zweiten Mal Konsuln geworden waren, wurden von Domitian, dessen Kronrat sie angehörten, zu consules tertium ernannt – eine außergewöhnliche Bevorzugung, die sonst niemand sich erwerben konnte[42]. Auch Lappius Maximus, der als Statthalter von Germania inferior im Winter 88/89 den Usurpator Antonius Saturninus militärisch niedergeworfen hatte, wurde im Jahr 95 nochmals Konsul[43]. Aber solche Verdienste konnte Frontin nicht vorweisen, weshalb ganz natürlicherweise seine öffentliche Laufbahn, soweit sie sich in Ämtern konkretisierte, mit dem Prokonsulat zu Ende war.

Bild 2. Bronzemünze aus Smyrna in der Provinz Asia (heute Izmir), die während der Statthalterschaft Frontins von der Stadt geprägt wurde; sein Name erscheint auf der Vorderseite:
ἀνθυ(πάτῳ) Φροντείνῳ
= unter dem Prokonsul Frontinus. Das Münzbild zeigt einmal die Büste der Göttin Kybele mit einer Mauerkrone, ferner eine Amazone mit Lanze und Doppelaxt.
Photo: aus Sylloge Aulock (P. R. Franke).

Erst in diesen eher inaktiven Jahren nach 86 hat er sich dem unmittelbaren Anschein nach literarischen Interessen zugewandt, zumindest ist für keines seiner Werke ein früherer Abfassungstermin nachweisbar. Diese Wendung zur Schriftstellerei teilte Frontin mit vielen seiner Standesgenossen. Denn eine soziopolitisch gehobene Stellung bedeutete im römischen Bereich üblicherweise auch Teilhabe am kulturellen Betrieb der Zeit, nicht nur im Sinn der passiven Rezeption, sondern vielfach auch im Sinn einer eigenen Produktivität. Dabei ist freilich kultureller Betrieb weitgehend in dem eingeschränkten Sinn einer literarischen Kultur zu verstehen. Denn die anderen Künste, etwa Malerei, Bildhauerei, Architektur oder Musik wurden zu sehr als mit handwerklicher Tätigkeit verbunden angesehen und waren damit für den Ausübenden sozial leicht deklassierend. Schriftstellerische Tätigkeit aber konnte ein sehr breites Spektrum erfassen: Annaeus Lucanus schrieb in neronischer Zeit ein episches Werk über den Bürgerkrieg zwischen Caesar und Pompeius, sein Onkel Seneca legte in zahlreichen Traktaten seine stoisch-philosophischen Gedanken nieder, verfaßte daneben aber auch einige blutrünstige Tragödien. Tacitus wurde, wie viele Standesgenossen vor ihm, der historiographische Gestalter der eigenen Zeit in seinen Historien, aber auch der etwas ferneren Vergangenheit in den Annalen. Plinius der Jüngere, ein homo novus, den Frontin sehr gefördert hat, veröffentlichte neben Reden aus seiner politischen und juristischen Tätigkeit als Anwalt einen hochstilisierten Briefwechsel mit seinem „Freundeskreis", fand aber auch noch Zeit, das eine oder andere Gelegenheitsgedicht zu verfassen, ebenso wie der spätere Kaiser Nerva bereits unter Nero Gedichte wie ein zweiter Tibull verfaßt hatte. Ein ehemaliger Statthalter von Niedergermanien, Vestricius Spurinna, schrieb leichte Verse in lateinischer und griechischer Sprache, vielleicht erotischen Inhalts; daß diese Produktion fast völlig verlorengegangen ist, brauchen wir kaum zu bedauern. Aber neben all dieser Literatur im engeren Sinn[44] existierte auch die Fachschriftstellerei, die auf ein hohes Alter zurücksehen und auch ein beträchtliches Ansehen vorweisen konnte. Freilich – diese Fachschriftstellerei war notwendigerweise eingeengt auf Bereiche, mit denen

Bild 3a. Ansicht des Stadttores von Hierapolis in Phrygien. Das Tor mit den beiden flankierenden Türmen wurde während des Prokonsulats des Frontin wahrscheinlich im J. 85/86 wiederhergestellt. Über dem Tor verlief auf beiden Seiten eine Inschrift, in der sowohl Kaiser Domitian mit seiner gesamten Titulatur als auch der Prokonsul als verantwortlicher Amtsträger genannt wurde. Tor und Türme hatten zwar auch noch in den ruhigen Zeiten des kaiserlichen Friedensregimentes eine gewisse Schutzfunktion zu erfüllen, dienten aber ebensosehr dem Repräsentationsbedürfnis der Stadtgemeinde. Die Anlage, die zusammengestürzt war, wurde von italienischen Archäologen zum größten Teil wieder hergestellt.

Bild 3b. Detailansicht der Inschrift über dem Tor in Hierapolis in Phrygien mit dem Namen Frontins in Lateinisch und Griechisch. Photos: Y. Baykal.

sich ein Senator qua Standeszugehörigkeit überhaupt beschäftigen konnte. Der ältere Cato hatte neben seinem historiographischen Werk und seinen Reden auch ein Buch über die Landwirtschaft (De agricultura) verfaßt. Ebenso schrieb Varro in der Zeit der späten Republik über die wirtschaftlichen Möglichkeiten eines Gutsbesitzers (Rerum rusticarum libri tres), aber z.B. auch über die kultischen Aufgaben der römischen Staatspriester. Beide Themen standen in unmittelbarem Zusammenhang mit Tätigkeiten, die ein Mitglied der soziopolitischen Führungsschicht Roms im privaten oder öffentlichen Leben zu bewältigen hatte.

Auch Frontin hielt sich im wesentlichen an diese allgemein vorgegebenen Grenzen, wenngleich er inhaltlich teilweise Neues gebracht hat und der Aspekt des sachlich-technischen Handbuches bei ihm stärker hervortritt.

Ein militärtheoretisches Werk Frontins ist nicht erhalten geblieben; so können wir uns keine näheren Vorstellungen davon machen; Traian aber hat diese Arbeit offensichtlich hoch geschätzt[45]. Den „praktischen" Teil seiner militärischen Schriftstellerei publizierte er in den „Strategemata", einer Sammlung von mehr oder weniger originellen und klugen Entscheidungen, die insbesondere von römischen Feldherrn bei kriegerischen Unternehmungen getroffen worden waren[46]. Frontin hat das Material bereits bestehenden ähnlichen Sammlungen, aber auch historiographischen Werken entnommen und empfand seine Zusammenstellung als Hilfe für vielbeschäftigte Standesgenossen[47]. Ein allzu hoher literarischer Anspruch war mit diesem Werk in vier Bänden nicht verbunden; in welchem Umfang es rezipiert wurde, läßt sich nicht recht abschätzen; immerhin erregte die Literaturgattung beträchtliches Interesse und die handschriftliche Überlieferung des Mittelalters ist recht breit.

Der knappe, sachlich-nüchterne Stil der Strategemata findet sich verstärkt in einer gromatischen Schrift, d.h. einer Erörterung über die Prinzipien und die Praxis der römischen Landvermessung, ein Buch, das nicht vollständig, aber wohl zum größeren Teil erhalten ist. Da sowohl die Strategemata, aber noch mehr sein Werk über die Wasserleitungen Roms in engem Zusammenhang mit einer amtlichen Tätigkeit standen, sollte man vermuten, daß auch seine Ausführungen über die gromatischen Institutionen aus einem amtlichen Auftrag erwachsen sind, zumal Frontin (de aquis 2) betont, die schriftliche Fixierung der Probleme, die mit öffentlichen Aufgaben verbunden seien, habe er auch bei anderen Ämtern praktiziert – als Absicherung und Information für sein eigenes Tun bzw. als Zusammenfassung seiner Erfahrungen. So könnte ihm Domitian einen Auftrag erteilt haben, vielleicht als Mitglied einer Kommission, die Unklarheiten zwischen Privatleuten und dem Kaiser wegen okkupierten Staatslandes entscheiden sollte. Domitian wollte dieses Problem, das unter seinem Vater wieder relevant geworden war, endgültig lösen und hatte deshalb das usurpierte Besitz- in ein Eigentumsrecht umgewandelt[48]. Naheliegender ist freilich die Beteiligung Frontins an einem solchen Entscheidungsgremium oder auch ein Wirken als Einzelrichter in der vespasianischen Regierungszeit, da dieser Kaiser mit Nachdruck auf dem staatlichen Anspruch an nicht ordnungsgemäß angewiesenem öffentlichen Boden bestand und zur Aufbesserung der finanziellen Situation entweder okkupierten Boden ganz einzog oder zumindest Abgaben für die Bearbeitung und Nutzung forderte. Aus mehreren Gegenden Italiens, aber auch aus manchen Provinzen sind diese vespasianische Aktivität und auch einzelne offizielle Beauftragte für ihre Durchführung bekannt; auch unter Titus wurde diese Wiedergewinnung von Staatsland fortgeführt[49]. Mit diesem Werk über gromatische Theorie und Praxis, die seit den Zeiten der frühen Republik insbesondere bei der Ansiedlung von Kolonisten eine enorme Bedeutung gewonnen hatten, wurde Frontin der Begründer einer neuen Sparte der römischen Fachliteratur, die sich nach ihm breit entwikkelte. Sein eigenes Werk wurde noch im 4. Jahrhundert von einem Agennius Urbicus in überarbeiteter und kommentierter Form erneut aufgelegt[50].

Abgesehen von seiner literarischen Produktion ist vom Leben Frontins unter der domitianischen Herrschaft kaum etwas bekannt, vor allem nicht aus der späten Epoche, als sich die Spannungen zwischen dem Herrscher und Teilen des Senats immer mehr verschärften; die deutlich zu bemerkenden autokratischen Züge des Kaisers, der nicht bereit war, die seit Augustus üblichen zurückhaltenden Formen im Verkehr zwischen dem Kaiser und den Senatoren zu respektieren, und die daraus resultierenden Konflikte mit nachfolgenden Prozessen und Hinrichtungen hatten auf jeden Fall zu einer ständigen Spannung geführt, die in den Senatssitzungen, an denen auch Frontin teilgenommen haben wird, spürbar geworden sind[51]. Freilich hat es auch überzeugte Anhänger Domitians gegeben und die Masse der Senatsmitglieder hat zumindest keine Opposition getrieben, auch wenn nach der Ermordung Domitians im September 96 sich nicht wenige als politisch Verfolgte oder als Widerständler stilisieren wollten, die keinerlei Nachteile erlitten, im Gegenteil sogar manche Förderung durch den nun verfemten Kaiser erfahren hatten. Auch Nerva und der jüngere Plinius sollen bedroht gewesen sein[52] – man wird dies eher für eine Fiktion um der propagandistischen Wirkung willen ansehen müssen[53]. Zur Opposition hat Frontin kaum gehört, auch wenn er viele Handlungen des Kaisers, u. a. dessen politische Grundtendenz abgelehnt haben dürfte, wie sein etwa gleichaltriger Standesgenosse Corellius Rufus (Konsul im Jahr 78), mit dem zusammen er von Plinius d. J. zu einer Beratung über private Erbschaftsstreitigkeiten am Ende der domitianischen Zeit herangezogen wurde. Da Plinius beide als die angesehensten Personen der damaligen Zeit bezeichnete (quos tunc civitas nostra spectatissimos habuit, Plin. ep. 5, 1, 5), ergibt sich daraus immerhin, daß Frontin in der Öffentlichkeit den ihm gebührenden Rang eingenommen hat.

Doch erst der gewaltsame Herrschaftswechsel von Domitian zu Nerva am 18./19. September 96 und dann insbesondere die Adoption Traians im Herbst des folgenden Jahres haben Frontin auf den Höhepunkt seines Prestiges und seines politischen Einflusses gebracht. Eine genauere Analyse der engsten Berater um den neuen Kaiser kann hier nicht erfolgen; doch wird aus der Überlieferung deutlich, daß eine nicht geringe Anzahl älterer Senatoren, die der gleichen politischen Generation angehörten und wohl zum größten Teil schon seit vespasianischer Zeit mit Nerva näher bekannt gewesen waren, mehr Einfluß als früher gewannen: L. Iulius Ursus, consul suffectus 84, T. Vestricius Spurinna, Konsul wohl in der vespasianischen Zeit, Corellius Rufus[54] und eben auch Sex. Iulius Frontinus. Zwar wurden Frontin keinerlei, politisch-militärisch unmittelbar mit Macht verbundene Ämter übertragen, vielmehr wurde er zunächst Mitglied einer vom Senat gewählten Fünferkommission, die Einsparungsmöglichkeiten für die leere Senatskasse, das Aerarium Saturni, suchen sollte[55]. Allzu großen Erfolg bei der Konsolidierung der Finanzen, die im übrigen gar nicht so trostlos waren[56], hat diese Kommission wohl nicht vorweisen können; aber eine solche Aktion machte sich am Regierungsbeginn auf jeden Fall gut, um den neuen Anfang und die damit verbundene finanzielle Solidität propagandistisch zu verstärken. In Rom hat man z. B. 250 000 Sesterzen aus Gebühren für die private Benutzung von öffentlichem Grund um die Wasserleitungsanlagen herum zurückgewonnen[57] – eine lächerlich kleine Summe. Allein der senatorische Statthalter der Provinz Africa dürfte das Vierfache als Gehalt vereinnahmt haben. Ebenfalls im Jahr 97 – und dies war entschieden wichtiger – wurde Frontin zum curator aquarum ernannt[58], wodurch er die Verantwortung für den Großteil der Wasserversorgung Roms übernahm. Die Schrift, die er aus diesem Anlaß verfaßte: De aquis urbis Romae, hat seinen Namen bis in die Moderne lebendig erhalten, hat ihm die memoria gebracht, von der in den ersten Sätzen die Rede war. Frontin hätte dies wohl

Bild 4. Porträtkopf Traians aus Ostia. Der Kopf ist wahrscheinlich erst nach dem Tod Traians im Jahr 117 gestaltet worden. Photo: DAI Rom.

Bild 5. Porträtbüste des L. Iulius Ursus, Konsul in den Jahren 84, 98 und 100. Er gehörte wie Frontin zu den wichtigsten Persönlichkeiten um Traian, bei dessen Regierungsantritt sie eine erhebliche Rolle gespielt haben müssen. Als Kennzeichen seiner soziopolitischen Stellung erscheint auf der linken Schulter ein Teil des Paludamentums, des Feldherrnmantels; von der rechten Schulter verläuft quer über die Brust der Schwertriemen. Beide Chiffren kennzeichnen ihn als Träger vom Kaiser zugewiesener statthalterlicher Macht. Photo: Musei Vaticani.

nicht so eindeutig gesehen. Seiner politischen Tätigkeit hätte er erheblich mehr Gewicht zugemessen – und mit Recht, nicht nur nach den Maßstäben seiner Zeit.

Mit dem Amt selbst war kaum eine besondere Macht verbunden. Zwar unterstand dem curator die sogenannte familia publica, das aus Sklaven bestehende, rund 240 Mann starke Personal, das zusammen mit der familia Caesaris (ebenfalls Sklaven, 460 an der Zahl, aber kaiserliche) alle mit der Wasserversorgung zusammenhängenden Arbeiten zu erledigen hatte. Aber dies bedeutete politisch nichts. Das Amt brachte Prestige – und es verstärkte den persönlichen Kontakt zum Kaiser durch die offizielle Tätigkeit in der Stadt Rom.

Was genau im Herbst des Jahres 97 sich in Rom zutrug, wie im einzelnen Nerva dazu kam, den aus der Provinz Baetica stammenden, wohl 44 Jahre alten Statthalter der Provinz Germania superior, M. Ulpius Traianus, zu adoptieren und zu seinem Nachfolger zu bestimmen, läßt sich heute nicht mehr klar feststellen[59]. Daß eine plötzliche Eingebung Juppiters auf dem Kapitol den Kaiser dazu veranlaßte, braucht man Plinius nicht abzunehmen[60] – die Ratgeber hatten eine durchaus menschliche Größe. Ob man geradezu von einem Komplott gegen Nerva sprechen darf, muß offenbleiben. Aber daß Traian in Obergermanien das am nächsten zu Rom gelegene große Heer kommandierte[61], konnte niemand übersehen. Der aus Spanien gekommene Senator L. Licinius Sura, vielleicht gerade im Jahr 97 Suffektkonsul, wird als der entscheidende Vertrauensmann Traians in Rom genannt[62]. Andere politische Verbündete Traians aber findet man wohl in den Konsulnlisten der kommenden Jahre. Der Konsulat war ein beliebtes und hochgeschätztes Mittel zur Auszeichnung verdienter Anhänger. Das Jahr 98 eröffnete Nerva zusammen mit Traian. Doch bereits am 13. Januar trat Nerva zurück und an seine Stelle traten in einem Rhythmus von je einem Monat vier andere Senatoren, die jeweils neben Traian zum zweiten Mal einen Konsulat erhielten. Unter ihnen war auch Frontin, consul II im Februar, und Iulius Ursus, consul II im März[63]. Schon während der Republik galt ein zweiter Konsulat als eine besondere Auszeichnung durch das römische Volk; das blieb in der Kaiserzeit erhalten, aber nun vergab ihn der Princeps an Personen, die ihm nahestanden oder die es verdienten – durch Loyalität zum Kaiser. Nun könnte man freilich annehmen, die Ernennung Frontins zum consul II könne auf Nerva zurückgehen, sie müsse aber mit der Adoption Traians nichts zu tun haben. Doch diesen Schluß verbieten die Konsulnlisten von 99 und 100 n. Chr. Im Jahr 99 machte Traian den homo novus Q. Sosius Senecio zu einem der beiden ordentlichen Konsuln; Sosius war der Schwiegersohn Frontins und später einer der bedeutendsten Generäle Traians. Vor allem aber durfte Frontin selbst am 1. Januar des Jahres 100, also erst zwei Jahre nach seinem zweiten Konsulat, zum dritten Mal die Amtszeichen eines Konsuls übernehmen – noch dazu zusammen mit dem Kaiser selbst, der endlich nach Rom zurückgekehrt war. Im Februar wurde Frontin von L. Iulius Ursus abgelöst; auch dieser wurde consul III, wie schon im Jahr 98 als Nachfolger Frontins[64]. Plinius d. J. kann sich gar nicht genug tun, dieses außergewöhnliche Ereignis – zwei consules III neben dem Kaiser, der auch erst den dritten Konsulat bekleidete – herauszuheben (Plinius, Panegyricus 60–62). Und er hatte Grund. Nur insgesamt 8 Senatoren hatten zwischen 27 v. Chr. und 100 n. Chr. diese exzeptionelle Stellung einnehmen dürfen, unter ihnen Agrippa, der für Augustus den Sieg bei Aktium gegen Antonius und Kleopatra errungen hatte, und Licinius Mucianus, dem Vespasian wesentlich den Erfolg bei der Usurpation gegen Vitellius zu verdanken hatte. Wenn Traian Frontin und Iulius Ursus in so bemerkenswerter Weise vor ihren anderen Standesgenossen auszeichnete, nachdem sie erst zwei Jahre vorher consules II gewesen waren (das kurze Intervall findet sich auch bei Agrippa und Mucian), müssen außerordentliche politische Verdienste vorgelegen haben, die man kaum anderswo als im Zusammenhang der Adoption und Nachfolge Traians wird suchen dürfen. Zwar redet Plinius d. J. darüber nicht direkt in seiner Preisrede auf Traian im Jahr 100, aber die Hinweise, beide Konsuln hätten sich in der Toga, also in Rom, dem Kaiser verpflichtet, sprechen einigermaßen deutlich.

Frontin hat nach diesem äußeren Höhepunkt seiner Laufbahn noch einige wenige Jahre gelebt, in denen er wohl weiterhin als curator aquarum tätig war. Ob ihn Traian neben dem Priesteramt eines Augurs[65], das er mit Wahrscheinlichkeit schon in vespasianischer Zeit erhalten hatte, noch in eine andere Priesterschaft aufgenommen hat, wissen wir nicht, wäre jedoch angesichts seiner Stellung nicht unwahrscheinlich. Im Jahr 103 oder 104 ist er gestorben[66]. Einen Sohn hat er offensichtlich nicht hinterlassen, sondern nur eine Tochter Iulia, die mit Sosius Senecio, dem Konsul des Jahres 99, verheiratet war. Über sie wurde der Name Frontins auf ihre Nachkommen in der antoninischen Zeit weitergegeben. Auch ein anderer Senator der flavisch-traianischen Zeit, P. Calvisius Ruso Iulius Frontinus[67], hat nach dem Tod Frontins dessen Namen übernommen, wohl auf eine testamentarische Bestimmung hin, für einen Teil der Erbschaft auch den Namen zu tragen. Auch am Weiterleben des Namens hing die memoria des Verstorbenen.

Frontin war unter mehreren Aspekten nicht absolut typisch für einen römischen Senator. Die zu Beginn zitierte Anweisung, keinen Aufwand für eine äußerliche Ehrung nach seinem Tod zu treiben, ist nur einer der Punkte, wo er aus dem üblichen Erscheinungsbild seiner Standesgenossen ausbricht. Auch seine Karriere, die in einem dritten Konsulat gipfelte, entsprach nicht einer Durchschnittslaufbahn; freilich war das exzeptionelle Ende besonderen politischen Umständen zuzuschreiben. Andernfalls wäre seine öffentliche magistratische Tätigkeit mit dem Prokonsulat in Asia zu Ende gewesen. Seine gewisse Andersartigkeit wird jedoch besonders darin deutlich, wie er seine Verpflichtungen auffaßte, die ihm aus seinen amtlichen Aufgaben erwuchsen. „Da jedes vom Kaiser übertragene Geschäft einen angespannten Einsatz erfordert und mich entweder ein natürlicher Drang oder ein intensives Verantwortungsgefühl nicht nur zur Sorgfalt, sondern auch zu einem lebhaften Engagement treibt, … halte ich es für den ersten und wichtigsten Punkt (was auch schon bei den anderen Aufträgen meine Maxime war), zunächst einmal den Gegenstand kennenzulernen, für den ich die Verantwortung übernommen habe" (Frontin, de aquis 1). Dieser Einleitungssatz seiner Schrift über die Wasserversorgung Roms könnte als eine großsprecherische Herausstellung seiner Person erscheinen, wenn nicht gerade dieses wie auch die anderen literarischen Produkte die Zuverlässigkeit seiner Aussage bestätigten. Frontin hat sich in die Materie eingearbeitet, die ihn erwartete, da nur so seiner Ansicht nach sachgerechte Entscheidungen getroffen werden konnten. Er überschritt damit Grenzen, die für die meisten römischen Amtsträger fast unübersteigbar waren.

Die gesamte senatorische und im wesentlichen auch die ritterliche Führungsschicht kannte keine fachspezifische Ausbildung. In den Kinder- und Jugendjahren absolvierte man die übliche literarisch-rhetorische Schulung, häufig unterstützt durch den lebendigen Anschauungsunterricht in der Praxis bei Vätern oder Verwandten. Mit etwa 20 Jahren kam der ein- bis dreijährige Militärdienst bei den jungen Senatorensöhnen hinzu, der bei Rittern freilich erheblich länger dauern konnte. Eine genauere Ausbildung in einzelnen Sparten der langsam angewachsenen staatlichen Administration aber hat es nicht gegeben, war auch wegen der standesbezogenen Auswahl der Amtsträger und der immer noch wirksamen republikanischen Herrschaftstradition kaum denkbar; Senatoren waren vielmehr grundsätzlich als Führungskräfte in allen zivilen und militärischen Bereichen einsetzbar. Soweit dort kontinuierliche Aufgaben zu erledigen waren, was sich freilich nur in einigen wenigen administrativen Bereichen als nötig erwies, wurden sie von freiem oder unfreiem Hilfspersonal wahrgenommen, das über eine oft jahrzehntelange Praxis verfügte. Diese Kombination von nichtfachkundigem, immer wieder wechselndem Leiter und routiniertem, ständig tätigem Unterpersonal konnte freilich nur dann gut funktionieren, wenn entweder die übergeordneten Magistrate die nötige Intensität bei der Einarbeitung in ihr Amt und der Überwachung der Untergebenen gezeigt, oder wenn dieses Personal unbestechlich und nur aufgabenbezogen gearbeitet hätten. Die Wirklichkeit aber war häufig anders. Ohne auf die Motive des Subalternpersonals hier einzugehen, wird es sowohl aus Frontin selbst als auch etwa aus Plinius klar, daß manche senatorischen Amtsträger sich nicht gerade intensiv um die mit ihrer Magistratur verbundenen Routinearbeiten kümmerten[68]. Plinius klagt recht vernehmlich über den trockenen Aktenkrieg, während er das Aerarium Saturni leitete. Unter Tiberius und Caligula erlitt das Straßenwesen in Italien erhebliche Schäden, weil die zuständigen Straßenkuratoren sich nicht um die Kontrolle der Unternehmer kümmerten, die die Straßen instand zu halten hatten[69]. Dem setzte Frontin die Notwendigkeit einer intensiven Einarbeitung und eines entsprechenden Engagements entgegen, vornehmlich, um mehr Unabhängigkeit vom Subalternpersonal zu gewinnen. Auch Cato der Jüngere hatte sich in der späten Republik als Quästor um diese Unabhängigkeit bemüht und dadurch erhebliche Unruhe unter den Bediensteten der Staatskasse ausgelöst (Plutarch, Cato Minor 16). Während heute freilich jedem Leiter einer großen Behörde bei seinem Amtsantritt ein umfangreiches schriftliches Material über Gesetze, Dienstvorschriften, Personalaufbau und technische Details zur Verfügung steht, war ein römischer Magistrat auf das angewiesen, was er sich selbst an Informationen verschaffte. Denn Amtshandbücher für verschiedene Aufgabenbereiche hat es zumindest für diese Zeit und für die stadtrömischen Ämter nicht gegeben[70]. Frontin hat diesem Zustand, der ihm persönlich mehr als seinen meisten Amtskollegen unerträglich erschien, durch seine Schriften, auch durch sein De aquis urbis Romae, abgeholfen. Manche seiner Nachfolger mögen davon profitiert haben. Nimmt man die Aussagen Frontins in De aquis ernst, so hat er während seiner Amtstätigkeit erhebliche Verbesserungen in der Wasserversorgung Roms durchführen lassen und eine gerechtere Verteilung der vorhandenen Wassermenge erreicht. Mögen auch manche Entscheidungen letztlich vom Kaiser getroffen worden sein, ohne ein beträchtliches Maß an Eigeninitiative des Kurators selbst wäre dies nicht möglich gewesen. Darin gleicht Frontin seinem jüngeren Standeskollegen Plinius, der während seiner Statthalterschaft in Pontus-Bithynien (die heutige nördliche Türkei) nicht wenige Versuche zur Neugestaltung im administrativen Bereich unternommen hat[71]. Doch bei Frontin findet man nicht die Ängstlichkeit und Unsicherheit, die Plinius kennzeichnet. Frontin wirkt selbstsicher und entscheidungsfreudig.

Fast 300 Jahre später hat der spätantike Autor Vegetius, der auch die literarischen Arbeiten Frontins kannte, zur Rechtfertigung der eigenen Fachschriftstellerei über die Reform des Militärwesens seiner Zeit folgende Sätze geschrieben: „Tapfere Taten gehören nur ihrer eigenen Zeit. Schriften jedoch, die zum Nutzen des Gemeinwesens verfaßt werden, sind unvergänglich" (Veget. de re militari 2, 3). Frontin hätte vermutlich dieser Aussage nicht vollinhaltlich zugestimmt. Sein literarisches Schaffen war Teil seiner Tätigkeit für das Gemeinwesen, die res publica. Theorie und Praxis wurden von ihm als eine Einheit betrachtet. Die Unvergänglichkeit in der Geschichte hat ihm trotzdem sein letztes literarisches Werk gebracht, die libri duo de aquis urbis Romae.

Fernwasserleitung in der Campagna (Rom).
Photo: ENIT, Rom.

Organisation und Administration der Wasserversorgung Roms

In der Vorstellung nicht nur der heutigen Menschen gilt Rom und sein Imperium weithin als ein straff organisiertes Gebilde, das vom Kaiser und einem umfangreichen, klar gegliederten Verwaltungsapparat beherrscht wurde. Darin wird nicht zum wenigsten die Wirkmächtigkeit und lange Dauer der Herrschaft begründet gesehen. Verwirklicht und konkretisiert sieht sich diese moderne Vorstellung u. a. in den Bauten, die als mächtige Hinterlassenschaft fast zwei Jahrtausende überdauert haben. Gerade die römischen Straßen mit ihren Brückenanlagen, Bergdurchstichen und zahlreichen Meilensteinen oder die imponierenden Bogenreihen römischer Aquaedukte in der Campagna, in der Nähe von Karthago oder bei Nîmes vermitteln den Eindruck staatlicher Rationalität und Effektivität, sie werden als Symbol römischen Wesens, allgemeiner römischer Wirklichkeit angesehen. Bereits Frontin hat die Wasserleitungen als besonderes Indiz römischer Größe charakterisiert (de aqu. 119, 1).

1. Prinzipien römischer Administration

Man muß sich jedoch fragen, inwieweit solche Bauten Aussagen zulassen über die innere staatliche Struktur und wie diese im Verhältnis zu modernen Erfahrungen zu beurteilen ist. Staatliches Handeln war in Rom selten von dynamischem Veränderungswillen bestimmt. Jeder lebte in einem Zusammenspiel von drei Bereichen, durch die seine Bedürfnisse erfüllt wurden: in der Familie, in seiner Gemeinde und schließlich im übergreifenden Imperium Romanum. Im weitesten Umfang wurden die täglichen, aber auch die längerfristigen Notwendigkeiten von der Familie erfüllt, insbesondere der Komplex der sozialen Sicherung, der heute das bevorzugte Feld staatlichen Handelns geworden ist[72]. Sozialpolitik in unserem Sinn hat Rom, von wenigen, leicht erklärbaren Ausnahmen abgesehen[73], nie betrieben. Nur wenige Sektoren erforderten eine überfamiliale Regelung, so der Schutz vor äußeren Feinden, die Befriedigung der Ansprüche der Götter durch den öffentlichen Kult und auch die Schlichtung von Streitigkeiten zwischen Angehörigen verschiedener Familien. Nur zum Teil gehörten dazu die Sicherung der Lebensmittelversorgung in Krisenzeiten sowie die Zufuhr von Trinkwasser in die Gemeinden. Noch während der Kaiserzeit verdankte man in vielen Städten des Reiches die Heranleitung von Frischwasser nur der Freigebigkeit Einzelner, die Aquaedukte und Laufbrunnen errichteten, nicht aber einer munizipalen oder gar staatlichen Initiative.

2. Die Praxis der Wasserversorgung in der Republik

Die Stadt Rom als urbaner Kern war in dieser Hinsicht eine gewisse Ausnahme. Einmal machte die Ansammlung einer großen Menschenmenge auf engem Raum eine lediglich private Regelung der Wasserversorgung schon in relativ früher Zeit unmöglich, zum andern mußte in der Republik die herrschende Senatsaristokratie daran interessiert sein, offensichtliche Anlässe für Unruhe in der Bevölkerung zumindest zum Teil zu verhindern. Die Bereitstellung von Frischwasser aber war kein partikulares Interesse, betraf vielmehr die Gesamtbevölkerung, so daß sich keine größeren generellen Widerstände gegen die Errichtung von Wasserleitungen ergaben. Seit Appius Claudius Caecus Ende des 4. Jahrhunderts v. Chr. war die Versorgung der Stadt Rom mit Wasser als eine überfamiliale, gesamtheitliche Aufgabe anerkannt[74].

Die Lösung der Aufgabe erfolgte freilich auf eine Weise, die erheblich von unseren neuzeitlichen Vorstellungen abwich. Öffentliche Amtsträger waren nur in geringem Umfang mit den Wasserleitungen befaßt: zunächst bei deren Erbauung und dann bei der Vergabe von Berechtigungen an Privatleute, Wasser in größerem Umfang über besondere Leitungen und nicht aus den öffentlichen Brunnen zu beziehen. Der Bau einer Wasserleitung erfolgte, ebenso wie spätere Reparaturen, durch private Unternehmer, die von den Censoren[75], aber ebenso auch von anderen Magistraten[76], die Aufträge erhielten. Die finanziellen Mittel wurden aus dem Aerar von den Quästoren auf Anweisung der jeweils leitenden Amtsträger ausbezahlt. Doch müssen wir davon ausgehen, daß, abgesehen vielleicht von den allgemeinsten Direktiven, die gesamte Planung in privaten Händen lag.

Sobald das Wasser in die Stadt geleitet war, mußte nur noch für die Verteilung gesorgt werden. Nur relativ wenig davon wurde für private Zwecke bewilligt; dabei handelte es sich während der Republik zumeist um das Überlaufwasser, das bestimmten Handwerkern, z.B. Gerbern oder Tuchwalkern, bzw. Badeanstalten zugestanden wurde[77]. Reine Privatleitungen dagegen dürften nur wegen besonderer Verdienste um die Allgemeinheit von der Volksversammlung bewilligt worden sein. Dabei sind wohl fast ausschließlich die Mitglieder der herrschenden Senatsaristokratie betroffen worden. Zwar wurden die allgemeinen Bewilligungen auch von den Censoren erteilt; allein da sie nur alle fünf Jahre für jeweils 18 Monate im Amt waren, übernahmen in der Regel die Ädilen diese Aufgabe, wie sie überhaupt für die öffentliche Ordnung in der Stadt verantwortlich waren[78]. Das beschränkt sich freilich zumeist auf die Regelung von Streitfragen, da ein umfängliches Subalternpersonal etwa vergleichbar unseren Polizeikräften nicht vorhanden war. So ist es auch durchaus verständlich, wenn die Ädilen in jedem Stadtbezirk in Rom zwei dort wohnende Privatleute beauftragten, über die öffentliche Wasserversorgung zu wachen, d.h. insbesondere über die ordnungsgemäße Benutzung der Laufbrunnen. So konnte durch die soziale Kontrolle, nicht durch einen administrativen Apparat, das Funktionieren des so wichtigen Versorgungssystems gewährleistet werden. Für die Erhaltung der Bausubstanz hatten wiederum Privatunternehmer eine Anzahl von Handwerkern, die möglicherweise Sklaven waren, zu bestellen, deren Namen im Tabularium, dem öffentlichen Archiv, gemeldet werden mußten[79]. Dies diente der Sicherung der Haftungsverpflichtung. Einkünfte erbrachten die Wasserleitungen nur in geringem Umfang, da die Entnahme aus den Laufbrunnen notwendigerweise ohne Entgelt erfolgte. Nur wer Wasser zu privaten Zwecken ableiten durfte, hatte Abgaben (ein vectigal) zu entrichten und ebenso derjenige, der Grund und Boden benutzte, der beim Bau der Wasserleitungen öffentlicher Besitz geworden war (Frontin, de aqu. 94; 118). Ebenfalls private Steuererheber, die wohlbekannten und nur teilweise mit Grund berüchtigten Publikanen, haben diese Gebühren erhoben und gegen Abzug einer Vergütung an die Staatskasse abgeliefert[80]. Der personelle Einsatz von seiten des Staates war somit verschwindend gering[81]. Wenn Frontin (de aqu. 97) die gewissenhafte Aufsicht der republikanischen Magistrate über die Wasserversorgung rühmt, so schwingt ein Gutteil von ganz gewöhnlicher Illusion über „die gute alte Zeit" mit. Vor allem aber bedenkt Frontin nicht, daß sich durch die enorme Ausdehnung des Wasserangebots sowie durch nicht unerhebliche Änderungen in der Administrationsstruktur das Potential für Mißbrauch und Korruption in der Kaiserzeit erheblich vergrößert hatte.

Karte der Stadt Rom mit Umgebung (Anfang 18. Jahrhundert). Bezeichnung: URBIS CUM VICIS SEU PAGIS ADIACENTIBUS DESCRIPTIO DISSERTATIONI III DE AQ. ET AQAED. VETERIS ROMAE PRAEMISSA. Authore Rap. Fabretto Gasp. f. Urbinate Kupferstich von Ioh. Goeree, del.; I. van Vianen, fe.
Die Karte gibt den Verlauf der Aquädukte Claudia, Marcia, Algentiana und Alexandrina sowie deren Arkaden wieder.
Ferner sind der 1447 restaurierte Aquädukt Virgo (Aqua Vergine) und der 1609 restaurierte Aquädukt Alsietina – hier als Condotto del Aqua Paola bezeichnet – dargestellt.
(Goeree 1670–1731, Vianen (?)–1726).
Photo: E. Thofern.

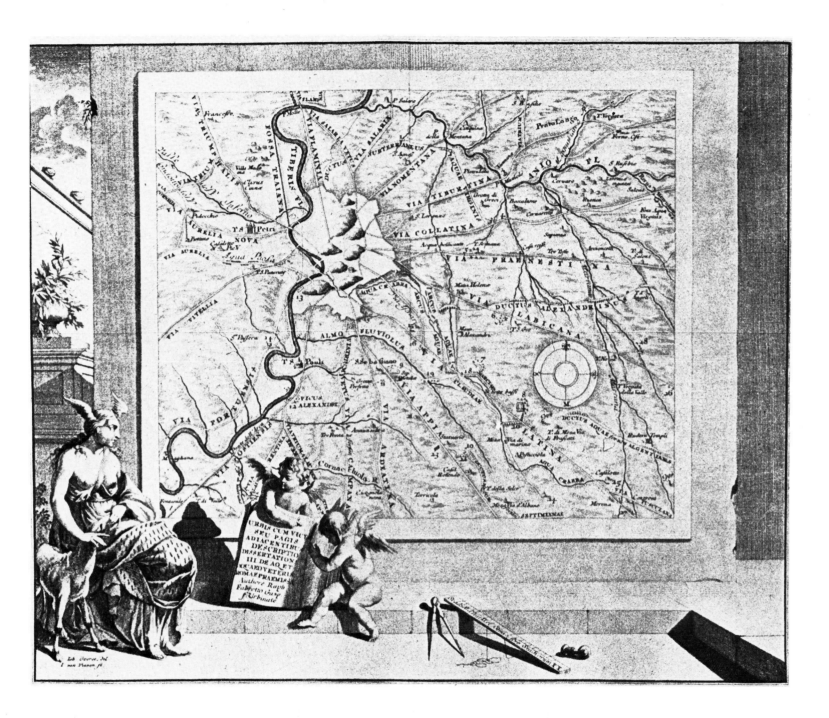

3. Veränderungen seit Augustus – die Beteiligung der Kaiser

Gerade mit Augustus, dem Begründer einer monarchischen Herrschaft in Rom[82], wird weithin eine umfassende Reform der Administration verbunden. Diese Vorstellung ist aber nur sehr partiell zutreffend. Denn einmal sind weite geographische Bereiche, wie etwa Italien außerhalb Roms selbst, fast überhaupt nicht in die Veränderungen miteinbezogen worden, zum andern hat Augustus oft nur geringfügige Neuerungen durchgeführt, deren spätere Entwicklung niemand voraussehen oder vorausplanen konnte.

Rom selbst, die Hauptstadt des Imperiums, ist freilich stärker von den Eingriffen betroffen worden. Aber hier waren auch mannigfache Notstände in großem Ausmaß virulent und politisch instrumentalisiert worden. Sowohl eine mangelhafte Lebensmittelversorgung als auch die Bedrohung der Stadt durch Brandkatastrophen konnten von den Rivalen um die Macht für ihre Zwecke dienstbar gemacht werden. Augustus hat darauf mit tastenden Versuchen geantwortet und schließlich eine tragfähige Organisationsform wie auch in anderen Bereichen gefunden.

Wenn auch die Wasserversorgung Roms in gewissen Bereichen eine veränderte administrative Form erhielt, so scheinen dafür allerdings ganz andere Gründe wirksam geworden zu sein. Agrippa, der engste politische Mitkämpfer des Augustus und Sieger in der Schlacht bei Aktium im Jahre 31 v.Chr., hatte seit seiner Ädilität im Jahre 33 v.Chr. die Zufuhr von Wasser in die Stadt durch den Bau neuer Leitungen und die Errichtung zahlreicher Laufbrunnen erheblich ausgedehnt. Diese Maßnahmen führte er nun keineswegs in staatlichem Auftrag durch, sondern handelte aus eigenem Entschluß (natürlich mit Genehmigung des Senats) – und auf eigene Kosten. Seine Tätigkeit ist somit nicht anders zu verstehen als bei sonstigen senatorischen Familien, die für die Öffentlichkeit Basiliken, Theater oder Tempel errichteten[83]. Aus dem Bau resultierte aber auch die Aufgabe, die Folgelasten zu übernehmen, und das hieß für Agrippa, für den Unterhalt der Wasserleitungen zu sorgen. Dabei begnügte er sich nicht damit, die Verteilung zwischen öffentlichen und privaten Benutzern zu regeln, sondern setzte auch einen Arbeitstrupp von 240 eigenen Sklaven ein (aquarii), die vor allem für die Überwachung der einzelnen Wasserbauwerke zuständig waren. Die Kosten dafür gingen auf seine Rechnung[84]. All dies bewegte sich noch im Rahmen der privaten Munifizenz, natürlich nicht frei von politischen Absichten und Prestigebedürfnissen.

Erst als Agrippa 12 v.Chr. starb und Augustus mit dessen Erbschaft auch die Sorge um die Wasserleitungen als politisches Vermächtnis übernehmen konnte, kam nun ein neues Element ins Spiel, das wir staatlich nennen dürfen. Augustus trat nämlich nicht persönlich an die Stelle des Agrippa – vielleicht aus Scheu, noch mehr Aufgaben in Rom zu übernehmen und damit den republikanischen Schein noch weiter zu vermindern. Außerdem war er faktisch gar nicht in der Lage, sich näher mit Fragen zu befassen, die letztlich das politische Interesse höchstens in einer Krisensituation einmal stärker berühren konnten. Vielmehr übergab er die gesamte 240 Sklaven starke Mannschaft der aquarii des Agrippa der Öffentlichkeit (familia publica). Die aquarii wurden öffentliche Sklaven, servi publici, deren Unterhalt damit auch die Staatskasse aufbringen mußte. Bereits im nächsten Jahr wurden auch die Leitungsfunktionen durch einen Senatsbeschluß geregelt, indem ein Kollegium von drei Beauftragten für die öffentlichen Wasserleitungen (curatores aquarum) eingesetzt wurde[85]. Diese Funktionsträger wurden vom Kaiser im Einvernehmen mit dem Senat ernannt[86]; von einer Mitwirkung dieser republikanischen Körperschaft ist allerdings nach Augustus keine Rede mehr.

Damit war der Kaiser unmittelbar mit der Wasser-

Bild 6. Begrenzungsstein für den Streifen Landes, der auf beiden Seiten des Hauptkanals einer Wasserleitung frei bleiben mußte; unter Augustus in den Jahren 11 bis 4 v.Chr. gesetzt.
Iul(iae) Tep(ulae) Mar(ciae)
Imp(erator) Caesar
divi f(ilius)
Augustus
ex s(enatus) c(onsulto)
CIII
p(edes) CCXL =
„(Begrenzungsstein) der (Aqua) Iulia, Tepula, Marcia. Imperator Caesar Augustus, Sohn des vergöttlichten (Caesar), (hat) auf Senatsbeschluß (den Grenzstein setzen lassen). (Laufende Nummer des Steines) 103. (Der nächste Stein ist) 240 Fuß (entfernt)". (Nach Helbig III⁴ Nr. 2450.
Photo: DAI Rom.

versorgung befaßt, was sich auch darin zeigte, daß Augustus die Regelungen des Agrippa übernahm, darunter auch die Bewilligungen der Wasserentnahme an Privatleute. Er publizierte sie zusammenfassend in einem Edikt und verlieh ihnen dadurch eine größere Autorität und Sicherheit, da sich der erste Mann in der res publica damit identifizierte. Die Regelungen bekamen so öffentlichen Charakter.

Alle Maßnahmen, die in der Folgezeit das Wasserwesen Roms betrafen, wurden entweder direkt von den Kaisern veranlaßt oder ruhten auf ihrer Autorität bzw. ihren finanziellen Mitteln. Sowohl Reparaturen als auch Neubauten wurden aus dem kaiserlichen fiscus bezahlt, und als, wohl seit Claudius (41–54), neben die curatores ein procurator trat[87] und eine noch größere Arbeitsgruppe von Sklaven aufgestellt wurde, trafen die Kosten ebenfalls die kaiserliche Kasse. Ebenso mußten alle Sondergenehmigungen für die Wasserentnahme vom Herrscher in Form eines Briefes, einer epistula, an den Antragsteller ausgestellt werden. Gerade dieses Verfahren zeigt eine charakteristische Seite römischen staatlichen Handelns[88]. Denn man darf damit nicht etwa die Vorstellung eines bürokratischen Verkehrs verbinden, wie etwa heute mit einem Ministerium: Offiziell gehen alle Schreiben an den Minister, und in seinem Auftrag antwortet ein Ministerialbeamter. In Rom bzw. im Römischen Reich aber war es nicht etwa üblich, bei einer Behörde einen Antrag zu stellen, der dann an den Kaiser von Amts wegen weitergeleitet wurde. Vielmehr war die persönliche Kontaktnahme mit dem Kaiser erforderlich oder zumindest mit einer Person, die in engem persönlichen Verkehr mit dem Herrscher stand. Dann konnte man erwarten, eine Antwort in Form eines Bewilligungsschreibens zu erhalten. Damit ist ein starkes personales, man möchte sagen, vorrationales und antiinstitutionelles Element in der römischen Administration greifbar.

4. Die Leitung der Wasserversorgung: der curator aquarum

Das heißt nun freilich nicht, daß die eigentliche Leitungs- und Verwaltungstätigkeit nicht von anderen Kräften übernommen wurde. Gerade darin ist eine wesentliche Änderung im Bereich der stadtrömischen Wasserversorgung zu finden. Es wurde bereits von der Einsetzung der curatores aquarum im Jahre 11 v.Chr. gesprochen. Dieses Kollegium bestand aus drei Personen, alle drei gehörten dem Senatorenstand an, also der Personengruppe, die den höchsten soziopolitischen Status besaß. Sie waren sich allerdings im Rang nicht gleich, vielmehr führte einer von ihnen, der bereits den Konsulat bekleidet hatte und damit üblicherweise schon über 42 Jahre zählte, den Vorsitz[89]. Freilich ist uns über diese „Beisitzer" des konsularen curator aquarum kaum etwas bekannt, weder über eine besondere Tätigkeit noch, ob sie im 2. Jahrhundert n.Chr. weiterhin ernannt wurden.

Voraussetzungen für die Ernennung eines Kurators haben bestanden, nur darf man darunter nicht fachliche Qualifikation verstehen, obwohl dies immer wieder behauptet wird[90]. Vielmehr war die einzige unabdingbare Voraussetzung die Zugehörigkeit zum Senat, also eine soziale und rechtliche Qualifikation, wie sie auf allen Stufen der römischen Administration anzutreffen ist. Hinzu kam notwendigerweise ein ungetrübtes Verhältnis zum Kaiser. Spezielle Ausbildung für einen bestimmten Bereich der Administration hat es, zumindest auf den höheren Ebenen, nicht gegeben. Nötig war die Fähigkeit zur Leitung einer größeren Gruppe von Untergebenen und der Kontrolle ihrer Arbeit, eine gewisse juristische Erfahrung und die Eignung zur Repräsentation der staatlichen Macht. Wenn einzelne Kuratoren besondere fachliche Kenntnisse für den Bereich der Wasserversorgung besaßen, so war dies eine Folge ihrer langen Diensttätigkeit, die sich oft über viele Jahre erstreckte. In den 108 Jahren des Bestehens der cura aquarum bis zum Dienstantritt Frontins waren insgesamt 16 konsulare Kuratoren ernannt worden[91]; fünf von ihnen aber hatten zusammen 79 Jahre die Leitung der Wasserversorgung, zwei von ihnen mit 24 bzw. 23 Jahren Amtsdauer. Dies war für römische Verhältnisse absolut ungewöhnlich, da entweder noch das Prinzip der Annuität, also des jährlichen Wechsels im Amt, galt oder eine Ablösung, vor allem in den vom Kaiser verliehenen Funktionen, üblicherweise nach zwei bis vier Jahren erfolgte. Den Kuratoren war somit eine erheblich größere Chance gegeben, sich in ihre Tätigkeit hineinzufinden und unabhängiger von ihrem Personal zu werden. Nach Frontins Behauptung soll dies allerdings nicht immer geschehen sein; doch mögen die angeblich schlechten Zustände unter der 23jährigen Amtszeit seines Vorgängers Acilius Aviola keineswegs typisch gewesen sein, und es ist auch nicht ausgeschlossen, daß Frontin um der Stilisierung der eigenen Person willen bestimmte Mißstände, die auf ungenügende Kontrolle durch den Kurator zurückzuführen waren, stärker herausgearbeitet hat.

Die normalen konkreten Aufgaben, wie sie sich aus Frontin ergeben, erstreckten sich vor allem auf drei Bereiche: einmal die Erhaltung der Bausubstanz der Wasserleitungen sowie die Gesamtbeaufsichtigung der dafür zuständigen Kräfte, sodann auf die Beteiligung am Genehmigungsverfahren privater Wasserzuleitungen und schließlich auch auf die gerichtliche Regelung von Streitfällen bzw. von strafrechtlichen Vergehen gegen Einrichtungen der Wasserversorgung. Ursprünglich waren die curatores aquarum sogar allein für diese Genehmigungen zuständig gewesen. Dies muß man jedenfalls einem Gesetz des Jahres 9 v. Chr. entnehmen, mit dem eine Reihe von Bestimmungen für den Schutz der Aquaedukte in Kraft gesetzt bzw. eingeschärft wurde[92]. Frontin aber geht ganz selbstverständlich davon aus, daß der Kaiser seine Zustimmung in einem Schreiben an den Antragsteller ausspricht[93]. Wann es zu dieser Änderung gekommen ist, wissen wir nicht. Immerhin hatte bereits Augustus diesbezügliche Maßnahmen des Agrippa bestätigt, worin man zumindest den Ansatz für das spätere Verfahren sehen muß. Für den unbürokratischen Ablauf ist jedenfalls folgendes aufschlußreich: Der Kaiser übersendet sein Schreiben nicht direkt dem Kurator als dem zuständigen Ressortchef, sondern dem Bittsteller. Dieser muß sich dann erst an den Kurator wenden, der seinerseits anschließend dem Prokurator Anweisungen gibt[94].

Besonderes Augenmerk hatte der curator aquarum der baulichen Erhaltung des Wasserleitungsnetzes zu widmen[95]. Dabei war er üblicherweise, wenn er nicht wie Frontin einen Teil der Anlagen persönlich abging, von den Meldungen der Subalternkräfte ab-

Bild 7. Begrenzungsstein für den Streifen Landes, der auf beiden Seiten des Hauptkanals einer Wasserleitung frei bleiben mußte; zwischen 38 und 49 n.Chr. gesetzt. Vgl. Frontin, de aqu. 102. Hac rivi aquar(um) trium eunt; cippi positi iussu A(uli) Didi Galli T(iti) Rubri Nepotis M(arci) Corneli Firmi curatorum aquar(um) = „Hier verlaufen die Kanäle dreier Wasserleitungen; die Begrenzungssteine wurden gesetzt auf Befehl der curatores aquarum A. Didius Gallus, T. Rubrius Nepos und M. Cornelius Firmus". (Nach Helbig III⁴ Nr. 2448). Die drei genannten Personen sind die senatorischen curatores aquarum, den Vorsitz in dem Kollegium führte der Konsular A. Didius Gallus. Photo: DAI Rom.

hängig oder auch von Klagen der betroffenen Benutzer. Die Entscheidung über Reparaturen scheint er getroffen zu haben, nachdem er sich mit den Baufachleuten seines Amtes und, nach dem Rat Frontins, auch solchen von außerhalb beraten hatte[96]. Ob er dann die Arbeiten im einzelnen angeordnet oder deren Regelung bzw. deren Vergabe an freie Bauunternehmer dem Prokurator überlassen hat, ist nicht überliefert. Unbekannt ist auch, ob den Kuratoren der Neubau von Wasserleitungen von den Kaisern übertragen wurde. Zumindest für den organisatorischen Bereich wären sie wohl üblicherweise fähig gewesen; doch ist weder für die aqua Claudia noch für die aqua Traiana dafür ein Zeugnis vorhanden. Römischer Praxis konnte es jedoch genauso entsprechen, wenn etwa Traian für den Bau seiner aqua Traiana einen Sonderbeauftragten ernannt hätte, wie er es bei der via Traiana von Benevent nach Brundisium getan hat[97].

Nicht weniger zeitlichen Aufwand als das bisher Geschilderte dürften die Rechtsverfahren vor dem Kurator erfordert haben. Der römische Magistrat hatte üblicherweise nicht nur die Aufgaben unserer Exekutive, sondern hatte gleichzeitig die Kompetenz, Streitfälle und strafrechtliche Vorkommnisse aus seinem Bereich zu entscheiden. Er hatte also nicht nur die Aufstellung der Grenzsteine zu überwachen, mit denen neben den Wasserleitungen ein freier Streifen Land markiert wurde[98], sondern hatte auch Strafen auszusprechen für die Okkupation dieses Schutzstreifens. Auch Beschädigungen an den Gerinnen, Rohren und Kastellen wurden von ihm mit einer Geldbuße belegt, ebenso die illegale Entnahme von Wasser[99]. Immerhin ist der erhebliche Entscheidungsspielraum bemerkenswert, der dem Kurator dabei blieb. Denn Frontin betont, er habe solche Übertreter des Gesetzes auf sanfte Weise zur Räson gebracht und sich bemüht, ihre Namen nicht bekannt werden zu lassen. Ob sich zahlreiche seiner Standesgenossen unter den Ertappten befanden[100]?

Trotz all dieser Aufgaben war ein Kurator sicher nicht überlastet; schließlich mußte er auch für andere Pflichten noch zur Verfügung stehen. So war Frontin während seiner cura aquarum auch Augur, also Mitglied eines hohen Priesterkollegiums[101]; und ganz selbstverständlich wird er an Senatsversammlungen und vielleicht auch an Sitzungen des kaiserlichen Rats teilgenommen haben. Daneben warteten Zivil- und Strafprozesse, bei denen Senatoren als Richter oder als Geschworene eingesetzt wurden[102]. Daraus wird deutlich, wie breit und verschiedenartig die öffentliche Tätigkeit eines angesehenen Senators in der Hauptstadt sein konnte, wie aber die eigentliche amtliche Beschäftigung nur ein Teil seines Lebens war. Dies war auch deshalb möglich, weil ein Kurator seine Arbeit nicht allein verrichten mußte.

5. Das Subalternpersonal und der procurator aquarum

Dieses war für römische administrative Verhältnisse außerordentlich zahlreich[103]. Denn neben die seit 12 v. Chr. bestehende familia publica von rund 240 trat seit Claudius noch eine kaiserliche Truppe von 460 Personen, die familia Caesaris. Sie war notwendig geworden durch die Ausweitung der Wasserversorgung unter Claudius. Sie alle waren kaiserliche Sklaven oder Freigelassene, so wie die anderen Staatssklaven waren. Gleichzeitig wurde wohl auch unter diesem Kaiser ein weiterer Funktionsträger eingesetzt, der sogenannte procurator aquarum, dem zumindest die familia Caesaris unterstand, vielleicht aber auch das gesamte technische Personal, jedenfalls in späterer Zeit. Dieser Prokurator, dem sozialen Status nach zunächst kaiserlicher Freigelassener, seit Traian ritterlichen Ranges, war einerseits als Vorgesetzter für die familia Caesaris notwendig und war andererseits wohl dafür gedacht, die Arbeiten zu übernehmen, die für den senatorischen Kurator nicht standesgemäß waren, also unmittelbare Überwachung der Arbeit an den Wasserkastellen, die Einteilung und Anweisung des Personals, möglicherweise die Kontrolle der Finanzen, mit denen jedenfalls der Kurator sicher nicht befaßt war[104]. Wie sehr dabei der Prokurator und nicht der Kurator tätig war, ersieht man etwa daran, daß auf den Bleiröhren der Wasserleitungen fast ausschließlich die Namen von Prokuratoren als der verantwortlichen Funktionsträger erscheinen[105]. Ob trotzdem ein unmittelbares Abhängigkeitsverhältnis des Prokurators vom Kurator bestand und dieser dem kaiserlichen Freigelassenen oder auch dem Ritter dienstliche Weisungen erteilen konnte, ist keineswegs sicher.

Der Rang des ritterlichen Prokurators im Gesamtzusammenhang der Administration läßt sich am ehesten an seinem Gehalt ermessen, das im 2. Jh. mindestens 60000, später aber 100000 Sesterzen pro Jahr betrug[106]. Die Höhe des Gehalts wird vielleicht dann

Bild 8. Wasserleitungsrohr aus Blei (fistula aquaria), das in der Stadt Rom gefunden wurde. Der Text lautet: Sub cura Fl(avi) Secundi Imp(eratorum) Antonini et Commodi Aug(ustorum) = (Die Wasserleitung wurde verlegt) unter der Aufsicht des Flavius Secundus, des (ritterlichen Beauftragten) der Kaiser Antoninus und Commodus (177/180 n.Chr.). Die aus Bleiplatten gefertigten Wasserleitungsrohre trugen, wenn sie Wasser zu öffentlichen oder kaiserlichen Gebäuden bzw. zu den Brunnen in der Stadt Rom führten, zumeist einen Vermerk über den unmittelbar für die Verlegung der Rohre verantwortlichen Prokurator. Das große C neben der Inschrift ist in seiner Funktion nicht völlig geklärt. Denn wenn es die Kapazitätangabe, müßte der Durchmesser fast 60 cm betragen; dieser beträgt aber hier maximal 0,37 m. Eher handelt es sich um die laufende Nummer der entsprechenden fistula innerhalb eines längeren Leitungsstranges. Photo: DAI Rom.

deutlich, wenn man damit den Jahressold eines Legionärs zur selben Zeit vergleicht, der 1200 Sesterzen betrug. Diese Vergütung war dabei keineswegs allein und entscheidend durch die Leistung der Prokuratoren bestimmt, sondern auch durch ihre soziale Stellung, die wiederum wirtschaftliche Leistungsfähigkeit zur Voraussetzung hatte. Das Mindestvermögen, um überhaupt ein ritterliches Amt übernehmen zu können, belief sich auf 400000 Sesterzen, nachweisbar in Grundbesitz[107].

Wie hoch die Besoldung der Masse des Subalternpersonals war, wissen wir nicht; doch haben zumindest manche von ihnen verstanden, sich auf illegalem Weg durch den „Verkauf" von Wasserleitungen oder von unerlaubten Manipulationen eine Aufbesserung, vielleicht sogar den größeren Teil ihres Lebensunterhaltes zu beschaffen. Frontin gibt davon eindrückliche Beispiele[108]. Diese Möglichkeiten bestanden vor allem für die Aufseher der einzelnen Wasserkastelle innerhalb und außerhalb der Stadt, aber auch für diejenigen, die die Eichung der Meßdüsen feststellten. Solche illegalen Eingriffe müssen weitverbreitet gewesen sein. Das zeigt der inoffizielle, ironisch gebrauchte Titel „Vorsteher der Einstiche" (a punctis), der in Analogie zu tatsächlichen Amtbezeichnungen (ab epistulis, a bibliothecis, a rationibus) für solche Personen aufgekommen war (de aqu. 115). Anderen Arbeitskräften, die unmittelbar für die Instandhaltung der Kanäle, des Mauerwerks zuständig waren, wird sich dazu weniger Gelegenheit geboten haben.

Frontin nennt verschiedene Bezeichnungen für das untergeordnete Personal[109], ohne daß immer klar wird, was deren spezifische Tätigkeit war:

vilici	= Aufsichtspersonal (?)
castellarii	= Wärter der Verteilerbauwerke
circitores	= Streckenwärter an den Wasserleitungen außerhalb der Stadt
silicarii	= Handwerker, die für die Straßenpflasterung zu sorgen hatten
tectores	= Handwerker, die den wasserdichten Verputz in den Wasseranlagen herstellten
opifices	= sonstige Arbeitskräfte

Diese Beschäftigten waren z. T. auf die Wasseranlagen in den einzelnen Stadtbezirken verteilt und nannten sich sogar nach den städtischen Regionen[110], zum Teil wurden sie dort eingesetzt, wo Reparaturen auszuführen waren. Sobald diese jedoch größer waren, griff man wie zur Zeit der Republik auf Bauunternehmer zurück, ebenso wie auch Neubauten nicht von den beiden ständigen Arbeitstrupps ausgeführt wurden. Auch außerhalb Roms war immer ein Teil des Personals stationiert, insbesondere die Streckenwärter (circitores). Von diesen waren zu einer nicht näher bestimmbaren Zeit allein in Tibur mindestens 21 anwesend[111]. In der Nähe von Tibur verliefen drei Wasserleitungen: die aqua Claudia, aqua Marcia und die aqua Anio novus.

Ob alle 700 Bedienstete technisches Personal waren, ist nicht zu entscheiden, obwohl es nach Frontin so aussehen könnte. Wir wissen jedenfalls aus inschriftlich überlieferten Texten, daß kaiserliche Sklaven, vor allem aber Freigelassene als Rechnungsführer (tabularii), Verwalter des Vorrats an Meßdüsen (supra formas) sowie als Inhaber des Amtstagebuchs (a commentariis aquarum) tätig waren[112]. Besonders groß wird dieser im engeren Sinn administrative Bereich nicht gewesen sein, da die tabularii vor allem für die Besoldung der familia Caesaris zuständig waren, die a commentariis aber für die Aufzeichnung der täglichen Arbeitsanweisungen sowie die Registrierung der durch die Kaiser privilegierten Wasserbezieher. Dieser Arbeitsanfall aber war vermutlich nicht umfangreich. Das Dienstgebäude, in dem sie und auch der Prokurator tätig waren, lag wohl in einem der Tempel im Bereich des heutigen Largo Argentina auf dem Marsfeld in Rom[113].

6. Die Wirksamkeit der Administration

Die Effektivität dieses Verwaltungszweiges abzuschätzen, ist im einzelnen kaum möglich. Immerhin hat Rom bis in die Spätantike hinein, als durch die Angriffe der Germanen immer mehr und schließlich alle Wasserleitungen außerhalb der Stadt unterbrochen wurden, über eine vorzügliche Versorgung verfügt. Nicht wenig wird von der Initiative des Kurators und seinem aktiven Willen zur Kontrolle abhängig gewesen sein; unter Frontin ist es so zu einer erheblichen Verbesserung gekommen. Er hat versucht, das reichlich vorhandene Personal durch tägliche, aktenkundig gemachte Dienstanweisungen zielstrebig zur Verbesserung des Wasserangebots einzusetzen. In keinem anderen Zweig der stadtrömischen Administration war indes nach unserer heutigen Kenntnis das Kontingent der Bediensteten so groß wie im Bereich der cura aquarum. Vielleicht darf man sogar von einer personellen Überbesetzung beim Subalternpersonal sprechen. Denn man kann wohl zweifeln, ob für die ständige Beobachtung der drei bei Tibur vorbeifließenden Wasserleitungen mindestens 21 Streckenwärter nötig waren. Noch aufschlußreicher ist freilich die Feststellung Frontins, daß nicht selten Sklaven der beiden familiae auf privaten Baustellen arbeiteten, und natürlich gleichzeitig ihren Unterhalt aus den öffentlichen Kassen weiterbezogen (de aqu. 117). Daß ein besonderes Hilfspersonal des Kurators zwar noch immer seine Vergütungen aus dem Ärar bezog, aber überhaupt nicht mehr zur Verfügung stand (de aqu. 101), sei nur nebenbei vermerkt.

7. Öffentliche und private Nutzung des Wassers – der Zusammenhang mit der soziopolitischen Stellung der Wasserbezieher

Daß die breitere Öffentlichkeit davon je Notiz genommen hat, darf man bezweifeln. Ihr kam es darauf an, Wasser in all den Bereichen vorzufinden, wo es nötig war, also in den kleinen oder großen Badeanstalten, den Handwerksbetrieben, die vom Wasser abhängig waren, bei den großen Spielen und zum täglichen Bedarf an den vielen öffentlichen Brunnen bescheidenen oder monumentalen Ausmaßes. Und auch die relativ kleine Schicht von Personen aus den soziopolitisch führenden Kreisen wird kaum allzu sehr darüber erregt gewesen sein, da ihr ohnehin zumeist der private Zugang zur öffentlichen Wasserversorgung möglich war.

Ursprünglich war die Heranleitung des Wassers zur Befriedigung der Allgemeinheit geschehen. Rom war aber, auch theoretisch, nie vom Prinzip der égalité beherrscht, weshalb Plinius formulieren konnte: Nichts ist ungleicher als gerade die Gleichheit (nihil est ipsa aequalitate inaequalius). So hat man, zumindest für uns nicht mehr wahrnehmbar, nicht protestiert gegen Sonderregelungen für zunächst wenige Einzelne, Regelungen, die während der Republik von der Volksversammlung genehmigt werden mußten. Das betraf nicht private Badeanstalten, Walkereien und andere Handwerksbetriebe, bei denen der Gebrauch des Wassers, wie Frontin schreibt, ohnehin wieder der Öffentlichkeit zugute kam[114], sondern die Nutzung nur in den privaten Haushalten. Mit dem steigenden Wasserangebot wurde der Kreis dieser Bezieher ausgeweitet, die Genehmigung aber ging auf den Kaiser über. Es ist nun bezeichnend, wie Frontin diese Genehmigung benennt: beneficia = Wohltaten. Er gebraucht damit einen Begriff, wie er tausendfach angewendet wurde, wenn der Kaiser etwas gewährte, mochte man darauf einen Anspruch haben oder, was weit häufiger war, keinen. So konnte ein Strafgefangener durch ein kaiserliches beneficium aus den Bergwerken befreit werden, eine Stadt das Recht erhalten, für die Benutzung einer Straße eine Weggebühr zu erheben, oder auch ein bestimmtes Gebiet zu ihrem Territorium zu zählen. Aber genauso wurde auch die Errichtung von Bauwerken als kaiserliche Liberalität gepriesen oder die Genehmigung zur Abhaltung von Spielen, zu denen möglicherweise der Herrscher aus seinen Gladiatorenschulen die Kämpfer bereitgestellt hatte[115]. Nichts anderes war im Prinzip auch die kaiserliche Gewährung von privaten Wasseranschlüssen. Deshalb findet sich auf einer Wasserleitungsröhre auch der bezeichnende Hinweis: ex indulgentia Caesaris = aus kaiserlicher Huld (wurde das Leitungsrecht gewährt)[116].

Damit stellt sich aber die Frage, wer überhaupt in der Lage war, ein solches herrscherliches beneficium zu erhalten. Grundsätzlich hatte sich dabei gegenüber der Zeit der Republik die Situation insoweit verändert, als jeder, auch der unbedeutendste Einzelne, in den Genuß von Privilegien kommen konnte, wenn es ihm in irgendeiner Weise gelang, den Kon-

Bild 9. Wasserleitungsrohr aus Blei (CIL XV 7500 c) aus der claudischen Zeit (41–54 n.Chr.); es führte zu einem Haus oder einem Grundstück, das sich im Besitz des Narcissus befand: Narcissi Aug(usti) l(iberti) ab epistul(is) = „(Wasserleitung) des kaiserlichen Freigelassenen Narcissus, der für die kaiserliche Korrespondenz zuständig war". Narcissus war einer der großen Freigelassenen unter der Herrschaft des Claudius, der trotz seines sozial minderen Status einen wesentlichen Teil der kaiserlichen Regierungsgeschäfte führte. Deshalb ist es nicht verwunderlich, daß er das Recht auf eine private Wasserzuleitung erhielt. Photo: Soprintendenza alle Antichità, Museo delle Terme, Rom.

Bild 10. Inschrift auf einer fistula aquaria aus Rom (CIL XV 7505a): M(arci) Opelli Macrini pr(aefecti) pr(aetorio) c(larissimi) v(iri) = „(Wasserleitung) des Prätorianerpräfekten Marcus Opellius Macrinus, der senatorischen Rang besitzt". Opellius Macrinus, der 217/218 für etwa 15 Monate Kaiser wurde, fungierte unter Caracalla (211–217) als Prätorianerpräfekt. Obwohl diese Funktion üblicherweise ritterlichen Ranges war, trugen die Prätorianerpräfekten unter Caracalla den senatorischen Rangtitel clarissimus vir. Damit wurde letztlich nur deutlich gemacht, daß dem Präfekten als den wichtigsten Trägern offizieller politischer Macht nach dem Kaiser auch der höchste gesellschaftliche Status, eben senatorischer Rang, zustand.
Photo: Soprintendenza alle Antichità, Museo delle Terme, Rom.

takt zum Kaiser herzustellen und diesen für sein Anliegen zu „interessieren". Das Problem war also die „Nähe zum Kaiser"[117]. Und damit war doch in der Praxis der Kreis derjenigen, die eine solche Berechtigung erhalten konnten, erheblich eingeschränkt. Nicht näher ist dabei auf Anstalten einzugehen, die in gewissem Sinne der Öffentlichkeit zu Diensten waren: Etwa die Circuspartei der Grünen, einzelne Priesterschaften oder auch die Publikanengesellschaft, die auf den Verkauf von Sklaven 4% Steuer erhob[118]. Ähnlich liegt es in der Spätantike mit Hospitälern oder Waisenhäusern[119]. Entscheidend ist vielmehr, wie sich der Kreis der Privatleute zusammensetzte, die ein Wasserprivileg auf legalem Weg erwarben.

Da die Römer in der Antike wie auch noch in der Moderne eine große Vorliebe dafür hatten, einzelne historische Vorgänge oder auch Besitztitel inschriftlich (zumeist für alle sichtbar) festzuhalten, ist uns für unsere Frage ein ergiebiges Material erhalten geblieben. Denn auch die Wasserleitungsrohre, die aus Blei gefertigt wurden, trugen den Namen dessen, der befugt war, Wasser zu beziehen. Wahrscheinlich war dies sogar administrativ gefordert, weil damit die Berechtigung zu kontrollieren war. Die zufälligen und systematischen Ausgrabungen haben in Rom hunderte solcher fistulae aquariae ans Tageslicht gebracht, von denen über 300 eine private Kennzeichnung tragen. Mehr als 55% all dieser Fälle sind unter sozialem Aspekt eindeutig einzuordnen, während etwas über 40% nicht näher zu identifizieren ist.

Analysiert man das aussagekräftige Material[120], so sieht man, daß etwa 80% aller fistulae Personen senatorischen Ranges gehörten, also der sozial angesehensten Gruppe, aus der bis ins erste Drittel des 3. Jahrhunderts hinein die überwiegende Mehrheit der hohen politischen und administrativen Amtsträger genommen wurden. Mit etwa 9% sind sodann Personen mit ritterlichem Status (darunter z.B. der Prätorianerpräfekt Caracallas, M. Opellius Macrinus) und etwas mehr als 11% Freigelassene, und zwar fast ausnahmslos kaiserliche Freigelassene zu identifizieren, unter ihnen auch einer der fast allmächtigen Freigelassenen des Claudius, Narcissus ab epistulis, der für die kaiserliche Korrespondenz zuständig war. D.h. aber: Soweit man die Inhaber dieser durch den Kaiser erteilten Berechtigungen näher festlegen kann, gehörten sie der soziopolitischen Führungsschicht des Reiches an, die in besonderem Maß in der Lage war, direkt oder durch Vermittlung mit dem Kaiser in Kontakt zu kommen. Natürlich waren alle diese Personen auch wirtschaftlich gut gestellt, was deswegen nicht verwunderlich ist, weil nicht nur die Bleirohre selbst, sondern teilweise auch die Verteilerbauwerke, von denen aus die Privatleitungen abzweigten, von den Privilegierten bezahlt werden mußten. So war eine gesicherte ökonomische Position zwar wichtig, aber sie war normalerweise nicht die entscheidende Voraussetzung für den Erhalt einer privaten Wasserleitung.

In Einzelfällen hat allerdings wohl auch dieser Faktor eine wichtige Rolle gespielt; denn so wie die Bediensteten der cura aquarum bestechlich waren, worüber Frontin an mehr als einer Stelle seines Werkes klagt, so waren es auch manche Personen in der Umgebung des Kaisers, die gegen einen adäquaten „Dienst" ein kaiserliches beneficium für einen Interessierten erreichen konnten[121]. Einen solchen Fall können wir mit einiger Wahrscheinlichkeit unter den Namen auf den fistulae noch ausmachen: Im Jahr 68 n.Chr. feierte Nero nach seiner musikalischen und agonistischen Griechenlandtour einen triumphalen Einzug in Rom. Unmittelbar danach wandte sich ein gewisser Larcius Lydus an Nero mit dem Ansinnen, er solle wie in Griechenland so auch in Rom mit der Lyra auf der Bühne als Sänger auftreten; er wolle dafür dem Kaiser 1 Millionen Sesterzen bezahlen. Nero lehnte die Bezahlung als kaiserunwürdig ab, trat aber trotzdem auf[122]. Gerade aus der Zeit Neros bzw. den Jahren unmittelbar danach stammt eine fistula aquaria, die den Namen A(ulus) Larcius Lydus trägt[123]. Es kann kein Zweifel sein: diese beiden Personen sind identisch. Nun läßt sich aber auch noch nachweisen, daß Larcius Lydus ein Freigelassener, also ein ehemaliger Sklave war. Denn ein Larcius Macedo, der in traianischer Zeit (98–117) bereits senatorischen Rang erreicht hatte[124], wurde von seinen Sklaven umgebracht, weil er sie brutal und unmenschlich behandelt hatte. Plinius d. J., ein jüngerer Zeitgenosse Frontins, kommentiert den Vorgang sarkastisch, Macedo habe wohl zuwenig oder vielmehr zu sehr daran gedacht, daß sein Vater noch Sklave gewesen sei[125], und dies war eben Larcius Lydus, der, als er die private Wasserleitung erwarb, Freigelassener war. Da aber nicht der Kaiser sein Freilasser war, gehörte er auch nicht eo ipso zu der Personengruppe, die erheblich leichter Zugang zum Herrscher gewinnen konnte. Somit darf man vielleicht den Schluß wagen, daß seine finanziellen Mittel, die, wie das Angebot an Nero zeigt, ihm reichlich zur Verfügung standen, die Schlüssel gewesen sind. Immerhin: Zumindest äußerlich war der Wasserbezug jedenfalls im Rahmen der Legalität, denn sonst wäre sein Name nicht auf der fistula erschienen.

Typologisch läßt dieser Fall, aber noch mehr die soziale Verteilung der uns bekannten Besitzer privater Wasserleitungen erkennen, wie weit entfernt römische Administration noch von rationaler Versachlichung war. Daraus ein Urteil ableiten zu wollen, hieße freilich, moderne, nichtadäquate Maßstäbe heranzuziehen. Unter den gegebenen römischen Bedingungen kann das Recht auf privaten Wasserbezug nur im Zusammenhang mit dem soziopolitischen Status gesehen werden.

Anmerkungen

Folgende Abkürzungen werden verwendet:

AE	= Année epigraphique, Paris
CIL	= Corpus inscriptionum Latinarum, Berlin 1863ff.
D.	= H. Dessau, Inscriptiones Latinae selectae, Berlin 1892 (ND 1962)
Eck, Staatliche Organisation	= W. Eck, Die staatliche Organisation Italiens in der hohen Kaiserzeit, München 1979.
PIR	= Prosopographia imperii Romani saeculi I. II. III, hg. E. Groag, A. Stein, L. Petersen, Berlin 1933ff. (Band I–V)
Syme	= R. Syme, Tacitus I–II, Oxford 1958

1 PIR² J 322.
2 J. M. C. Toynbee, Death and Burial in the Roman World, London 1971, 101ff.; K. Hopkins, Death and Renewal, Cambridge 1983, 247ff.
3 CIL VI 10229; Rekonstruktion der Erbeneinsetzung bei W. Eck, Zeitschrift für Papyrologie und Epigraphik 30, 1978, 277ff.
4 U. Knoche, Der römische Ruhmesgedanke, Philologus 89, 1934, 102ff., wiederabgedruckt in: Römische Wertbegriffe, Wege der Forschung 34, hrsg. von H. Oppermann, Darmstadt 1967, 420ff. Vgl. H. Häusle, Das Denkmal als Garant des Nachruhms, München 1980.
5 Zu den Werken im Überblick M. Schanz – C. Hosius – G. Krüger, Geschichte der römischen Literatur III 1, München 1935 (ND 1969), 795ff.
6 Tacitus, Historien 4, 39, 2.

7 Vgl. etwa T.P. Wiseman, New Men in the Roman Senate, 139 B.C. – 14 A.D., Oxford 1971; R. Syme, Tacitus II, 1958, 585ff.: The New Romans.

8 Zur üblichen Ämterlaufbahn E. Birley, Senators in the Emperor's Service, Papers of the British Accademy 39, 1954, 197ff.; R. Syme, Tacitus I–II, Oxford 1958 (passim); W. Eck, Beförderungskriterien innerhalb der senatorischen Laufbahn, in: Aufstieg und Niedergang der römischen Welt II 1, Berlin 1974, 158ff.

9 A. Stein, Der römische Ritterstand, München 1927.

10 H.-G. Pflaum, Les procurateurs équestres sous le Haut-Empire Romain, Paris 1950.

11 Fr. Vittinghoff, Römische Kolonisation und Bürgerrechtspolitik unter Caesar und Augustus, Mainz 1951; R. Syme, Colonial Elites. Rome, Spain and the Americas, Oxford 1958.

12 CIL XII 1859; dazu auch R. Syme, Gnomon 29, 1957, 518f.

13 Martial 10, 58.

14 Siehe etwa J.M. d'Arms, Romans on the Bay of Naples, Cambridge (Mass.) 1970.

15 Vgl. die Biographie des Agricola, von seinem Schwiegersohn Tacitus verfaßt; dazu R. Syme, Tacitus I, 1958, 19ff.

16 Syme 790.

17 Tacitus, Historien 4, 39, 2; Frontin, Strategemata 4, 3, 14.

18 PIR² F 259.

19 Tacitus, Historien 4, 39, 1; vgl. 3, 12, 3. 27f.

20 Frontin spricht darüber sehr zurückhaltend Strategemata 4, 3, 14.

21 D. 990. 991; G. Alföldy, Die Hilfstruppen in der römischen Provinz Germania inferior, Düsseldorf 1968, 131ff.

22 Vgl. PIR² J 322.

23 J.B. Ward Perkins, Classical Quarterly 31, 1937, 102ff.

24 Siehe dazu A. Degrassi, I fasti consolari dell'impero Romano, Rom 1952.

25 W. Eck, in: Aufstieg und Niedergang der römischen Welt II 1, Berlin 1974, 206ff.

26 AE 1968, 7.

27 PIR² J 126.

28 W. Eck, Senatoren von Vespasian bis Hadrian, München 1970, 103ff.

29 D. 989; Tacitus, Historien 2,98; 4,49.

30 D. 990. 991.

31 Tacitus, Agricola 17,3. A.R. Birley, The Fasti of Roman Britain, Oxford 1981, 69ff.

32 S. Frere, Britannia, London 1967, 120ff. 248ff.

33 Tacitus, Agricola 18,1.

34 D. 997; vgl. auch D. 986.

35 H. Nesselhauf, Tacitus und Domitian, Hermes 80, 1952, 222ff.; P. Kneißl, Die Siegestitulatur der römischen Kaiser, Göttingen 1969, 43ff.

36 Tacitus, Germania 37,2 und 6.

37 K. Christ, Zur augusteischen Germanienpolitik, Chiron 7, 1977, 149ff.

38 Frontin, Strategemata 1,1,8. 3,10; 2,3,23; CIL XIII 8624.

39 W. Eck, Senatoren von Vespasian bis Hadrian, München 1970, 77ff.; ders., Chiron 13, 1983, 208.

40 G.B. Burton, Proconsuls, Assizes and the Administration of Justice under the Empire, Journal of Roman Studies 65, 1975, 92ff.

41 CIL III 14192, 10; AE 1969/70, 593. Auch auf Münzen kleinasiatischer Städte erscheint sein Name, A Catalogue of Greek Coins in the British Museum, Ionia 250 Nr. 133f.

42 W. Eck, Zeitschrift für Papyrologie und Epigraphik 9, 1972, 270.

43 PIR² L 84.

44 Vgl. den Hinweis oben Anm. 5.

45 Frontin, Strategemata praefatio 1; Vegetius, De re militari 1,8; 2,3.

46 Zweisprachige Ausgabe von G. Benz, Frontin, Kriegslisten, Berlin 1963.

47 Frontin, Strategemata praefatio 2.

48 Corpus agrimensorum Romanorum 96f.

49 Eck, Staatliche Organisation 17; M. Le Glay, Zeitschrift für Papyrologie und Epigraphik 43, 1981, 177ff.

50 Corpus agrimensorum Romanorum 20ff.

51 Dazu etwa A. Garzetti, From Tiberius to the Antonines, London 1974, 265ff.

52 PIR² C 1227; Plinius, epistula 7, 27, 14. 33, 4ff.

53 Dazu Syme 1ff.

54 PIR² J 630; C 1294; Schuster, RE VIII A 1791ff.

55 Plinius, Panegyricus 62, 2.

56 R. Syme, The Imperial Finances under Domitian, Nerva and Traian, in: Roman Papers, Oxford 1979, 1ff.

57 Frontin, de aquis 118.

58 Frontin, de aquis 1. 102.

59 Zuletzt darüber K.H. Schwarte, Traians Regierungsbeginn und der ‚Agricola' des Tacitus, Bonner Jahrbücher 179, 1979, 139ff.

60 Plinius, Panegyricus 8.

61 Plinius, Panegyricus 9,2; Scriptores historiae Augustae vita Hadr. 2, 5.
62 Epitome de Caesaribus 13,6; Syme 598.
63 A. Degrassi, I fasti consolari, 1952, 29.
64 A. Degrassi, I fasti consolari, 1952, 29f.; F. Zevi, Akten des VI. Internationalen Kongresses für Griech. und Latein. Epigraphik München 1972, München 1973, 438; ders., La parola del passato 34, 1979, 179ff.
65 Plinius, epistula 4, 8, 3.
66 PIR² J 322.
67 PIR² C 350.
68 Frontin, de aquis 117; Plinius, epistula 1, 10, 9f.
69 Eck, Staatliche Organisation 57.
70 Später wurden dann für einzelne Aufgabenbereiche libri de officio verfaßt; dies geschah jedoch auf private Initiative, vgl. A. dell'Oro, I libri de officio nella giurisprudenza romana, Mailand 1960.
71 Plinius, Episteln Buch 10.
72 Eck, Staatliche Organisation 7.
73 Im wesentlichen handelt es sich dabei um die Versorgung eines Teiles der stadtrömischen Bevölkerung mit kostenlosem Getreide, um die Versorgung der Veteranen und um die durch Nerva/Traian geschaffene Alimentarinstitution in Italien.
74 Frontin, de aquis 5; ferner Diodor 20, 36, 1; Livius 9, 29, 6ff.
75 Th. Mommsen, Römisches Staatsrecht, 1887², 423ff.; E. Meyer, Römischer Staat und Staatsgedanke, 1964³, 169f.
76 So wurde die Erbauung der aqua Marcia durch den Stadtprätor Q. Marcius Rex geleitet, Frontin, de aquis 7.
77 Frontin, de aquis 94, 6.
78 Frontin, de aquis 95.
79 Frontin, de aquis 96.
80 Vitruv, de architectura 8, 6, 2.
81 Dies war allgemeine republikanische Praxis, vgl. A.H.M. Jones in: Studies in Roman Government and Law, Oxford 1960, 151ff.
82 Allgemein zu Augustus R. Syme, The Roman Revolution, Oxford 1939 (dt. Die römische Revolution, Stuttgart 1957); Fr. Vittinghoff, Augustus, Göttingen 1959; D. Kienast, Augustus. Prinzeps und Monarch, Darmstadt 1982.
83 Dazu beispielsweise H. Kloft, Liberalitas principis, Köln 1970, 35ff. P. Veyne, Le pain et le cirque, Paris 1976, 375ff.
84 Frontin, de aquis 9; 98.
85 Frontin, de aquis 99.
86 Ein solches Kollegium ist aus CIL VI 1248 = D. 5745 bekannt: A. Didius Gallus, T. Rubrius Nepos, M. Cornelius Firmus; sie gehören in claudische Zeit.
87 Frontin hatte darüber offensichtlich keine genaue Kenntnis (de aquis 105, 2). Der erste namentlich bekannte Prokurator war ein gewisser Gnesius unter Nero (CIL XV 7271).
88 Siehe dazu vor allem F. Millar, Emperors at Work, Journal of Roman Studies 57, 1967, 9ff; ders., The Emperor in the Roman World, London 1977, 203ff.
89 Frontin, de aquis 99; Kornemann, RE IV 1784ff.
90 Vgl. etwa M. Hainzmann, Untersuchungen zur Geschichte und Verwaltung der stadtrömischen Wasserleitungen, Wien 1975, 42.
91 Frontin, de aquis 102 gibt eine wohl insgesamt komplette Liste von 11 v.Chr. bis 97 n.Chr.
92 Frontin, de aquis 129, 11.
93 Ähnliche Verschiebungen, etwa vom Senat zum Kaiser, hat es auch in anderen administrativen Bereichen gegeben, vgl. Eck, Staatliche Organisation 12f. 64.
94 Frontin, de aquis 105.
95 Frontin, de aquis 103.
96 Frontin, de aquis 119.
97 D. 1035. 1036; vgl. Eck, Staatliche Organisation 51f.
98 So durch die curatores aquarum drei Grenzsteine unter Claudius, CIL VI 1248 = D. 5745.
99 Frontin, de aquis 127, 2f., 129, 4ff., 130; zur magistratischen Kompetenz vgl. Th. Mommsen, Römisches Staatsrecht, 1887², I 136ff.; ders., Römisches Strafrecht, Berlin 1899 (ND 1955), 823f.
100 Frontin, de aquis 130. Rücksichtnahme auf Standesgenossen war zwar kein durchgehender Zug im magistratischen Gerichtsverfahren, aber auch nichts Ungewöhnliches.
101 Plinius, epistula 4, 8, 3.
102 Frontin, de aquis 101,1; H. Galsterer, Göttingische Gelehrte Anzeigen 225, 1973, 40ff.
103 Frontin, de aquis 116f.
104 G. Boulvert, Esclaves et affranchis impériaux sous le Haut-Empire romain, Neapel 1970, 143ff.
105 Zahlreiche solcher fistulae sind in Rom und Umgebung gefunden und vor allem CIL XV 7271ff. publiziert worden. Manche Versorgungsbereiche, wie etwa das Prätorianerlager in Rom, kümmerten sich selbständig um die Verlegung der Wasserleitungen; die Kontrolle hatte dann ein Tribun der Prätorianerkohorten, die unmittelbare Arbeit überwachte ein centurio, CIL XV 7241–44.

106 O. Hirschfeld, Die kaiserlichen Verwaltungsbeamten bis auf Diokletian, Berlin 1905 (ND 1963), 278ff.
107 A. Stein, Der römische Ritterstand, München 1927 (ND 1963), 21ff.; G. Alföldy, Römische Sozialgeschichte, Wiesbaden 1975, 108ff.
108 Frontin, de aquis 103, 4. 105, 3f. 110, 2. 114, 1.
109 Frontin, de aquis 117.
110 CIL VI 2342: Barnaeus de familia publica VIII.
111 CIL XIV 3649.
112 CIL VI 8487. 8488. 8489. 33731; dazu Boulvert, Esclaves et affranchis 143ff.
113 F. Coarelli, Rom. Ein archäologischer Führer, Freiburg 1975, 252f.
114 Frontin, de aquis 94. 108.
115 Vgl. die Literatur in Anm. 83.
116 CIL XV 7879 (aus Praeneste).
117 F. Millar, The Emperor in the Roman World, London 1977, 135ff.; Eck, Staatliche Organisation 22ff.
118 CIL XV 7254. 7253. 7255.
119 CIL XV 7257. 7258.
120 Dazu W. Eck, Die fistulae aquariae der Stadt Rom: Zum Einfluß des sozialen Status auf administratives Handeln, in: Atti del Colloquio Internazionale su „Epigrafia e ordine senatorio", Rom 1983 (im Druck).
121 Einen solch schwunghaften „Handel" soll etwa Antonia Caenis, eine Freigelassene, die bei Vespasian die Rolle einer Ehefrau spielte, betrieben haben, mit Gerichtsurteilen und dem Verkauf von staatlichen Funktionen, Cassius Dio 66, 14, 1–3; vgl. Sueton, vita Vespasiani 3. Zwar muß man mit viel boshaftem Gerede derjenigen, die beim normalen Verfahren etwa der Bewerbung um Ämter nicht zum Zuge gekommen waren, rechnen. Doch ist grundsätzlich an solchen Möglichkeiten nicht zu zweifeln. Vgl. W. Eck, Einfluß korrupter Praktiken auf das senatorisch-ritterliche Beförderungswesen in der Hohen Kaiserzeit, in: W. Schuller (Hg.), Korruption im Altertum, München 1982, 135ff.
122 Cassius Dio 63, 21, 2.
123 PIR^2 L 96.
124 PIR^2 L 97.
125 Plinius, epistula 3, 14, 1.

Die Wasserversorgung der antiken Stadt Rom

Übersetzung der Schrift von Sextus Iulius Frontinus

Gerhard Kühne

*In Anerkennung seiner Verdienste
um die Entstehung dieses Buches
wurde Herrn Kühne 1983 die
Frontinus-Medaille verliehen.*

Assessor Gerhard Kühne
Kassel-Wilhelmshöhe

1

Jede vom Kaiser übertragene Aufgabe erfordert besondere Aufmerksamkeit. Mich spornen mein angeborenes Pflichtbewußtsein und meine Arbeitsauffassung dazu an, eine übertragene Aufgabe nicht nur mit Sorgfalt, sondern auch mit Hingabe zu erfüllen. Mir wurde von dem äußerst verantwortungsvollen und um den Staat bemühten Kaiser Nerva[1] das Amt eines Kurators[2] der Wasserversorgung der Stadt Rom übertragen, das in gleicher Weise dem Nutzen, der Gesundheit und der Sicherheit der Stadt dient und das immer durch die führenden Leute unserer Stadt verwaltet wurde. Daher halte ich es für das Erste und Wichtigste, kennenzulernen, was ich auf mich genommen habe, wie ich das auch bei meinen übrigen Tätigkeiten gehalten hatte.

2

Ich glaube nämlich, daß es für alles Handeln keine zuverlässigere Grundlage gibt. Auf andere Weise kann nicht entschieden werden, was zu tun und was zu lassen ist. Für einen qualifizierten Mann ist nichts so entehrend, als sich von Untergebenen die Ausführung einer übertragenen Aufgabe vorschreiben zu lassen. Dies muß aber dann eintreten, wenn ein unfähiger Vorgesetzter sich nur auf die Routine seiner Mitarbeiter stützt, die zwar für die Tätigkeit notwendig sind, aber nur als Hand oder Werkzeug des Verantwortlichen. Deshalb habe ich das, was ich über die gesamte Aufgabe zusammentragen konnte, nach der von mir schon in vielen Ämtern erprobten Methode geordnet und obendrein diesen Bericht gefertigt, den ich als Richtlinie meiner Verwaltung betrachten kann. In anderen Büchern aber, die ich nach Versuchen und nach meiner praktischen Erfahrung verfaßt habe, ist das Interesse der Nachfolger im Amt berücksichtigt worden. Dieser Bericht wird vielleicht auch meinem Nachfolger in diesem Amt zugutekommen. Aber, da er zu Anfang meiner Arbeitszeit verfaßt ist, wird er in erster Linie meiner eigenen Unterrichtung und der Gewinnung eigener Maßstäbe dienen.

3

Damit nicht der Eindruck entsteht, ich hätte irgend etwas, was zur Kenntnis der ganzen Angelegenheit gehört, außer acht gelassen, werde ich sodann die Namen der Fernwasserleitungen nennen, die in die Stadt Rom führen. Für jede von ihnen werde ich angeben, von wem unter welchen Konsuln und im wievielten Jahr nach der Gründung der Stadt sie erbaut worden ist. Ich werde aufzeigen, wo und an welchen Meilensteinen sie beginnen, wie weit sie unterirdisch, auf Untermauerung und Bogenbrücken verlaufen. Von jeder werde ich Abflußhöhe, Abmessungen und Abfluß angeben, ferner, mit wieviel Wasser jede außerhalb und innerhalb der Stadt die einzelnen Bezirke aus ihrem Abfluß bedient. Ich werde aufzeigen, wie viele öffentliche Verteilerbauwerke[3] es gibt und wieviel Wasser aus ihnen abgegeben wird an die öffentlichen Einrichtungen, an die Zierbrunnenanlagen – so werden die aufwendigeren Brunnenbecken genannt –, an die Brunnenbecken, und wieviel abgegeben wird für Zwecke des Kaisers und zur privaten Nutzung aufgrund kaiserlicher Bewilligung. Schließlich werde ich darlegen, welches Recht für den Bau und die Unterhaltung der Fernwasserleitungen gilt und welche Strafen nach Gesetz, Senatsbeschluß und kaiserlicher Anordnung angedroht sind.

4

441 Jahre lang nach der Gründung der Stadt[4] waren die Römer mit der Nutzung von Wasser zufrieden, das sie aus dem Tiber, aus Brunnen oder Quellen schöpften. Die Erinnerung an die Quellen wird bis jetzt mit religiöser Verehrung gepflegt: Man glaubt,

daß sie auf Kranke heilbringend wirken, wie z.B. die Quelle der Camenae[5], des Apollo und der Iuturna[6]. Heute aber führen folgende Wasserleitungen in die Stadt: die Appia, die Anio vetus, die Marcia, die Tepula, die Iulia, die Virgo, die Alsietina, welche auch Augusta genannt wird, die Claudia und die Anio novus.

5

Im Jahr der Konsuln Marcus Valerius Maximus und Publius Decius Mus, dreißig Jahre nach dem Beginn des Samniterkrieges[7], wurde die Appia in die Stadt geleitet von dem Censor[8] Appius Claudius Crassus[9], der später den Beinamen Caecus (der Blinde) erhielt und die Via Appia[10] von der Porta Capena bis zur Stadt Capua anlegen ließ. Als Kollegen im Censorenamt hatte er Gaius Plautius, der wegen des Aufspürens der Adern[11] dieser Fernwasserleitung den Beinamen Venox (Adernjäger) erhielt[12].

Gaius Plautius trat nach anderthalb Jahren von dem Censorenamt zurück, nachdem sein Kollege ihm vorgetäuscht hatte, er werde ebenso handeln. So gelangte die alleinige Ehre der Namensgebung an Appius, von dem berichtet wird, er habe sein Censorenamt mit vielen Winkelzügen so in die Länge gezogen, bis er die Straße und diese Fernwasserleitung fertiggestellt hatte.

Die Appia beginnt auf Grundbesitz, der einst dem Lucullus gehörte, an der Via Praenestina zwischen dem 7. und 8. Meilenstein, 780 Schritt[13] entfernt an einem Seitenweg links.

Ihr Lauf hat eine Länge von der Quelle bis zu den Salzmagazinen, die sich bei der Porta Trigemina[14] befinden, von 11190 Schritt: Davon sind 11130 Schritt unterirdisch, 60 Schritt über der Erde auf Unterbauten und Bogenbrücken in der Nähe der Porta Capena[15]...

Mit ihr vereinigt sich beim alten Spes-Tempel[16] an der Grenze zwischen den Torquatianischen und Taurianischen Gärten ein Zweig der Augusta, der von Augustus als Verstärkung herangeführt worden ist, wonach der Ort „Gemelli" heißt[17]. Dieser Zweig beginnt an der Via Praenestina beim 6. Meilenstein an einem linken Seitenweg 980 Schritt von dieser entfernt und ganz in der Nähe der Via Collatina. Er verläuft bis zu den „Gemelli" 6380 Schritt unterirdisch. Die Verteilung des Wassers der Appia beginnt am Clivus Publicius bei der Porta Trigemina an einem Ort, der „Salzmagazin" heißt.

6

40 Jahre nach dem Bau der Appia, im Jahr 481 nach der Gründung der Stadt, als Spurius Carvilius und Lucius Papirius Cursor zum zweiten Male Konsuln waren[18], ließ Manius Curius Dentatus[19], der damals mit Lucius Papirius Cursor[20] das Censorenamt bekleidete, die heute sogenannte Anio vetus aus der Beute des Pyrrhuskrieges[21] in die Stadt hineinleiten. Zwei Jahre darauf wurde im Senat über die Vollendung dieser Wasserleitung auf Antrag des Praetors verhandelt. Damals wurden auf Senatsbeschluß zu Duumvirn[22] für die Vollendung der Wasserleitung gewählt Curius, der sie in Auftrag gegeben hatte, und Fulvius Flaccus[23]. Curius starb am fünften Tage nach seiner Wahl, der Ruhm der Vollendung fiel Fulvius zu.

Die Anio vetus beginnt oberhalb von Tibur (Tivoli) am 20. Meilenstein außerhalb der Porta Barana, wo sie einen Teil ihres Wassers an Tibur abgibt. Nach dem Ergebnis der Vermessung hat ihr Verlauf eine Länge von 43000 Schritt, davon unterirdisch 42779 Schritt, auf Untermauerung oberirdisch 221 Schritt.

7

127 Jahre später, im Jahr 608 nach Gründung der Stadt und der Konsuln Servius Sulpicius Galba und Lucius Aurelius Cotta[24], waren die Appia und die

Anio altersbedingt an zahlreichen Stellen leck geworden. Privatleute leiteten rechtswidrig Wasser aus ihnen ab. Da übertrug der Senat dem (Quintus) Marcius (Rex)²⁵, der damals Praetor für die Rechtsprechung zwischen römischen Bürgern war, die schwierige Aufgabe, sie wieder instandzusetzen und gegen die unbefugte Wasserentnahme einzuschreiten. Und da man erkannte, daß das Wachstum der Stadt einen größeren Wasserbedarf erzeugte, wurde ihm vom Senat der Auftrag erteilt, dafür zu sorgen, daß möglichst noch andere Fernwasserleitungen in die Stadt geführt würden.

Er setzte die vorhandenen Wasserleitungen instand und ließ eine dritte, noch ergiebigere anlegen, die nach ihrem Erbauer Marcia heißt. Wir lesen bei Fenestella²⁶, daß dem Marcius für diese Bauarbeiten 180 Millionen Sesterzen bewilligt und das Amtsjahr des Praetors um ein Jahr verlängert wurde, da es zur Vollendung des Auftrages nicht ausreichte.

In dieser Zeit soll das zehnköpfige Priesterkollegium, als es aus anderen Gründen die Sybillinischen Bücher²⁷ einsah, herausgefunden haben, daß es göttlichem Recht widerspreche, die Marcia, oder besser die Anio – von dieser wird nämlich in der Überlieferung folgerichtiger gesprochen – auf das Capitol zu leiten.

Hierüber wurde im Senat unter den Konsuln Appius Claudius und Quintus Caecilius²⁸ verhandelt, wobei Marcus Lepidus für das zehnköpfige Priesterkollegium das Wort ergriff. Ebenso soll die Angelegenheit unter den Konsuln Gaius Laelius und Quintus Servilius²⁹ drei Jahre später von Lucius Lentulus wieder aufgegriffen worden sein, aber beide Male habe der Einfluß der Quintus Marcius Rex gesiegt, und so sei die Wasserleitung auf das Capitol geführt worden.

Die Marcia beginnt an der Via Valeria beim 36. Meilenstein an einem Seitenweg für den von Rom Kommenden rechts 3000 Schritt entfernt, von der Via Sublacensis aus aber, die unter dem Kaiser Nero erstmals gepflastert worden ist, am 38. Meilenstein 200 Schritt entfernt. Das Quellwasser steht unbeweglich wie ein Teich³⁰ und hat eine grünliche Farbe. Die Leitung ist von Beginn bis zur Stadt 61 710 ½ Schritt lang, davon unterirdisch 54 247 ½ Schritt, über der Erde 7463 Schritt. Im von der Stadt entfernten Teil verläuft die Leitung oberirdisch an mehreren Stellen durch Täler bedingt 463 Schritt auf Bogenbrücken, näher bei der Stadt vom 7. Meilenstein an 528 Schritt auf Untermauerung, die restliche Strecke von 6472 Schritt auf Bogenbrücken.

8

Die Censoren Cnaeus Servilius Caepio und Lucius Cassius Longinus mit dem Beinamen Ravilla ließen im Jahre 627 nach der Gründung der Stadt, als Marcus Plautius Hypsaeus und Marcus Fulvius Flaccus Konsuln waren³¹, die Tepula genannte Fernwasserleitung aus Besitz der einst Lucullus gehörte, den manche für Tusculanisch halten, nach Rom und auf das Capitol führen. Die Tepula beginnt an der Via Latina beim 10. Meilenstein an einem Seitenweg für den von Rom Kommenden 2000 Schritt rechts. Von da aus gelangt sie als selbständige Leitung in die Stadt.

9

Agrippa³² ließ als Ädil nach seinem ersten Konsulat³³, als Caesar Augustus zum zweiten Mal und Lucius Volcatius zum ersten Mal Konsuln waren, im Jahr 719 nach der Gründung der Stadt, 2000 Schritt für den, der von Rom kommt, rechts an einem Seitenweg an der Via Latina beim 12. Meilenstein von der Stadt aus, Mengen, die für eine eigene Wasserleitung ausgereicht hätten, sammeln und unterbrach die Tepula. Der neuen Wasserleitung wurde von ihrem Erbauer der Name „Iulia" gegeben, und der Abfluß wurde so getrennt, daß der Tepula ihr Name blieb.

Die Trasse der Iulia ist 15 426 ½ Schritt lang. Sie verläuft 7000 Schritt oberirdisch, davon in unmittelbarer Nähe der Stadt, vom 7. Meilenstein an, 528 Schritt auf Untermauerung, die übrigen 6472 Schritt auf Bogenbrücken.

Am Beginn der Iulia fließt eine Wasserleitung vorbei, die „Crabra" genannt wird. Diese ließ Agrippa außer acht, sei es, weil er ihr Wasser verschmähte, oder weil er glaubte, es den Tusculanischen Grundbesitzern belassen zu müssen. Denn dieses Wasser ist es, das alle Landgüter dieser Gegend, abwechselnd nach bestimmten Tagen und Mengen verteilt, beziehen.

Unsere Rohrnetzmeister haben aber nicht dieselbe maßvolle Haltung an den Tag gelegt, sondern einen Teil davon immer zur Ergänzung der Iulia in Anspruch genommen, und zwar nicht, um deren Leistung zu erhöhen, sondern sie brauchten diesen Teil, indem sie ihn anderen Benutzern um ihres Vorteils willen zuteilten.

Also wurde die Crabra abgetrennt, und ich habe sie in vollem Umfang auf Befehl des Kaisers den Tusculanern zurückgegeben, welche darüber vielleicht nicht wenig verwundert sind, weil sie nicht wissen, welcher Ursache sie den ungewöhnlichen Überfluß an Wasser zu verdanken haben.

Die Iulia aber hat, nachdem die Ableitungen, mit denen man sie angezapft hatte, wieder beseitigt wurden, ihre Abflußmenge trotz bemerkenswert trockener Witterung behalten.

In demselben Jahr hat Agrippa die Leitungen der Appia, Anio und Marcia, die beinahe in Verfall geraten waren, wiederhergestellt und die Stadt in einzigartiger Fürsorge mit mehreren Brunnenanlagen[34] ausgestattet.

10

Als er schon zum dritten Mal Konsul gewesen war[35], im Jahr der Konsuln Gaius Sentius und Quintus Lucretius, 13 Jahre nach dem Bau der Iulia[36], leitete er die Virgo, die auch auf früherem Besitz des Lucullus ihren Ursprung hat, nach Rom. Als Tag, an dem sie zum ersten Mal in die Stadt floß, wird der fünfte vor den Iden des Juni bezeichnet[37].

Sie wurde „Virgo" genannt, weil ein junges Mädchen wassersuchenden Soldaten einige Wasseradern zeigte, denen diese beim Graben folgten und dabei eine ungeheure Menge Wasser fanden. In einem nahe der Quelle liegenden Tempelchen zeigt ein Gemälde diese Entstehungsgeschichte.

Die Virgo beginnt an der Via Collatina beim 8. Meilenstein in einem Sumpfgelände, eingefaßt von einer Signinischen Mauer[38], um das in Massen hervorquellende Wasser zusammenzuhalten. Sie wird auch noch durch mehrere andere Zuflüsse gespeist.

Ihre Länge beträgt 14 105 Schritt, davon unterirdisch 12 865, oberirdisch 1240 Schritt, von diesen wiederum an mehreren Stellen auf Untermauerung 540 Schritt, auf Bogenbrücken 700 Schritt. Die Gesamtlänge der unterirdischen Zuleitungen zur Virgo beträgt 1405 Schritt.

11

Welche Überlegung den Augustus, diesen so vorausschauenden Kaiser, bewogen hat, die Alsietina, die man nach ihm Augusta nennt, zu bauen, durchschaue ich nicht ausreichend, denn sie ist keinem von Nutzen, hat eine schlechte Wasserqualität und wird daher nirgends von der Bevölkerung genutzt. Möglicherweise erbaute er sie als eigene Leitung, als er sich gerade an den Bau der Naumachie machte[39], um nicht aus anderen Leitungen Wasser mit Trinkwasserqualität abzuziehen. Was von der Naumachie überzufließen begann, überließ er den angrenzenden Gärten und dem Verbrauch Privater zur Bewässerung.

Allerdings pflegen aus ihr in Trastevere, sooft die Brücken repariert werden und das Wasser von der

Stadtseite des Flusses ausbleibt, die öffentlichen Brunnen gespeist zu werden, wenn dies notwendig erscheint.

Sie kommt aus dem Alsietinischen See[40] an der Via Claudia am 14. Meilenstein an einem Seitenweg rechts 6500 Schritt entfernt. Ihr Verlauf hat eine Länge von 22 172 Schritt, davon 358 Schritt auf Bogenbrücken.

12

Zur Verstärkung der Marcia, welche bei Trockenheit oft Hilfe brauchte, leitete Augustus Wasser der gleichen Güte unterirdisch bis zur Leitung der Marcia. Diese Leitung wird nach ihrem Erbauer „Augusta" genannt. Sie beginnt jenseits der Quelle der Marcia. Ihr Verlauf hat, bis sie die Marcia erreicht, eine Länge von 800 Schritt.

13

Weil sieben Wasserleitungen für öffentliche Zwecke und für private Annehmlichkeiten nicht recht zu reichen schienen, nahm der Kaiser Caligula[41], der Nachfolger des Tiberius[42], den Bau von zwei weiteren Wasserleitungen in Angriff, im zweiten Jahr seiner Regierung, unter den Konsuln Marcus Aquila Iulianus und Publius Noniüs Asprenas im Jahre 789 nach der Stadtgründung[43]. Diese vollendete der Kaiser Claudius[44] in glänzendster Weise und weihte sie ein unter den Konsuln Sulla und Titianus im Jahr 803 nach der Stadtgründung an den Kalenden des August[45].

Der einen Wasserleitung, die aus den Quellen Caerulus und Curtius gespeist wird, wurde der Name „Claudia" gegeben. Die Wasserqualität steht der der Marcia am nächsten.

Da nun zwei Anio-Wasserleitungen in die Stadt führten, begann man, damit sie durch ihre Bezeichnungen leichter unterschieden werden konnten, die zweite Wasserleitung Anio Novus (Neue Anio) zu nennen. Ihre Höhenlage beim Eintritt in die Stadt übertrifft die aller anderen Leitungen. Der früheren Anio-Leitung legte man den Beinamen Anio Vetus (Alte Anio) zu.

14

Die Claudia wird an ihrem Beginn, an der Via Sublacensis beim 38. Meilenstein an einem Seitenweg links 300 Schritt entfernt aus zwei sehr reichlich fließenden, auffällig schönen Quellen gespeist, der Caerulus-Quelle, die nach der Ähnlichkeit mit dem blauen Himmel so genannt wird, und der Curtius-Quelle.

Sie nimmt auch die Quelle namens Abudina auf, deren Wasser von so hoher Qualität ist, daß sie auch die Marcia speist, so oft dies nötig ist. Durch diese Zuleitung ändert sich die Qualität des Wassers nicht. Die Augustaquelle wurde, da die Marcia für sich selbst auszureichen schien, in die Claudia abgeleitet, nichtsdestoweniger blieb sie aber als Hilfsquelle für die Marcia, so daß die Augustaquelle die Claudia immer erst dann unterstützte, wenn die Leitung der Marcia sie nicht mehr faßte.

Die Leitung der Claudia hat eine Länge von 46 406 Schritt, davon unterirdisch 36 230 Schritt, oberirdisch 10 176 Schritt, davon wiederum am Oberlauf an mehreren Stellen 3076 Schritt auf Bogenbrücken, und in Stadtnähe vom 7. Meilenstein an auf Untermauerung 609 Schritt, auf Bogenbrücken 6491 Schritt.

15

Das Wasser der Anio Novus wird an der Via Sublacensis beim 42. Meilenstein in simbruinischem Gebiet aus dem Fluß abgeleitet, der, da er bebaute Felder von fruchtbarem Boden durchfließt und daher besonders lockere Ufer hat, auch ohne Beeinträchtigungen durch Regenfälle schlammig und trübe fließt. Daher ist an den Entnahmestellen der Leitung ein Absetzbecken zwischen dem Fluß und der Leitung eingeschoben, damit das Wasser zur Ruhe kommt und sich klärt. Jedesmal aber, wenn Regenfälle hinzukommen, gelangt das Wasser trüb in die Stadt.

Mit ihr vereinigt sich der Bach „Herculaneus", der an derselben Straße am 38. Meilenstein in einem Quellgebiet der Claudia entspringt, und zwar jenseits des Flusses und der Straße. Von Natur ist er äußerst rein, vermischt aber verliert er die wohlgefällige Frische.

Die Leitung der Anio Novus ist 58 700 Schritt lang, davon unterirdisch 49 300 Schritt, oberirdisch 9400 Schritt, davon am Oberlauf an mehreren Stellen auf Untermauerung oder Bogenbrücken 12 300 Schritt, und näher bei der Stadt vom 7. Meilenstein an auf Untermauerung 609 Schritt, auf Bogenbrücken 6491 Schritt. Diese Bogen sind die höchsten; an gewissen Stellen sind sie 109 Fuß hoch.

16

Mit diesen so vielen und so notwendigen Wasserbauten kannst Du natürlich vergleichen die überflüssigen Pyramiden oder die übrigen nutzlosen, weithin gerühmten Werke der Griechen!

17

Es scheint mir nicht unpassend zu sein, die Längenangaben jeder Wasserleitung auch durch Angaben über die Art der Bauwerke zu vervollständigen. Weil diesem Amt hauptsächlich die Unterhaltung obliegt, muß der Leiter des Amtes wissen, welche Art von Bauwerken einen größeren Aufwand erfordert. Bei unserer Sorgfalt genügt es uns freilich nicht, die Einzelheiten vor Augen zu haben. Wir haben deshalb Pläne von den Wasserleitungen angefertigt, aus denen hervorgeht, wo Täler gekreuzt werden und wie groß die Täler sind, wo Flüsse überquert werden, wo in Berghängen verlegte Leitungen größere und ständige Aufmerksamkeit hinsichtlich ihres Schutzes und der Betriebssicherheit erfordern. Dies hat den Vorteil daß wir die Sache zugleich so vor Augen haben und beraten können, als stünden wir davor.

18

Die einzelnen Wasserleitungen kommen mit unterschiedlicher Höhenlage in der Stadt an. Daher bringen einige Wasser an höherliegende Stellen, wogegen andere nicht auf größere Höhen gebracht werden können. Denn auch die Hügel sind nach und nach durch Schutt wegen der häufigen Brände in die Höhe gewachsen. Fünf Wasserleitungen sind es, deren Höhenlage jeden Teil der Stadt zu erreichen gestattet. Von diesen aber laufen die einen mit höherem, die anderen mit niedrigerem Druck[46].

Die höchste ist die Anio Novus, die nächst höhere die Claudia, an dritter Stelle liegt die Iulia, vierte ist die Tepula, danach kommt die Marcia, die an ihrem Anfang sogar der Claudia an Höhe gleichkommt.

Aber unsere Vorfahren haben sie auf tieferem Niveau geführt, sei es, weil die Kunst des Nivellierens noch nicht so genau erprobt war, sei es, weil sie die Wasserleitungen mit voller Absicht tief in der Erde bauten, damit sie nicht so leicht von Feinden unterbrochen werden konnten, denn damals wurden noch häufige Kriege gegen die Italiker geführt.

Dennoch ist an den Stellen, wo Leitungen wegen des Alters verfallen sind, der unterirdische Umweg um die Täler herum aufgegeben worden. Diese Täler werden jetzt zur Verkürzung auf Untermauerung und Bogenbrücken überquert.

Der Höhe nach an sechster Stelle steht die Anio Vetus, die in ähnlicher Weise auch zu den höher gelegenen Stellen der Stadt geführt werden könnte, wenn man sie durch Untermauerung und Bogenbrücken in den Tälern und Senken, wo die Voraussetzungen gegeben sind, auf eine entsprechende Höhe bringen würde.

Ihr folgt der Höhe nach die Virgo, dann die Appia: Da diese aus dem weiteren Stadtgebiet selbst kommen, konnten sie nicht auf eine solche Höhe gebracht werden.

Tiefer als alle verläuft die Alsietina, die den Bezirk Trastevere und die tiefst gelegenen Gebiete versorgt.

19

Sechs von ihnen werden an der Via Latina stadtwärts des 7. Meilensteines in abgedeckten Absetzbecken aufgenommen, wo das Wasser in seinem Lauf sich gleichsam erholen und die absetzbaren Stoffe ablagern kann. Ihr Abfluß wird durch dort angebrachte Pegel gemessen.

Drei Leitungen, Iulia, Marcia und Tepula, werden von den Absetzbecken gemeinsam auf dieselben Bogenbrücken geführt; die Tepula aber, die, wie oben erwähnt, abgetrennt und an die Iulia angeschlossen war, erhält nun von dem Absetzbecken der Iulia ihren Abfluß und fließt im eigenen Gerinne unter eigenem Namen weiter. Die höchste ist die Iulia, darunter verläuft die Tepula, dann die Marcia. In der Höhe des Viminal fließen sie bis zur Porta Viminalis. Dort tauchen sie wieder auf.

Vorher wird jedoch ein Teil des Wassers der Iulia beim alten Spes-Tempel abgezweigt und auf die Verteilerbauwerke des Mons Caelius verteilt. Die Marcia aber gibt einen Teil ihres Wassers hinter den Pallantianischen Gärten[47] ab in ein Gerinne namens Herculaneus. Dieses führt am Mons Caelius vorbei, kann dort aber infolge der geringen Zulaufhöhe nicht für die Wasserversorgung genutzt werden und endet oberhalb der Porta Capena.

20

Anio Novus und Claudia werden gemeinsam von den Absetzbecken an auf noch höhere Bogenbrücken aufgenommen, wobei die Anio die obere ist. Ihre Bogenbrücken enden hinter den Pallantianischen Gärten. Das Wasser wird von dieser Stelle an in Rohrleitungen zum Gebrauch in die Stadt abgeleitet. Aber die Claudia führt jedoch zuvor eine Teilmenge auf Bogenbrücken, die nach Nero benannt sind, zum alten Spes-Tempel. Diese Bogenbrücken, die über den Mons Caelius geleitet werden, enden neben dem Tempel des vergöttlichten Claudius. Die Wassermengen, die dieser Abzweigleitung zugeführt werden, dienen der Versorgung der Gebiete um den Mons Caelius selbst, auf dem Palatin, Aventin und für den Bezirk Trastevere.

21

Auch die Anio Vetus hat selbst ein Absetzbecken stadtwärts des 4. Meilensteins südlich von Anio Novus, die auf Bogenbrücken von der Via Latina zur Via Labicana überwechselt. Von dort gibt sie stadtwärts des 2. Meilensteins einen Teil des Wassers ab in eine Leitung, die Octaviana genannt wird, und gelangt in den Bezirk an der Via Nova bei den Gärten die einst dem Asinius (Pollio?) gehörten, von wo sie sich in jene Gegend verteilt.

Der weiterführende Hauptstrang verläuft am Spes-Tempel vorbei. Sein Wasser wird innerhalb der Porta Esquilina in hochgelegenen Gerinnen auf die Stadt verteilt.

22

Weder die Virgo noch die Appia noch die Alsietina haben Einlaufbehälter, das heißt Absetzbecken. Die Bogenbrücken der Virgo beginnen unterhalb der

Lucullanischen Gärten; sie enden auf dem Marsfeld unmittelbar hinter der Vorderseite der Saepta.

Das Gerinne der Appia, das am Fuße des Caelius und des Aventin verläuft, kommt beim Clivus Publicius wieder ans Tageslicht, wie wir schon gesagt haben. Der Verlauf der Alsietina endet hinter der Naumachie, für deren Versorgung sie angelegt worden zu sein scheint.

23

Ich habe also nun von jeder Wasserleitung den Erbauer und das Alter, außerdem den Ursprung und die Länge der Leitungen sowie die Rangfolge der Höhen aufgezählt. Es scheint mir aber nicht unpassend zu sein, auch Einzelheiten hinzuzufügen und zu zeigen, wie groß der Abfluß ist, der der Öffentlichkeit und Privaten nicht nur zum Verbrauch und zur Hilfe, sondern auch für Annehmlichkeiten zur Verfügung steht, und durch wieviel Verteilerbauwerke und in welche Bezirke sie geleitet wird, ferner, wieviel Wasser abgegeben wird außerhalb und innerhalb der Stadt, und zwar wieviel an Brunnenbecken, Zierbrunnenanlagen, für öffentliche Bauten, wieviel für Zwecke des Kaisers und wieviel zum privaten Gebrauch.

Ich halte es aber für vernünftig, bevor wir die Namen der Quinarien, Centenarien und der übrigen Maßeinheiten, durch die das Meßverfahren bestimmt ist, aufführen, anzugeben, welches ihr Ursprung ist und welchen Abfluß und welche Bedeutung jedes bezeichnet. Nachdem ich den Grundsatz vorausgeschickt habe, nach welchem ihr Verhältnis und ihre Grundlage berechnet werden, will ich aufzeigen, durch welche Überlegung ich Widersprüche entdeckt und welche Wege ich zu deren Berichtigung beschritten habe.

24

Die Maße der Wasserleitungen sind aufgebaut auf dem Maßsystem nach Fingern oder Unzen. Nach Fingern richtet man sich in Campanien und den meisten Orten Italiens, nach Unzen in den Städten Apuliens.

Der Finger als Längenmaß ist aber, wie man in etwa übereingekommen ist, der sechzehnte Teil eines Fußes[48], die Unze als Längenmaß der zwölfte. Gleichwie aber ein Unterschied besteht zwischen Finger und Unze, so ist auch der Wert eines Fingers als Flächenmaß nicht eindeutig. Es gibt nämlich quadratische und runde Finger. Der quadratische Finger ist um $3/14$ größer als der runde, der wiederum um $3/11$ kleiner als der quadratische ist, wie verständlich sein dürfte, weil nämlich die Ecken abgezogen werden.

25

Später wurde eine Maßeinheit eingeführt, die ihren Ursprung weder von der Unze noch von einem der beiden Finger nahm und, wie manche glauben, von Agrippa, wie andere glauben, von Bleiarbeitern durch den Architekten Vitruv[49] in der Stadt in Gebrauch kam und die früheren verdrängte unter der Bezeichnung Quinarie (5er-Rohr).

Diejenigen aber, die den Agrippa zum Urheber machen, sagen, daß fünf altertümliche Maße, dünn und gleichsam wie Einstiche, nach denen ganz früher das Wasser, wenn es knapp war, verteilt wurde, in einem Rohr zusammengefaßt sind.

Die den Vitruv und die Bleiarbeiter für die Urheber halten, sagen, es komme daher, daß eine flache Bleiplatte mit einer Breite von fünf Fingern kreisförmig zusammengebogen dieses Maß des Rohrs ergibt. Aber dies stimmt nicht genau, da sich beim Zusammenbiegen die Innenseite verkürzt und die Außenseite verlängert.

Wasserleitungen im alten Rom. Kreuzung der Aqua Marcia, Aqua Tepula und Aqua Iulia mit der Aqua Claudio und Aqua Anio Novus.
Gemälde von Zeno Diemer.
Photo: Deutsches Museum, München.

Am wahrscheinlichsten ist es, daß die Quinarie nach ihrem Durchmesser von fünf Vierteln eines Fingers so genannt wird; denn diese Berechnungsart gilt auch für die folgenden Maße bis zum 20er-Rohr, wobei der Durchmesser für die einzelnen Maße durch das Hinzufügen einzelner Viertel wächst: Bei dem 6er-Rohr, dessen Durchmesser sechs Viertel Finger beträgt, bei dem 7er-Rohr sieben Viertel Finger und schließlich in entsprechendem Anwachsen bis zum 20er-Rohr.

26

Jede Maßeinheit aber wird dargestellt entweder durch den Durchmesser, durch den Umfang oder durch den Querschnitt, aus welchem auch das Fassungsvermögen hervorgeht.

Damit wir den Unterschied zwischen den Flächenmaßen Unze, dem quadratischen und dem runden Finger und der Quinarie selbst umso leichter auseinanderhalten können, müssen wir den Begriff der Quinarie verwenden, welche als Flächenmaß das sicherste und am meisten verbreitete ist.

Das Maß Unze hat einen Durchmesser von $1\frac{1}{3}$ Finger; sie umfaßt über $\frac{1}{8}$ mehr als eine Quinarie, d.h. $\frac{1}{8} + \frac{3}{288} + \frac{2}{3} \times \frac{1}{288}$ Quinarie. Der Quadratfinger hat, in einen Kreis verwandelt, einen Durchmesser von $1 + \frac{1}{8} + \frac{1}{72}$ Finger; er faßt $\frac{5}{6}$ einer Quinarie. Der Rundfinger hat einen Durchmesser von einem Finger; er faßt $\frac{7}{12} + \frac{1}{24} + \frac{1}{72}$ Quinarie.

27

Übrigens nehmen die Maßeinheiten, die von der Quinarie herrühren, ihre Vergrößerung auf zweierlei Art: Einmal, wenn die Quinarie selbst vervielfältigt wird, d.h., wenn in derselben Öffnung der Wert von mehreren Quinarien eingeschlossen wird, wobei gemäß dem Hinzufügen der Quinarien die Weite der Öffnung wächst.

Diese Art ist gewöhnlich dann in Gebrauch, wenn ein Rohr von mehreren bewilligten Quinarien das gleiche Verteilerbauwerk speist, von dem aus die einzelnen Abnehmer dann die ihnen zustehende Menge erhalten. Dies wird gemacht, damit das Gerinne nicht durch allzu häufige Anschlüsse beschädigt wird.

28

Die zweite Art liegt vor, wenn das Maß sich nicht um ein Vielfaches von Quinarien vergrößert, sondern durch das Vergrößern seines Durchmessers, woraus sowohl die Bezeichnung als auch der Querschnitt hervorgehen: So wird aus der Quinarie (5er-Rohr), wenn dem Durchmesser $\frac{1}{4}$ Finger hinzugefügt wird, ein 6er-Rohr. Auf diese Weise wird aber der Querschnitt nicht im gleichen Verhältnis vergrößert. Er faßt nämlich $1 + \frac{5}{12} + \frac{1}{48} + \frac{1}{288}$ Quinarie. Und wenn man auf die gleiche Art dem Durchmesser jeweils $\frac{1}{4}$ Finger hinzufügt, wie soeben angegeben, erhält man das 7er-Rohr, das 8er-Rohr und so weiter bis zum 20er-Rohr.

29

Für die größeren Rohre verwendet man eine Berechnungsart, die aus der Anzahl der Quadratfinger besteht, die im Querschnitt, d.i. in der Öffnung einer Maßeinheit enthalten sind, von denen ebenfalls die Rohre ihre Bezeichnung erhalten.

Denn das Rohr, das einen Querschnitt, d.i. eine Öffnung, von 25 Quadratfingern in einen Kreis umgewandelt besitzt, wird 25er-Rohr genannt; ebenso berechnet man das 30er-Rohr und so weiter durch Hinzufügen von jeweils 5 Quadratfingern bis zum 120er-Rohr.

30

Bei dem 20er-Rohr, das an der Grenze beider Berechnungsarten liegt, stimmen diese fast überein.

Gemäß der ersteren Berechnungsart, die für die unter dem 20er-Rohr liegenden Maßeinheiten gilt, hat es einen Durchmesser von $^{20}/_4$ Fingern, und daher einen Durchmesser von 5 Fingern. Nach der zweiten Berechnungsart für die Maßeinheiten, die darüber liegen, hat es einen Querschnitt von etwas weniger als 20 Quadratfingern.

31

Die Berechnung der Rohre von der Quinarie (5er-Rohr) bis zum 120er-Rohr durch alle Maßeinheiten hindurch verhält sich so, wie wir gezeigt haben, und bleibt sich, einmal begonnen, auf jede Weise gleich.

Sie stimmt auch mit den Maßeinheiten überein, die in den offiziellen Akten des unbesiegbaren und frommen Kaisers angegeben und bestätigt worden sind. Sei es, daß der Berechnung, sei es, daß dem Beispiel gefolgt werden soll – in beiden Fällen gehen die Maße der offiziellen Akten vor.

Aber obwohl die Rohrnetzmeister mit der auf der Hand liegenden Berechnung in den meisten Fällen übereinstimmen, haben sie vier Maße verändert: Das 12er, das 20er, das 100er und das 120er-Rohr.

32

Bei dem 12er-Rohr gibt es keine große Abweichung und es ist auch nicht häufig in Gebrauch. Seinem Durchmesser haben sie $1/24 + 1/48$ Finger hinzugefügt, seinem Querschnitt $1/4$ Quinarie.

Bei den übrigen drei Maßeinheiten aber stellt man mehr Abweichung fest.

Beim 20er-Rohr verkleinern sie den Durchmesser um einen halben Finger, den Querschnitt um $3 + 1/24$ Quinarien. Nach dieser Maßeinheit erfolgt meistens die Wasserabgabe.

Das 100er und das 120er-Rohr, mit welchem sie stets das Wasser erhalten, werden nicht verkleinert, sondern vergrößert.

Den Durchmesser des 100er-Rohrs vergrößern sie um mehr als $2/3 + 1/14$ Finger, den Querschnitt um $10 + 2/3 + 1/24$ Quinarien. Den Durchmesser des 120er-Rohrs vergrößern sie um $3 + 7/12 + 1/24 + 1/48$ Finger, den Querschnitt um $66 + 1/6$ Quinarien.

33

Und während sie so das 20er-Rohr, aus dem sie fortlaufend Wasser abgeben, verkleinern, das 100er und das 120er-Rohr aber, mit dem sie immer das Wasser erhalten, vergrößern, werden beim 100er-Rohr 27 Quinarien, beim 120er-Rohr $86 1/12$ Quinarien unterschlagen. Dies wird sowohl durch die Berechnung nachgewiesen als auch durch die Sache selbst offenkundig. Denn durch das 20er-Rohr, das der Kaiser mit 16 Quinarien festlegt, geben sie nicht mehr als 13 Quinarien ab, und aus dem 100er-Rohr, das sie vergrößert haben, und dem 120er-Rohr geben sie mit Sicherheit nur bis zu der geringeren Zahl ab, weil der Kaiser sobald aus jedem 100er-Rohr $81 1/2$ Quinarien erreicht sind oder aus dem 120er-Rohr 98 Quinarien fließen, die weitere Verteilung einstellt, als sei diese Maßeinheit ausgeschöpft.

34

Insgesamt werden 25 Nennweiten verwendet. Alle stimmen nach der Berechnung und den offiziellen Angaben überein, außer diesen vier vorstehend behandelten, die die Rohrnetzmeister verändert haben.

Alles aber, was in einer Messung enthalten ist, muß sicher und unverrückbar in sich übereinstimmen. Nur so nämlich wird die Berechnung auch mit dem

Ganzen übereinstimmen. Und wie zum Beispiel die Quart in einem bestimmten Verhältnis zum Becher steht oder der Scheffel in einem bestimmten Verhältnis zur Quart und zum Becher, so muß auch die Vervielfältigung der Quinarien bei den größeren Maßen den Grundsatz der Folgerichtigkeit bewahren. Wenn aber bei der Messung des Abflusses weniger festgestellt wird, als es sein müßte, zugleich aber mehr Wasser zufließt, als angegeben wird, so ist klar, daß kein Irrtum vorliegt, sondern Betrug.

35

Wir wollen uns daran erinnern, daß jede Wasserleitung, wenn sie bei großem Höhenunterschied auf kurze Entfernung ein Verteilerbauwerk speist, mehr Wasser fördert, als der Maßeinheit entspricht. Führt sie aber von einem niedrig liegenden Punkt mit geringerem Gefälle über eine weitere Strecke, so büßt sie durch die geringe Fließgeschwindigkeit an Abfluß ein. Unter Berücksichtigung dieser Tatsache muß der vom Normquerschnitt abgeleitete Abfluß entweder vergrößert oder vermindert werden.

36

Aber auch die Stellung des Meßrohrs ist von Einfluß. Gerade und in einer Ebene angebracht, hält es die Maßeinheit ein, aber dem Lauf des Wassers entgegengesetzt und nach unten gebogen, d.h. zum Schöpfen besser geeignet, faßt es mehr; quer zum Wasserstrom gerichtet und nach oben umgebogen, ist der Abfluß langsam und gering. Das Meßrohr ist ein bronzenes Meßgerät, das in die Leitung oder das Verteilerbauwerk eingebaut wird; an es werden die Rohre angeschlossen. Es soll nicht weniger als 12 Finger lang sein und seine Öffnung, d.h. die Kapazität, so groß wie jeweils angeordnet ist. Man scheint es ersonnen zu haben, weil es wegen der größeren Festigkeit des Metalls nicht leicht aufgeweitet oder verengt werden kann.

37

Die Reihen der insgesamt 25 Nennweiten behandele ich im folgenden, obwohl nur 15 häufig in Gebrauch sind, ausgerichtet an der Berechnung, über die wir oben gesprochen haben, und unter Berichtigung der vier, die die Rohrnetzmeister geändert hatten. Hiernach müssen auch alle Rohre, die zur Verwendung kommen, genormt werden, oder wenn die Rohre in Gebrauch bleiben werden, muß man sie danach vergleichen, wieviel Quinarien sie fassen. Sind die Nennweiten nicht gebräuchlich, so ist dies bei den Rohren selbst besonders angegeben.

38

Die Unze hat einen Durchmesser von $1\frac{1}{3}$ Finger; sie umfaßt über $1/8$ mehr als eine Quinarie, d.h. $1/8 + 3/288 + 2/3 \times 1/288$ Quinarie.

Der Quadratfinger hat, in einen Kreis verwandelt, einen Durchmesser von $1 + 1/8 + 1/72$ Finger; er faßt $5/6$ einer Quinarie. Der Rundfinger hat einen Durchmesser von einem Finger; er faßt $7/12 + 1/24 + 1/72$ Quinarie.

39

Das 5er-Rohr (Quinarie):
Durchmesser: $1\frac{1}{4}$ Finger
Umfang: $3 + 11/12 + 3/288$ Finger
Querschnitt: 1 Quinarie

40

Das 6er-Rohr:
Durchmesser: $1\frac{1}{2}$ Finger
Umfang: $4 + 2/3 + 1/24 + 2/288$ Finger
Querschnitt: $1 + 5/12 + 7/288$ Quinarie

41

Das 7er-Rohr:
Durchmesser: 1¾ Finger
Umfang: 5½ Finger
Querschnitt: $1 + {}^{11}/_{12} + {}^{1}/_{24}$ Quinarien
Es ist nicht gebräuchlich.

42

Das 8er-Rohr:
Durchmesser: 2 Finger
Umfang: $6 + {}^{1}/_{4} + {}^{10}/_{288}$ Finger
Querschnitt: $2 + {}^{1}/_{2} + {}^{1}/_{24} + {}^{5}/_{288}$ Quinarien

43

Das 10er-Rohr:
Durchmesser: 2½ Finger
Umfang: $7 + {}^{5}/_{6} + {}^{7}/_{288}$ Finger
Querschnitt: 4 Quinarien

44

Das 12er-Rohr:
Durchmesser: 3 Finger
Umfang: $9 + {}^{5}/_{12} + {}^{3}/_{288}$ Finger
Querschnitt: $5 + {}^{3}/_{4} + {}^{3}/_{288}$ Quinarien
Es ist ungebräuchlich.
Bei den Rohrnetzmeistern hatte es einen Durchmesser von $3 + {}^{1}/_{24} + {}^{6}/_{288}$ Finger und einen Querschnitt von 6 Quinarien.

45

Das 15er-Rohr:
Durchmesser: 3¾ Finger
Umfang: $11 + {}^{3}/_{4} + {}^{10}/_{288}$ Finger
Querschnitt: 9 Quinarien

46

Das 20er-Rohr:
Durchmesser: 5 Finger
Umfang: $15 + {}^{2}/_{3} + {}^{1}/_{24} + {}^{2}/_{288}$ Finger
Querschnitt: 16 Quinarien
Bei den Rohrnetzmeistern hatte es einen Durchmesser von 4½ Finger, einen Querschnitt von $12 {}^{11}/_{12} + {}^{1}/_{24}$ Quinarien.

47

Das 25er-Rohr:
Durchmesser: $5 + {}^{7}/_{12} + {}^{1}/_{24} + {}^{5}/_{288}$ Finger
Umfang: $17 + {}^{2}/_{3} + {}^{1}/_{24} + {}^{6}/_{288}$ Finger
Querschnitt: $20 + {}^{1}/_{3} + {}^{11}/_{288}$ Quinarien
Es ist nicht gebräuchlich.

48

Das 30er-Rohr:
Durchmesser: $6 + {}^{1}/_{6} + {}^{4}/_{288}$ Finger
Umfang: $19 {}^{5}/_{12}$ Finger
Querschnitt: $24 + {}^{5}/_{12} + {}^{5}/_{288}$ Quinarien

49

Das 35er-Rohr:
Durchmesser: $6 + {}^{3}/_{3} + {}^{2}/_{288}$ Finger
Umfang: $20 + {}^{11}/_{12} + {}^{1}/_{24} + {}^{5}/_{288}$ Finger
Querschnitt: $28 + {}^{1}/_{2} + {}^{3}/_{288}$ Quinarien
Es ist nicht gebräuchlich.

50

Das 40er-Rohr:
Durchmesser: $7 + {}^{1}/_{8} + {}^{3}/_{288}$ Finger
Umfang: $22 {}^{5}/_{12}$ Finger
Querschnitt: $32 {}^{7}/_{12}$ Quinarien

51

Das 45er-Rohr:
Durchmesser: $7 + 1/2 + 1/24 + 8/288$ Finger
Umfang: $23 + 3/4 + 10/288$ Finger
Querschnitt: $36 \, 7/12 + 1/24 + 8/288$ Quinarien
Es ist nicht gebräuchlich.

52

Das 50er-Rohr:
Durchmesser: $7 + 11/12 + 1/24 + 5/288$ Finger
Umfang: $25 + 1/24 + 9/288$ Finger
Querschnitt: $40 + 2/3 + 1/24 + 5/288$ Quinarien

53

Das 55er-Rohr:
Durchmesser: $8 + 1/3 + 10/288$ Finger
Umfang: $26 + 1/4 + 1/24$ Finger
Querschnitt: $44 + 3/4 + 1/24 + 2/288$ Quinarien
Es ist nicht gebräuchlich.

54

Das 60er-Rohr:
Durchmesser: $8 + 2/3 + 1/24 + 9/288$ Finger
Umfang: $27 + 5/12 + 1/24$ Finger
Querschnitt: $48 + 5/6 + 11/288$ Quinarien

55

Das 65er-Rohr:
Durchmesser: $9 + 1/12 + 3/288$ Finger
Umfang: $28 \, 7/12$ Finger
Querschnitt: $52 + 11/12 + 8/288$ Quinarien
Es ist nicht gebräuchlich.

56

Das 70er-Rohr:
Durchmesser: $9 + 5/12 + 6/288$ Finger
Umfang: $29 \, 2/3$ Finger
Querschnitt: $57 \, 5/288$ Quinarien

57

Das 75er-Rohr:
Durchmesser: $9 + 3/4 + 6/288$ Finger
Umfang: $30 + 2/3 + 1/24$ Finger
Querschnitt: $61 + 1/12 + 2/288$ Quinarien
Es ist nicht gebräuchlich.

58

Das 80er-Rohr:
Durchmesser: $10 + 1/2 + 2/288$ Finger
Umfang: $31 + 2/3 + 1/24$ Finger
Querschnitt: $65 \, 1/6$ Quinarien.

59

Das 85er-Rohr:
Durchmesser: $10 + 1/3 + 1/24 + 7/288$ Finger
Umfang: $32 + 2/3 + 6/288$ Finger
Querschnitt: $69 + 1/6 + 1/24 + 8/288$ Quinarien
Es ist nicht gebräuchlich.

60

Das 90er-Rohr:
Durchmesser: $10 + 2/3 + 10/288$ Finger
Umfang: $33 + 7/12 + 1/24 + 3/288$ Finger
Querschnitt: $73 + 1/4 + 1/24 + 5/288$ Quinarien

Brücke der Umleitungsschleife der Anio Novus (Rom) im Valle d'Empiglione.
Photo: H. Fahlbusch.

61

Das 95er-Rohr:
Durchmesser: $10 + 11/12 + 1/24 + 11/288$ Finger
Umfang: $34 + 1/2 + 1/24 + 5/288$ Finger
Querschnitt: $77 + 1/3 + 1/24 + 2/288$ Quinarien

62

Das 100er-Rohr:
Durchmesser: $11 + 1/4 + 9/288$ Finger
Umfang: $35 + 5/12 + 1/24$ Finger
Querschnitt: $81 + 5/12 + 10/288$ Quinarien

Bei den Rohrnetzmeistern hatte es einen Durchmesser von 12 Fingern und einen Querschnitt von $92 + 1/12 + 1/24 + 10/288$ Quinarien.

63

Das 120er-Rohr:
Durchmesser: $12 + 1/3 + 7/288$ Finger
Umfang: $38 5/6$ Finger
Querschnitt: $97 3/4$ Quinarien

Bei den Rohrnetzmeistern hatte es einen Durchmesser von 16 Fingern und einen Querschnitt von $163 11/12$ Quinarien, was der Abfluß zweier 100er-Rohre ist.

64

Ich habe ausgeführt, was über die Abmessungen zu sagen notwendig war. Nun werde ich aufzeigen, welchen Abfluß jede Leitung nach den amtlichen Unterlagen der Kaiser bis zu meiner Amtszeit gehabt zu haben scheint und wieviel sie abgegeben hat; ferner werde ich angeben, welchen Abfluß ich selbst nach sorgfältigen Untersuchungen, veranlaßt durch die Umsicht des besten und sorgfältigsten Kaisers Nerva, jeweils gemessen habe.

In den amtlichen Unterlagen sind für den Abfluß der Fernwasserleitungen insgesamt 12755 Quinarien angegeben; der Abfluß betrug hingegen 14018 Quinarien. Daraus errechnete sich, daß die Entnahme 1263 Quinarien kleiner als der Abfluß war.

Da ich es als eine vordringliche Aufgabe meines Amtes ansah, den wahren Zustand der Wasserleitungen und den Abfluß zu ermitteln, brachte mich die Verwunderung über diesen Zustand in nicht geringem Maße dazu, genau zu untersuchen, wieso eigentlich der Abfluß größer sein konnte als man insgesamt sozusagen zur Verfügung hatte.

Vor allem anderen habe ich daher damit begonnen, den Abfluß der Fernwasserleitungen zu messen. Dabei habe ich bei weitem, nämlich ungefähr 10000 Quinarien mehr als den in den amtlichen Unterlagen angegebenen Abfluß gefunden. Dies werde ich im einzelnen noch erläutern.

65

Der Abfluß der Appia beträgt nach den amtlichen Unterlagen 841 Quinarien. Diese Angaben konnte ich durch eine Messung an der Quelle nicht nachprüfen, da sie ja aus zwei Zuflüssen besteht.

Bei dem Zusammenfluß, den sogenannten „Gemelli", aber, einem Ort unterhalb des alten Spes-Tempels, wo sie sich mit dem Zweig der Augusta vereinigt, habe ich eine Wassertiefe von fünf Fuß bei einer Breite von $1\frac{3}{4}$ Fuß vorgefunden: Das ist ein Querschnitt von $8\frac{3}{4}$ Quadratfuß oder 22 100er-Rohre und ein 40er-Rohr oder 1825 Quinarien, und somit 984 Quinarien mehr als in den amtlichen Unterlagen.

Der Abfluß betrug 704 Quinarien, 137 Quinarien weniger als in den amtlichen Unterlagen verzeichnet und 1121 Quinarien weniger, als die Messung bei den „Gemelli" ergibt.

Eine gewisse Menge versickert unterwegs durch Leckstellen, die nicht so leicht festzustellen sind, wenn die Leitung im Boden liegt. Daß diese Leckstellen aber vorhanden sind, geht daraus hervor, daß in sehr vielen Teilen der Stadt Wasser beobachtet wird, das aus ihr kommt. Aber wir haben auch einige unerlaubte Leitungen innerhalb der Stadt vorgefunden. Außerhalb der Stadt erfährt sie aber keine unbefugten Eingriffe wegen der Tiefenlage des Wasserspiegels. An der Quelle liegt sie 50 Fuß tief unter der Erde.

66

Der Anio Vetus wird nach den amtlichen Unterlagen ein Abfluß von 1541 Quinarien zugeschrieben. An der Ableitung habe ich 4398 Quinarien vorgefunden zuzüglich des Anteils, der über eine eigene Leitung nach Tibur abgeleitet wird; d.h. 2857 Quinarien mehr als in den amtlichen Unterlagen. Abgegeben werden, bevor sie das Absetzbecken erreicht, 262 Quinarien. Der Abfluß aus dem Absetzbecken, der durch dort angebrachte Meßeinrichtungen ermittelt wird, beträgt 2362 Quinarien. Es gingen also zwischen Quelle und Absetzbecken 1774 Quinarien verloren. Nach dem Becken gab sie 1348 Quinarien ab: 69 Quinarien mehr, als wir nach den amtlichen Unterlagen als Abfluß bezeichnet haben, 1014 Quinarien weniger, als wir als Abfluß in die Leitung aus dem Absetzbecken feststellten.

Die Summe dessen, was zwischen Quelle und Absetzbecken und nach dem Absetzbecken verlorenging, beträgt 2788 Quinarien, was ich als auf einem Fehler bei der Messung beruhend angenommen hätte, wenn ich nicht herausgefunden hätte, wo dieser Abfluß rechtswidrig abgeleitet wurde.

67

Der Marcia wird in den amtlichen Unterlagen ein Abfluß von 2162 Quinarien zugeschrieben. Nachdem ich am Leitungsanfang gemessen hatte, habe ich 4690 Quinarien vorgefunden: 2528 Quinarien mehr als in den amtlichen Unterlagen. Vor dem Absetzbecken wurden 95 Quinarien abgegeben sowie zur Verstärkung der Tepula 92 Quinarien, ebenso an die Anio 164 Quinarien. Die Summe der Wasserabgabe vor dem Absetzbecken beträgt 351 Quinarien.

Der Abfluß, der durch im Absetzbecken angebrachte Meßeinrichtungen ermittelt wird, beträgt zusammen mit dem, was diesseits des Absetzbeckens in das Gerinne auf Bogenbrücken zufließt, 2944 Quinarien. Die Summe dessen, was sowohl vor dem Absetzbecken abgegeben wird als auch auf Bogenbrücken aufgenommen wird, macht 3295 Quinarien aus. Das sind 1133 Quinarien mehr, als nach den amtlichen Unterlagen als Abluß festgehalten ist, aber 1395 Quinarien weniger, als die am Leitungsanfang vorgenommenen Messungen ergaben.

Unterhalb des Absetzbeckens wurden 1840 Quinarien abgegeben, das sind 227 Quinarien weniger als nach den amtlichen Unterlagen als Abfluß bezeichnet wird und 1104 Quinarien weniger, als aus dem Becken auf die Bogenbrücken zufließt. Diese Menge, die zwischen dem Leitungsanfang und dem Absetzbecken sowie nach dem Becken verlorenging, macht zusammen 2499 Quinarien aus. Wie bei den übrigen Wasserleitungen habe ich auch hier entdeckt, daß an mehreren Stellen das Wasser abgefangen wird.

Daraus wird offenbar, daß das Wasser nicht verschwindet, wie auch daraus, daß am Leitungsanfang, außer der Messung, die wir für das Fassungsvermögen der Leitung angestellt haben, noch mehr als 300 Quinarien abfließen.

68

Der Tepula wird in den amtlichen Unterlagen ein Abfluß von 400 Quinarien zugeschrieben. Diese Fernwasserleitung besitzt keine Quellen. Das Wasser von Wasseradern wird in die Iulia eingespeist. Als Anfang der Leitung muß daher das Absetzbecken der Iulia betrachtet werden.

Zuerst nämlich nimmt sie daraus 190 Quinarien auf, gleich darauf aus der Marcia 92 Quinarien, später aus der Anio Novus bei den Gärten, die einst dem Epaphroditus[52] gehörten, 163 Quinarien. Insgesamt sind es 445 Quinarien: 45 Quinarien mehr als in den amtlichen Unterlagen, die ebenso bei der Abgabe erscheinen.

69

Der Iulia wird in den amtlichen Unterlagen ein Abfluß von 649 Quinarien zugeschrieben. Beim Leitungsanfang konnte eine Messung nicht vorgenommen werden, da sie aus mehreren Zuläufen besteht, aber beim 6. Meilenstein von der Stadt wird sie insgesamt in ein Absetzbecken geführt, wo ihr Abfluß, gemessen an den dort sichtbaren Meßeinrichtungen, 1206 Quinarien beträgt, 557 Quinarien mehr als in den amtlichen Unterlagen. Außerdem nimmt sie in der Nähe der Stadt nach den Gärten, die einst dem Pallas gehörten, von der Claudia 162 Quinarien auf.

Was die Iulia insgesamt aufnimmt, macht 1368 Quinarien aus. Hiervon gibt sie an die Tepula 190 Quinarien ab, im eigenen Namen aber 803 Quinarien. Sie gibt 993 Quinarien ab, 344 Quinarien mehr als in den amtlichen Unterlagen, aber 213 Quinarien weniger, als sie am Absetzbecken hat, die ich bei Leuten aufgefunden habe, welche sie sich ohne Bewilligung des Kaisers rechtswidrig aneigneten.

70

Der Virgo wird in den amtlichen Unterlagen ein Abfluß von 652 Quinarien zugeschrieben. Beim Leitungsanfang habe ich nicht messen können, da die Leitung aus mehreren Zuläufen besteht und das Wasser zu langsam in sie eintritt.

Dennoch habe ich in der Nähe der Stadt beim 7. Meilenstein auf einem Feld, das jetzt dem Ceionius Commodus[53] gehört und wo das Wasser schon schneller fließt, eine Messung vorgenommen und dabei 2504 Quinarien ermittelt: 1852 Quinarien mehr als nach den amtlichen Unterlagen. Unser Beweis ist sogleich zur Hand: Diese Wasserleitung gibt genau so viel ab, wie ich vorstehend gemessen hatte, nämlich 2504 Quinarien.

71

Für die Alsietina ist die Größe des Abflusses weder in den amtlichen Unterlagen verzeichnet noch konnte sie an Ort und Stelle genau ermittelt werden, da sie aus dem Alsietinischen See[54] und darauf aus der Gegend von Carciae aus dem Fluß Sabatinus soviel aufnimmt, wie die Rohrnetzmeister einleiten. Diese Wasserabgabe beträgt 392 Quinarien.

72

Die Claudia, die ergiebiger als die anderen ist, ist auch rechtswidrigen Eingriffen am meisten ausgesetzt. Nach den amtlichen Unterlagen ist der Abfluß nicht mehr als 2855 Quinarien, obwohl ich an der Quelle 4607 Quinarien gefunden habe. Das sind 1752 Quinarien mehr als in den amtlichen Unterlagen angegeben. Aber meine Messung ist umso genauer, als ich beim 7. Meilenstein stadtwärts an dem Absetzbecken, wo die Meßeinrichtungen keinen Zweifel zulassen, 3312 Quinarien gefunden habe. Das sind 457 Quinarien mehr als in den amtlichen Unterlagen, obwohl aufgrund von Bewilligungen eine Abgabe schon vor dem Absetzbecken erfolgt und, ich ermittelt habe, daß sehr viel heimlich abgeleitet wird, und deshalb 1295 Quinarien weniger vorgefunden werden, als in Wirklichkeit vorhanden sein müßten.

Und hier kommt in bezug auf den Abfluß ein Betrug zutage, weil er weder mit den amtlichen Unterlagen übereinstimmt, noch mit meinen Messungen am Leitungsanfang und nicht einmal mit den Messungen im Absetzbecken, obwohl vor diesem so viele rechtswidrige Ableitungen liegen. Der Abfluß beträgt nämlich nur 1750 Quinarien. Das sind 1105 Quinarien weniger als die Berechnung nach den Unterlagen ergibt. Das sind 2857 Quinarien weniger, als die Messungen am Leitungsanfang ergaben, und 1562 Quinarien weniger, als im Verteilerbauwerk ermittelt wurde. Und während in der eigenen Leitung reines Wasser in die Stadt gelangt, wird es in der Stadt mit dem von Anio Novus vermischt, so daß ihr Wasser nach dieser Vermischung bei Zufluß und Abfluß trüber wird.

Wenn aber jemand glauben sollte, ich hätte mich vielleicht bei den Messungen des Abflusses getäuscht, so muß ich dem entgegenhalten, daß die Quellen Curtius und Caerulus der Claudia zur Verstärkung der Kapazität Wasser zuführen, dessen Abfluß ich mit 4607 Quinarien angegeben habe. Ihre Schüttung ist jedoch um 1600 Quinarien größer. Ich stelle nicht in Abrede, daß dieser Überfluß nicht von diesen Quellen stammt. Er wird nämlich aus der Augusta abgeleitet, wie ich gefunden habe, zur Verstärkung der Marcia; da die Marcia sie nicht braucht, habe ich sie den Quellen der Claudia zugeschlagen, obwohl deren Gerinne nicht einmal das ganze Wasser fassen kann.

73

Die Anio Novus hatte nach den amtlichen Unterlagen 3263 Quinarien. Als ich am Leitungsanfang nachmaß, fand ich 4738 Quinarien, das sind 1475 Quinarien mehr als nach den amtlichen Unterlagen.

Wie kann ich deutlicher beweisen, daß ich keine übertriebene Darstellung gebe, als durch die Tatsache, daß der größte Teil meiner Angaben über den Abfluß in den amtlichen Unterlagen selbst enthalten ist? Es werden nämlich 4211 Quinarien abgegeben, obwohl ohnehin nach denselben amtlichen Unterlagen nur 3263 Quinarien erfaßt sind. Außerdem habe ich gefunden, daß nicht nur ein Wasserverlust von 527 Quinarien, der zwischen meinen Messungen und der tatsächlichen Abgabe besteht, sondern noch eine weit größere Menge gestohlen wird.

Daraus ergibt sich, daß mehr als bei der von mir vorgenommenen Messung fließen muß, was seinen Grund darin hat, daß die Kraft des Wassers reißender ist, als aus der Breite und der raschen Strömung abgeleitet; auch die Schnelligkeit selbst vergrößert den Abfluß.

74

Es wird zweifellos einigen aufgefallen sein, daß bei den vorgenommenen Messungen ein weitaus größerer Abfluß gefunden wurde, als in den amtlichen Unterlagen des Kaisers enthalten ist. Grund dafür ist der Irrtum derer, die von Anfang an bei der Berechnung jeder einzelnen Wasserleitung zu wenig Sorgfalt walten ließen.

Ich kann auch nicht glauben, daß sie aus Furcht vor sommerlicher Hitze und Trockenheit so weit von der Wahrheit abgewichen sind. Dem steht entgegen, daß ich selbst bei meinen Messungen im Monat Juli den jeweils oben angegebenen Abfluß gefunden habe, der auch danach den ganzen Sommer hindurch anhielt. Welcher Grund dabei auch immer überwogen hat, so ist auf jeden Fall aufgedeckt worden, daß 10000 Quinarien fehlen, während die Kaiser bei ihren Bewilligungen den in den amtlichen Unterlagen verzeichnete Abfluß jedenfalls einhielten.

75

Eine weitere Differenz liegt darin, daß ein bestimmter Abfluß bei den Quellen in die Fernleitungen eingespeist wird, ein anderer geringerer in den Absetzbecken, und daß der geringste Abfluß zur Verteilung gelangt. Der Grund hierfür ist der Betrug der Rohrnetzmeister, die ich dabei ertappt habe, daß sie Wasser aus den öffentlichen Wasserleitungen zum rechtswidrigen Privatverbrauch ableiten.

Aber auch die Grundbesitzer, bei deren Feldern eine Wasserleitung vorbeiführt, zapfen die Wände der Leitungen an. Das hat zur Folge, daß sie die Leistungsfähigkeit der öffentlichen Wasserleitung zur Nutzung von Privatleuten oder von Gärten beeinträchtigen.

76

Und über derartige Mißstände kann nicht mehr und nichts besser gesagt werden, als Caelius Rufus[55] in seiner bekannten Rede „Über die Wasserversorgung" vor der Volksversammlung ausgesprochen hat:

„Durch strenge Untersuchungen haben wir beweisen müssen, was man sich alles herausgenommen hat, als hätte man ein Recht dazu: Wir finden bewässerte Felder und sogar in Kneipen, Freßlokalen und sogar Absteigen von üblem Ruf ist fließendes Wasser installiert worden."

Denn daß die einen Wasserleitungen an Stelle anderer Wasser unter falschem Namen abgeben, sind Mißstände, die geringer ins Gewicht fallen als die übrigen. Zu dem aber, was Abhilfe zu fordern scheint, zählt, was beinahe überall rund um den Caelius und den Aventin geschehen ist.

Bevor die Claudia dorthin geführt wurde, wurden beide Hügel durch die Marcia und die Iulia versorgt. Aber nachdem der Kaiser Nero die Claudia auf Bogenbrücken höher gelegt und bis zum Tempel des vergöttlichten Claudius weiter geführt hatte, damit ihr Wasser von da aus verteilt werden konnte, sind die früheren Leitungsstrecken nicht mehr ausgebaut, sondern abgehängt worden. Er fügte nämlich keine neuen Verteilerbauwerke hinzu, sondern benutzte die alten, deren Wasser die alte Bezeichnung behielt, obwohl die Wasserqualität eine andere geworden war.

77

Genug ist schon gesagt über die Eigenschaften einer jeden Wasserleitung und die gleichsam neue Gewinnung von Wasser sowie über die Betrügereien und Mißstände, die in diesem Bereich bestanden. Die Angaben über den zur Verfügung stehenden Abfluß habe ich zusammengetragen. Sie waren, wenn ich so sagen darf, in großer Unordnung und sogar unter falschen Namen eingetragen. Es bleibt nun übrig, daß ich sie nach dem richtigen Namen der Leitung auf die Bezirke[56] der Stadt verteile.

Ich weiß, daß diese Zusammenfassung nicht nur trocken, sondern unverständlich erscheinen kann. Dennoch werde ich sie so kurz wie möglich vorstellen, damit nichts davon fehlt, was gewissermaßen zu den Grundlagen meines Amtes gehört. Wem es genügt, das große Ganze kennenzulernen, der mag die unbedeutenden Dinge übergehen.

78

Insgesamt werden 14018 Quinarien verteilt, und zwar so, daß 771 Quinarien, die aus bestimmten Wasserleitungen zur Verstärkung anderer abgegeben und scheinbar doppelt in den Nachweis des Abflusses eingehen, nur einmal in Anrechnung kommen. Davon werden außerhalb der Stadt 4063 Quinarien verteilt, die sich folgendermaßen aufgliedern: für Zwecke des Kaisers 1718 Quinarien, an Privatleute 2345 Quinarien. Die restlichen 9955 Quinarien verteilen sich innerhalb der Stadt auf 247 Verteilerbauwerke und gliedern sich wie folgt nach Abnehmern auf:

1707 ½ Quinarien für Zwecke des Kaisers, 3847 Quinarien an Privatleute und 4401 Quinarien für öffentliche Zwecke.

Von letzteren entfallen auf

18 castra[57]	279 Quinarien
95 öffentliche Bauwerke	2301 Quinarien
39 Zierbrunnenanlagen	386 Quinarien
591 Brunnenbecken	1335 Quinarien.

Aber auch diese Aufteilung muß nach den Namen der Wasserleitungen und den Bezirken der Stadt unterteilt werden.

79

Von den 14018 Quinarien, die wir als Summe des Abflusses aller Wasserleitungen bestimmt haben, werden von der Appia außerhalb der Stadt nur 5 Quinarien abgegeben, da sie ja für die Interessenten in relativ niedriger Höhe beginnt.

Die übrigen 699 Quinarien werden innerhalb der Stadt auf die Bezirke II, IX, XI, XII, XIII und XIV über 20 Verteilerbauwerke verteilt, davon

für Zwecke des Kaisers 151 Quinarien,

an Privatleute 194 Quinarien,

für öffentliche Zwecke 354 Quinarien, davon wiederum für 1 castra 4 Quinarien,

für 14 öffentliche Bauwerke 123 Quinarien,

für eine Zierbrunnenanlage 2 Quinarien,

für 92 Brunnenbecken 226 Quinarien.

80

Von der Anio Vetus wurden außerhalb der Stadt abgegeben für Zwecke des Kaisers 169 Quinarien, an Privatleute 404 Quinarien. Die restlichen 1508 ½ Quinarien wurden innerhalb der Stadt verteilt auf die Bezirke I, III, IV, V, VI, VII, VIII, IX, XII und XIV über 35 Verteilerbauwerke, davon

für Zwecke des Kaisers 64 ½ Quinarien,

an Privatleute 490 Quinarien,

für öffentliche Zwecke 552 Quinarien,

davon wiederum

für 1 castra 50 Quinarien,

für 19 öffentliche Bauwerke 196 Quinarien,

für 9 Zierbrunnenanlagen 88 Quinarien,

für 94 Brunnenbecken 218 Quinarien.

81

Von der Marcia wurden außerhalb der Stadt für Zwecke des Kaisers 261½ Quinarien abgegeben. Die restlichen 1472 Quinarien wurden innerhalb der Stadt auf die Bezirke I, III, IV, V, VI, VII, VIII, IX, X und XIV über 51 Verteilerbauwerke verteilt, und zwar

> für Zwecke des Kaisers 116 Quinarien,
>
> an Privatleute 543 Quinarien,
>
> für öffentliche Zwecke 491 Quinarien,
>
> davon
>
> für 4 castra 42½ Quinarien,
>
> für 15 öffentliche Bauwerke 41 Quinarien,
>
> für 12 Zierbrunnenanlagen 104 Quinarien,
>
> für 113 Brunnenbecken 256 Quinarien.

82

Von der Tepula wurden außerhalb der Stadt für Zwecke des Kaisers 58 Quinarien, an Privatleute 56 Quinarien abgegeben. Die restlichen 331 Quinarien wurden innerhalb der Stadt auf die Bezirke IV, V, VI und VII über 14 Verteilerbauwerke verteilt, und zwar

> für Zwecke des Kaisers 34 Quinarien,
>
> an Privatleute 237 Quinarien,
>
> für öffentliche Zwecke 50 Quinarien,
>
> davon
>
> für 1 castra 12 Quinarien,
>
> für 3 öffentliche Bauwerke 7 Quinarien,
>
> für 13 Brunnenbecken 32 Quinarien.

83

Aus der Iulia wurden außerhalb der Stadt für Zwecke des Kaisers 85 Quinarien, an Privatleute 121 Quinarien abgeleitet. Die restlichen 548 Quinarien wurden innerhalb der Stadt auf die Bezirke II, III, V, VI, VIII, X und XII über 17 Verteilerbauwerke verteilt, und zwar

> für Zwecke des Kaisers 18 Quinarien,
>
> an Privatleute 196 Quinarien,
>
> für öffentliche Zwecke 383 Quinarien,
>
> davon
>
> für 2 castra 69 Quinarien,
>
> für 10 öffentliche Bauwerke 181 Quinarien,
>
> für 3 Zierbrunnenanlagen 67 Quinarien,
>
> für 28 Brunnenbecken 65 Quinarien.

84

Aus der Virgo wurden außerhalb der Stadt 200 Quinarien abgezeigt. Die restlichen 2304 Quinarien wurden innerhalb der Stadt auf die Bezirke VII, IX und XIV über 18 Verteilerbauwerke verteilt, und zwar

> für Zwecke des Kaisers 509 Quinarien,
>
> an Privatleute 338 Quinarien,
>
> für öffentliche Zwecke 1457 Quinarien,
>
> davon
>
> für 2 Zierbrunnenanlagen 26 Quinarien,
>
> für 25 Brunnenbecken 51 Quinarien,
>
> für 16 öffentliche Bauwerke 1380 Quinarien.

Hiervon für eine besondere Teilstrecke mit Namen Euripus, der sie selbst den Namen gab, 460 Quinarien.

85

Die Alsietina besitzt 392 Quinarien. Dieser Abfluß wird insgesamt außerhalb der Stadt verbraucht, und zwar

    für Zwecke des Kaisers 254 Quinarien,

    an Privatleute 138 Quinarien.

86

Claudia und Anio Novus gaben jede außerhalb der Stadt aus der eigenen Leitung Wasser ab, innerhalb der Stadt wurde das Wasser nicht mehr getrennt gehalten. Claudia gab außerhalb der Stadt

    für Zwecke des Kaisers 246 Quinarien,

    an Privatleute 439 Quinarien

ab. Die Anio Novus gab außerhalb der Stadt nur für Zwecke des Kaisers 728 Quinarien ab.

Die restlichen 3498 Quinarien beider Wasserleitungen wurden innerhalb der Stadt auf die 14 Bezirke über 92 Verteilerbauwerke geliefert, und zwar

    für Zwecke des Kaisers 816 Quinarien,

    an Privatleute 1567 Quinarien,

    für öffentliche Zwecke 1115 Quinarien,

    davon

    für 9 castra 149 Quinarien,

    für 18 öffentliche Bauwerke 374 Quinarien,

    für 12 Zierbrunnenanlagen 107 Quinarien,

    für 226 Brunnenbecken 485 Quinarien.

87

Der Abfluß der Wasserleitungen wurde bis zur Zeit des Kaisers Nerva auf die vorstehend geschilderte Art und Weise gerechnet und unterteilt. Durch die Umsicht des fürsorglichsten Kaisers vergrößerte sich jetzt alles, was durch die Betrügereien der Rohrnetzmeister unterschlagen wurde oder durch Nachlässigkeit verlorenging, wie wenn man neue Quellen erschlossen hätte.

Der Abfluß hat sich beinahe verdoppelt und ist danach mit so sorgfältiger Einteilung verteilt worden, daß denjenigen Bezirken, die bisher nur von einer einzelnen Leitung versorgt wurden, jetzt mehrere zugeführt wurden, wie z.B. dem Caelius und dem Aventin, zu denen bisher allein die Claudia auf den von Nero erbauten Bogenbrücken führte, was zur Folge hatte, daß diese dicht bevölkerten Hügel unter Wassernot litten, sooft irgendeine Reparatur dazwischenkam. Sie verfügen nun über mehrere Wasserleitungen, wobei insbesondere die wieder in Betrieb genommene Marcia mit einer leistungsfähigeren Leitung vom Spes-Tempel bis zum Aventin geführt wird. Und in allen Teilen der Stadt erhielten auch die neuen ebenso wie die älteren Brunnenbecken meistens je zwei Ausläufe von verschiedenen Wasserleitungen, damit einer immer in Betrieb bleibt, wenn einer von beiden zufälligerweise ausfällt. Auf diese Weise wird die Versorgung nicht gestört.

88

Diese Fürsorge seines überaus pflichtgetreuen Kaisers Nerva spürt Rom, die Königin und Herrin des Erdkreises, die den Rang einer Göttin der Welt einnimmt, und der nichts gleicht und der nichts nachfolgt, von Tag zu Tag mehr, und noch mehr wird die Gesundheit dieser ewigen Stadt sie fühlen, weil die Anzahl der Verteiler, Betriebsbauwerke, Zierbrunnenanlagen und Brunnenbecken erhöht worden ist. Und kein geringerer Vorteil wird auch an Privatleute ausgeschüttet durch die Zunahme der wasserrechtlichen Bewilligungen des Kaisers; gerade diejenigen, die mit schlechtem Gewissen rechtswidrig Wasserleitungen anzapften, können jetzt das Wasser auf Grund der Bewilligungen in Sicherheit genießen.

Nicht einmal das Überlaufwasser ist unnütz: Die Ursachen des ungesunden Klimas werden fortgespült, der Anblick der Straßen ist sauber, reiner die Atemluft, beseitigt ist die Atmosphäre, die bei unseren Vorfahren der Stadt immer schlechten Ruf eintrug. Es entgeht mir nicht, daß meinem Werk die Ordnung der neuen Wasserversorgung fehlt; da ich dies mit dem Bericht über den Zuwachs verbunden habe, muß man einsehen, daß dies erst dargestellt werden kann, wenn die Arbeiten fertiggestellt sind.

89

Was soll man dazu sagen, daß nicht einmal dies den Bemühungen des Kaisers genügt, die er seinen Bürgern aufs vollkommenste widmet, wenn er glaubt, zu wenig zu unserem Wohl und zu unserer Annehmlichkeit getan zu haben, obgleich er eine solche Fülle hinzugefügt hat, und wenn er diese nicht selbst immer gesunder und angenehmer machte? Es lohnt sich die Mühe, in die Einzelheiten zu gehen, mit denen er bei der Bekämpfung der Schwierigkeiten der einzelnen Wasserleitungen für alle einen Nutzen erzielte. Wann nämlich hatte unsere Stadt, wenn plötzlich auch nur kurze Platzregen aufgetreten waren, nicht trübes und schlammiges Wasser? Nicht, weil dies bei allen von der Quelle an die natürliche Eigenart ist oder weil diesen Nachteil diejenigen Wasserleitungen erleiden müßten, die aus Quellen gespeist werden, insbesondere die Marcia und die Claudia, deren Frische von der Quelle an unangetastet ist und nur ganz gering vom Regen verschmutzt wird, sofern nur Leitwände gebaut und entgegengestellt sind.

90

Beide Anio-Leitungen haben ständig einen geringeren Reinheitsgrad, denn sie entnehmen ihr Wasser aus dem Fluß und werden oft auch bei klarem Wetter getrübt, da ja der Anio, obwohl er einem sehr reinen See entströmt, dennoch von den sich häufig verändernden, unbefestigten Ufern etwas fortträgt, wodurch er getrübt wird, bevor er in die Leitungen eintritt. Diese Beeinträchtigung trifft ihn nicht nur während der Regenfälle des Winters und des Frühjahrs, sondern auch bei sommerlichem Platzregen, in welcher Zeit auch die Reinheit des Wassers erwünschter ist und mehr verlangt wird.

91

Aber die eine von diesen Wasserleitungen, nämlich die Anio Vetus, behält in sich den Nachteil, daß sie an Höhe niedriger liegt als die meisten anderen. Die Anio Novus hingegen hat die übrigen Wasserleitungen verdorben. Denn da sie auf sehr hohem Niveau ankommt und besonders viel Wasser führt, mindert sie den Wassermangel der anderen, wenn diese nachlassen. Durch die mangelnde Qualifikation der Rohrnetzmeister, die sie öfter in andere Wasserleitungen geleitet haben, als zur Auffüllung nötig war, hat sie auch die an sich ausreichenden Leitungen verunreinigt, am meisten die Claudia, die, nachdem sie viele Meilen in eigener Leitung geführt worden war, schließlich in Rom mit der Anio vermischt wurde und der bis heute dadurch ihre charakteristischen Eigenschaften verdorben wurden. Und so wenig wurde den Vorfällen abgeholfen, daß die meisten noch angeschlossen wurden durch Unüberlegtheit, das Wasser zu verteilen, wie es nicht richtig ist. Selbst von der Marcia, deren Kühle und Reinheit sehr geschätzt werden, habe ich festgestellt, daß sie für Bäder, Tuchwalker sowie Zwecke dient, über die auch nur zu berichten schon abstoßend ist.

92

Daher faßte man also den Beschluß, alle Wasserleitungen wieder zu trennen und sie dann einzeln so zu ordnen, daß in erster Linie das Wasser der Marcia ganz als Trinkwasser dienen sollte und darauf die übrigen geeigneten Verwendungsmöglichkeiten zugewiesen werden sollten, jede je nach der Qualität ihres Wassers, so daß die Anio Vetus, deren Wasser aus vielen Gründen ungenießbarer wurde, je weiter abwärts die Abgabe erfolgte, nur noch zur Bewässerung von Gärten und den schmutzigeren Verrichtungen der Stadt selbst dient.

93

Und es war unserem Kaiser nicht genug damit, die Ergiebigkeit und Güte der übrigen Wasserleitungen wiederhergestellt zu haben; er trug auch Sorge dafür, daß die Mißstände bei Anio Novus abgestellt wurden. Er verzichtete nämlich auf die Entnahme aus dem Fluß und ließ das Wasser aus einem See oberhalb der Villa des Nero in Subiaco, wo es besonders klar ist, heranholen.

Der Fluß Anio entspringt oberhalb von Treba Augusta. Sei es, weil er durch felsige Berge herabfließt und an seinem Lauf um die Stadt selbst nur sehr wenige bewirtschaftete Flächen liegen, sei es, weil er durch die Tiefe der Seen, die er durchfließt, gleichsam gereinigt wird und zusätzlich noch durch dicht angrenzende Wälder tiefen Schatten empfängt, gelangt er zugleich sehr kalt und klar dorthin. Diese so glückliche Eigenschaft des Wassers wird allen Gaben der Marcia gleichkommen. Sie (Anio Novus) wird die Marcia und sie an Ergiebigkeit sogar noch übertreffen. Dies Wasser wird an Stelle jenes schlechten und trüben Wassers treten und eine Inschrift wird erläutern, daß Erneuerer der Kaiser Caesar Nerva Traianus Augustus ist[58].

94

Nun folgt, wie angekündigt, daß ich das Recht, Wasser zu leiten und die Anlage zu schützen, behandele. Das eine dient dem Zwecke, die Privatleute bezüglich der ihnen wasserrechtlich bewilligten Menge im Zaum zu halten, das andere dient dem Schutz der Leitungen selbst. Dabei habe ich, wenn ich etwas weiter über die für die einzelnen Wasserleitungen erlassenen Gesetze ausholen darf, gefunden, daß bei unseren Vorfahren manches anders gehandhabt wurde. In den alten Zeiten wurde alles Wasser nur für öffentliche Zwecke verwendet und dies war folgendermaßen gesetzlich bestimmt:

„Kein Privatmann darf anderes Wasser ableiten als das, was aus einem Brunnenbecken auf die Erde fließt."

– So lautet diese Gesetzesbestimmung wörtlich. – Darunter ist das zu verstehen, was aus einem Brunnenbecken überfließt. Wir bezeichnen dies als Überlaufwasser. Und selbst dies wurde für keinen anderen Zweck als für Bäder und Tuchwalkereien abgegeben, und dafür war die Zahlung einer Abgabe festgesetzt, die an den Staatsschatz entrichtet wurde.

Daraus wird ersichtlich, um wieviel wichtiger unseren Vorfahren die Sorge um den gemeinsamen Nutzen war als um private Vergnügungen, da auch das Wasser, das Privatleute ableiteten, dem öffentlichen Wohl diente. Etwas wurde auch in die Häuser der führenden Leute des Staates abgeleitet, wenn die übrigen Bürger dies zugestanden.

95

Auf welchen Beamten aber sich das Recht, Wasser abzuleiten und zu verkaufen, erstreckte, das ist in diesen Gesetzen selbst verschieden geregelt. Ich habe gefunden, daß es zuweilen von den Aedilen, manchmal von den Censoren wahrgenommen wurde. Es ist aber offenkundig, daß dieses Recht, soweit Censoren im Staate bestellt waren, hauptsächlich von diesen beansprucht wurde, wenn es diese aber nicht gab, diese Befugnis den Aedilen zustand.

96

Ich finde ferner, daß die Unterhaltung der einzelnen Wasserleitungen an Privatunternehmer vergeben zu werden pflegte und daß ihnen der Zwang auferlegt worden war, bei den Wasserleitungen innerhalb und außerhalb der Stadt eine bestimmte Anzahl von handwerklich geschickten Sklaven zu halten, und zwar so, daß sie die Namen derer, die für jeden Bezirk im Dienst waren, öffentlich auszuhängen hatten; die Aufgabe, ihre Arbeiten zu überwachen, lag bisweilen in den Händen der Censoren und Aedilen, manchmal wurde dies als Aufgabe auch den Quaestoren zugewiesen, wie aus dem Senatsbeschluß hervorgeht, der im Jahre der Konsuln Caius Licinius und Quintus Fabius[59] gefaßt wurde.

97

Mit welcher Mühe aber die Aufsicht darüber verbunden war, daß niemand die Wasserleitungen beschädigen oder unerlaubt Wasser abzuleiten wagte, könnte, wie aus vielen anderen Dingen, so auch daraus hervorgehen, daß der Circus maximus nicht einmal an den Tagen der Circusspiele ohne die besondere Erlaubnis der Aedilen oder Censoren geflutet werden durfte. Wir lesen bei Ateius Capito[60], daß diese Vorschrift auch noch dann weitergegolten habe, nachdem diese Zuständigkeit unter Augustus auf die Kuratoren der Wasserversorgung übergegangen war. Felder aber, die dem Gesetz zuwider mit Wasser aus öffentlichen Wasserleitungen bewässert wurden, verfielen der Enteignung zu Gunsten des Staates. Auch der für die Instandhaltung verantwortliche Unternehmer wurde hoch bestraft, wenn feststand, daß er mit dem Betreffenden im Einvernehmen gegen das Gesetz gehandelt hatte.

In denselben Gesetzen findet sich folgender Zusatz: „Niemand darf vorsätzlich Wasser verunreinigen, wo es zum Gebrauch der Öffentlichkeit fließt. Wenn jemand es verunreinigt, beträgt die Strafe 10 000 Sesterzen". Aus diesem Grund mußten die kurulischen Aedilen für jedes Stadtviertel aus den dort ansässigen Bewohnern oder Grundstückseigentümern je zwei Männer bestellen, die zu begutachten hatten, ob das Wasser zum Gebrauch der Öffentlichkeit im Sinne des Gesetzes gehört.

98

Als erster war Marcus Agrippa nach dem Aedilenamt, das er als ehemaliger Konsul verwaltete, sozusagen ständiger Kurator der von ihm errichteten Bauwerke und Zierbrunnenanlagen. Soweit es der zur Verfügung stehende Abfluß erlaubte, teilte er ein, was von den Wasserleitungen an öffentliche Bauten, was an Brunnenbecken und Privatleute verteilt werden sollte.

Er unterhielt auch eine eigene private Organisation für die Wasserversorgung, die die Leitungen, Verteilerbauwerke und Brunnenbecken zu unterhalten hatte.

99

Augustus erbte sie von ihm und verstaatlichte sie. Nach Agrippa's Tod wurden im Jahre der Konsuln Quintus Aelius Tubero und Paulus Fabius Maximus[61] in dieser Angelegenheit, die gleichsam als staatliches Amt verwaltet wurde, aber keine bestimmte Rechtsgrundlage hatte, Senatsbeschlüsse gefaßt und ein Gesetz veröffentlicht. Augustus faßte auch in einem Edikt zusammen, welches Recht für diejenigen gelten sollte, die nach den Unterlagen des Agrippa bereits Wasser bezogen, und leitete das Ganze in seine wasserrechtlichen Bewilligungen über. Er setzte auch die Maßeinheiten, die wir oben behandelt haben, fest und ernannte, um den Aufgabenbereich zu leiten und zu führen, als Kurator den Messala Corvinus[62], dem der ehemalige Praetor

Postumius Sulpicius und der Senator Lucius Cominius beigeordnet wurden. Ihnen wurden äußere Zeichen ihrer Macht wie Amtsträgern zugestanden und über ihr Amt wurde folgender Senatsbeschluß gefaßt:

100

„Da die Konsuln Quintus Aelius Tubero und Paulus Fabius Maximus Bericht erstatteten, was hinsichtlich derer, die von Caesar Augustus mit Zustimmung des Senats zu Kuratoren der öffentlichen Wasserleitungen ernannt worden waren, bestimmt werden solle, und was dem Senat gefiele, in dieser Sache zu tun, wurde in dieser Angelegenheit beschlossen. Der Senat sei folgender Ansicht:

Wenn sich die Kuratoren der öffentlichen Wasserleitungen in amtlicher Eigenschaft außerhalb der Stadt aufhalten, so sollen sie je zwei Liktoren und je drei Staatssklaven, je einen Architekten, Schriftführer und Sekretär sowie ebensoviele Amtsgehilfen und Ausrufer zur Verfügung haben wie diejenigen, durch die das Getreide an das Volk verteilt wird. Wenn sie aber innerhalb der Stadt irgendetwas in amtlicher Eigenschaft erledigen, stünde ihnen mit Ausnahme der Liktoren das übrige Personal zur Verfügung.

Die Kuratoren der Wasserleitungen sollen das Personal, das ihnen nach diesem Senatsbeschluß bewilligt worden ist, binnen zehn Tagen nach Beschlußfassung bei der Staatskasse angeben; den so Angemeldeten sollen die Prätoren der Staatskasse soviel Lohn und Kost als Jahresgehalt zahlen und anweisen, wie die Präfekten der Getreideversorgung zu zahlen und anzugeben pflegen; und es soll ihnen erlaubt sein, sich diese Leistungen ohne Rechtsnachteile zu eigen zu machen. Die Lieferung von Tafeln, Papier und den übrigen sächlichen Mitteln, die für dieses Amt nötig sind, an die Kuratoren sollen beide Konsuln, Quintus Aelius und Paulus Fabius, oder einer von ihnen, wenn es ihnen richtig erscheint, unter Hinzuziehung der Praetoren der Staatskasse ausschreiben.

101

Die Kuratoren der Wasserversorgung sollen ebenso für die Wahrnehmung von privater und öffentlicher Richtertätigkeit freigestellt sein wie die Kuratoren der Fernstraßen und der Getreideversorgung, die ein Viertel des Jahres diese öffentliche Aufgabe versehen. Obwohl die Staatskasse bis heute fortfährt, das Personal zu besolden, scheinen die Kuratoren der Wasserversorgung die Verfügungsgewalt über dieses verloren zu haben, weil sie aus Nachlässigkeit und Trägheit ihr Amt nicht ausübten. Der Senat hatte aber angeordnet, daß die Liktoren ihnen dann zu Diensten sein sollten, wenn sie in amtlicher Eigenschaft außerhalb der Stadt tätig sein müßten.
Wenn jedoch ich die Wasserleitungen begehe, stehen mir anstatt der Liktoren meine eigene Glaubwürdigkeit und die mir vom Kaiser verliehene Amtsgewalt zur Seite.

102

Da ich nun die Darstellung bis zum Beginn des Kuratorenamtes geführt habe, erscheint es angebracht, anzufügen, wer nach Messala diesem Amt bis heute vorgestanden hat.

Auf Messala folgte Ateius Capito im Jahre der Konsuln Plancus und Silius (13 n. Chr.).

Dem Capito folgte Tarius Rufus im Jahre der Konsuln Gaius Asinius Pollio und Caius Antistius Vetus (23 n. Chr.).

Auf Tarius folgte Marcus Cocceius Nerva, der Großvater des vergöttlichten Kaisers Nerva, der auch durch seine Rechtskenntnis berühmt war, im Jahre der Konsuln Servius Cornelius Cethegus und Lucius Visellius Varro (24 n. Chr.).

Diesem folgte Caius Octavius Laenas im Jahre der Konsuln Fabius Persicus und Lucius Vitellius (34 n. Chr.).

Dem Laenas folgte Marcus Porcius Cato im Jahre

Torre Spaccata, Rom. Photo: N. Schnitter-Reinhardt.

der Konsuln Aquila Iulianus und Nonius Asprenas (38 n. Chr.).

Diesem folgte Aulus Didius Gallus im Jahre der Konsuln Servius Asinius Celer und Sextus Nonius Quintilianus (49 n. Chr.).

Auf Gallus folgte Cnaeus Domitius Afer im Jahre der Konsuln Quintus Veranius und Pompeius Longus (60 n. Chr.),

auf Afer, als der Kaiser Nero Claudius zum vierten Male Konsul war zusammen mit Cossus, dem Sohn des Cossus (63 n. Chr.), Lucius Piso;

auf Piso im Jahre der Konsuln Verginius Rufus und Memmius Regulus (64 n. Chr.) der Petronius Turpilianus,

auf Turpilianus im Jahre der Konsuln Crassus Frux und Laecanius (66 n. Chr.) der Bassus Publius Marius,

auf Marius im Jahre der Konsuln Luccius Telesinus und Suetonius Paulinus (68 n. Chr.) der Fonteius Agrippa,

auf Agrippa im Jahre der Konsuln Silius und Galerius Trachalus (71 n. Chr.) der Albius Crispus,

auf Crispus, als Vespasian zum dritten Male Konsul war zusammen mit Cocceius Nerva (73 n. Chr.), Pompeius Silvanus, auf Silvanus, als Domitian zum zweiten Male Konsul war zusammen mit Valerius Messalinus (74 n. Chr.), Tampius Flavianus,

auf Flavianus, als Vespasian zum fünften und Titus zum dritten Male Konsuln waren (97 n. Chr.), Acilius Aviola.

Nach diesem ist, als der Kaiser Nerva und Verginius Rufus beide zum dritten Male Konsuln waren, das Amt auf mich übertragen worden.

103

Nun werde ich folgen lassen, was der Kurator der Wasserversorgung zu beachten hat sowie welches Gesetz und welche Senatsbeschlüsse für die Ausübung seiner Tätigkeit gelten.

Was das Recht, Wasser auf Privatgrundstücke zu leiten, betrifft, so muß beachtet werden, daß dies niemand ohne schriftliche Zustimmung des Kaisers tun darf, das heißt, niemand darf öffentliches Wasser ableiten, wenn es ihm nicht bewilligt ist, aber auch nicht mehr, als bewilligt. Nur so wird nämlich erreicht werden können, daß der Abfluß, den ich als hinzugewonnen bezeichnet habe, auf Dauer für neue Brunnen und weitere wasserrechtliche Bewilligungen des Kaisers zur Verfügung stehen kann. In beiden Fällen muß mit großer Umsicht dem vielfältigen Betrug entgegengetreten werden: Die Leitungen außerhalb der Stadt müssen sorgfältig hintereinander begangen werden, um die Bewilligungen zu überprüfen. Dasselbe muß mit den Verteilerbauwerken und öffentlichen Brunnen getan werden, damit das Wasser ohne Unterbrechung bei Tag und Nacht fließt. Dies wird dem Kurator der Wasserversorgung auch durch einen Senatsbeschluß auferlegt, der wie folgt lautet:

104

„Da die Konsuln Quintus Aelius Tubero und Paulus Fabius Maximus berichteten über die Zahl der öffentlichen Brunnen, die in der Stadt und innerhalb der an die Stadt angrenzenden Gebäude sind, und die Marcus Agrippa erbaut hatte; was damit zu tun sei, darüber erging folgender Beschluß:

Der Senat ist der Ansicht, die Zahl der öffentlichen Brunnen, die nach dem Bericht der Senatsbeauftragten für die Inspektion der öffentlichen Wasserleitungen und Brunnen 105 beträgt, weder zu vergrößern noch zu verringern. Ebenso sollen die Kuratoren der Wasserversorgung, die Caesar Augustus auf Grund eines Senatsbeschlusses ernannt hat, sich Mühe geben, dafür zu sorgen, daß die öffentlichen Brunnen möglichst ohne Unterbrechung bei Tag und bei Nacht ihr Wasser zum Nutzen des Volkes fließen lassen."

An diesem Senatsbeschluß ist, wie ich glaube, besonders bemerkenswert, daß der Senat sowohl eine Erhöhung wie auch eine Herabsetzung der Zahl der öffentlichen Brunnen ausgeschlossen hat. Ich glaube, dies geschah, weil die Liefermenge der Wasserleitungen, die damals in die Stadt führten, vor der Anlegung von Claudia und Anio Novus eine Erhöhung nicht zu gestatten schien.

105

Wer Wasser für private Zwecke ableiten will, muß darüber eine Bewilligung erlangen und eine schriftliche Bestätigung vom Kaiser zum Kurator der Wasserversorgung bringen. Der Kurator soll daraufhin der Bewilligung des Kaisers möglichst umgehend nachkommen und sogleich den Prokurator dieses Aufgabenbereichs, einen Freigelassenen des Kaisers schriftlich anweisen.

Einen Prokurator scheint als erster Tiberius Claudius hinzugezogen zu haben, nachdem er Anio Novus und Claudia herangeführt hatte. Der Inhalt des Schreibens muß auch den Rohrnetzmeistern bekanntgegeben werden, damit sie sich nicht irgendwann bei Nachlässigkeit oder Betrug mit Unkenntnis verteidigen können.

Der Prokurator soll darauf achten, daß das Meßrohr auf das Maß, das bewilligt worden ist, unter Hinzuziehung der Nivellierer geeicht wird. Er soll sorgfältig achten auf die Maßeinheiten, die wir oben erwähnt haben, und soll Kenntnis haben von der Einbaustellung des Meßrohrs, damit die Nivellierer nicht willkürlich Meßrohre mit größerer oder kleinerer Öffnung verwenden, je nach dem Einfluß, den einzelne Personen bei ihnen haben. Und ihnen soll auch keine freie Entscheidung erlaubt sein, jedwedes Bleirohr sofort dahinter anzuschließen, sondern nur solche mit der gleichen Öffnung, auf die das Meßrohr geeicht ist, und 50 Fuß lang, wie es der folgende Senatsbeschluß anordnet.

106

„Da die Konsuln Quintus Aelius Tubero und Paulus Fabius Maximus vortrugen, daß gewisse Privatleute aus öffentlichen Leitungen Wasser entnähmen, darüber wurde folgender Beschluß gefaßt:

Es soll keinem Privaten erlaubt sein, Wasser aus den öffentlichen Leitungen unmittelbar zu entnehmen. Alle, denen das Recht, Wasser abzuleiten, verliehen worden ist, sollen es aus Verteilerbauwerken ableiten. Die Kuratoren der Wasserversorgung sollen darauf achten, daß Privatleute an geeigneten Stellen innerhalb und außerhalb der Stadt Verteilerbauwerke errichten können, aus denen sie das Wasser ableiten können, das sie gemeinschaftlich aus einem Verteilerbauwerk von den Kuratoren der Wasserversorgung zugewiesen bekommen haben. Wem öffentliches Wasser gegeben wird, der hat kein Recht, in einer Entfernung von 50 Fuß von dem Verteilerbauwerk, aus dem er Wasser ableitet, ein größeres Rohr anzuschließen, als bewilligt ist."

An diesem Senatsbeschluß ist bemerkenswert, daß er die Ableitung von Wasser nur aus einem Verteilerbauwerk erlaubt, damit die Wasserleitungen und öffentlichen Rohre nicht so häufig beschädigt werden.

107

Das bewilligte Wasserrecht geht weder auf den Erben noch auf den Käufer, noch auf irgendeinen neuen Eigentümer von Grundstücken über. Den öffentlichen Bädern war von alters her das Vorrecht eingeräumt, daß ein einmal verliehenes Wasserrecht für immer galt. Dies ersehen wir aus alten Senatsbeschlüssen, von denen ich einen im folgenden anfüge. Heute wird jede wasserrechtliche Bewilligung beim Besitzerwechsel erneuert.

„Da die Konsuln Quintus Aelius Tubero und Paulus Fabius Maximus vortrugen, es sei nötig, zu beschließen, nach welchem Recht diejenigen das Wasser innerhalb und außerhalb der Stadt ableiten sollten, denen es zugeteilt sei, wurde folgendes beschlossen:

Die Zuteilung des Wassers soll mit Ausnahme der Zweckbestimmung für Bäder oder für das Schöpfen so lange bestehen bleiben, als dieselben Eigentümer das Grundstück besitzen, für welches sie das Wasser bekommen haben."

109

Wenn Wasserrechte frei werden, wird dies gemeldet und in den amtlichen Unterlagen berichtigt. Diese werden überprüft, inwieweit man Bewerber aus dem freigewordenen Abfluß berücksichtigen kann. Früher pflegte man die betroffenen Anschlüsse sofort zu unterbrechen, um inzwischen an Grundstücksbesitzer oder auch andere zu verkaufen.

Damit der Grundbesitz nicht allzu plötzlich ohne Versorgung sei, erschien es unserem Kaiser menschlicher, eine Frist von 30 Tagen zu gewähren, binnen der die Betroffenen die Erneuerung der Bewilligung beantragen können.

Keine Regelung finde ich für Wasser, das einer Eigentümergemeinschaft verliehen worden ist. Es wird aber, als sei es rechtlich geregelt, folgendermaßen verfahren: So lange noch jemand von den gemeinschaftlich Begünstigten übrig ist, fließt das gesamte, dem Grundbesitz zugeteilte Wasser, und die Bewilligung wird erst dann erneuert, wenn keiner der ursprünglich Begünstigten mehr Besitzer ist.

Es ist offenkundig nicht erlaubt, das erhaltene Wasser anderswohin zu leiten, als auf den Grundbesitz, für welchen es bewilligt worden ist, oder es aus einem anderen Verteilerbauwerk abzuleiten, als in der schriftlichen Bestätigung des Kaisers angegeben. Dies wird auch durch ausdrückliche Anweisungen (des Kaisers) unterbunden.

110

Es werden aber auch Bewilligungen für sogenanntes „Überlaufwasser" ausgesprochen, d.h. für Wasser, das aus den Verteilerbauwerken oder dem Leitungsnetz überläuft. Eine derartige Bewilligung pflegt von den Kaisern äußerst sparsam vergeben zu werden. Sie ist aber den Betrügereien der Rohrnetzmeister ausgesetzt; welcher Mühe es bedarf, diese abzustellen, wird ersichtlich aus einem Abschnitt der Betriebsanweisungen des Kaisers, den ich hier folgen lasse:

111

„Ich will, daß niemand Überlaufwasser ableiten soll, wenn er nicht eine Bewilligung von mir oder den früheren Kaisern hat. Denn es ist notwendig, daß ein gewisser Teil Wasser aus den Verteilerbauwerken abfließt, das nicht nur der Gesundheit unserer Stadt dienen, sondern auch den Nutzen haben soll, die Abwasserkanäle zu spülen."

112

Nachdem dargelegt wurde, was für die private Wasserversorgung gilt, liegt es nicht fern, beispielhaft einiges festzuhalten, wodurch die besten Verordnungen umgangen werden, und was ich an Ort und Stelle angetroffen habe.

Ich habe gefunden, daß in den meisten Verteilerbauwerken einige größere Meßrohre gesetzt, als bewilligt waren, darunter sogar solche, die nicht einmal geeicht waren. Sooft aber ein geeichtes Meßrohr das gesetzliche Maß überschreitet, wird die Bestechlichkeit des Prokurators, der sie geeicht hat, deutlich. Wenn sie aber nicht geeicht ist, wird die Schuld aller Beteiligten ruchbar, vor allem die des Empfängers, aber auch die des Wasserverwalters.

Selbst in Fällen, in denen Meßrohre auf das zulässige Maß geeicht waren, hatte man unmittelbar danach Rohre mit größerem Querschnitt angeschlossen; dadurch wurde bewirkt, daß das Wasser nicht über die gesetzlich vorgeschriebene Strecke hinweg gebändigt, sondern durch eine nur kurze Engstelle gepreßt wurde und mit Leichtigkeit das unmittelbar anschließende größere Rohr füllte.

Daher sind auch, sooft ein Meßrohr geeicht wird, zusätzlich mit Sorgfalt die angeschlossenen Rohre über die in dem oben angegebenen Senatsbeschluß enthaltene Strecke hinweg zu eichen. Dann wird nämlich der Wasserverwalter keinerlei Entschuldigungsmöglichkeit mehr haben, wenn er weiß, daß nur geeichte Rohre verlegt werden dürfen.

113

Bei der Anbringung der Meßrohre ist zu beachten, daß sie waagerecht angeordnet werden und nicht das Meßrohr des einen höher, das des anderen niedriger angebracht wird. Das niedrigere zieht mehr Wasser ab; das höher angebrachte liefert weniger Wasser, weil der Wasserstrom durch das niedrigere abgelenkt wird. Vor den Rohren gewisser Leute waren nicht einmal Meßrohre angebracht. Diese Rohre werden „befreite" genannt und, wie es dem Rohrnetzmeister gefällt, vergrößert oder verkleinert.

114

Auch eine andere Betrügerei der Rohrnetzmeister kann nicht geduldet werden:

Nachdem das Wasserrecht auf einen neuen Besitzer übertragen worden ist, schlagen sie ein neues Loch in das Verteilerbauwerk, lassen das alte aber bestehen und entnehmen dadurch Wasser, das sie verkaufen. Ich glaube, daß der Kurator der Wasserversorgung in erster Linie auch dies in Ordnung zu bringen hat. Ihm geht nämlich nicht nur die Obhut über die Wasserleitungen selbst etwas an, sondern ihm obliegt auch die Unterhaltung der Verteilerbauwerke, die oft und ohne Grund durch das Schlagen von Löchern beschädigt werden.

115

Auch die Einnahme der Rohrnetzmeister, die man „Einstiche"[63] nennt, muß unterbunden werden. In der ganzen Stadt sind die Rohre auf langen und unterirdischen Strecken unter dem Pflaster verlegt. Ich habe in Erfahrung gebracht, daß sie allenthalben von dem sogenannten „Vorsteher der Einstiche" angezapft worden sind und daß entlang ihrer Streckenführung allen möglichen Geschäften unerlaubt über besondere Rohre Wasser geliefert wurde, so daß eine zu geringe Menge Wasser zum öffentlichen Verbrauch gelangt.

Wieviel Wasser auf diese Weise abgeleitet worden ist, entnehme ich daraus, wieviel Blei nach der Entfernung dieser Abzweigungen zurückgewonnen wurde.

116

Es bleibt, die Unterhaltung der Wasserleitungen zu behandeln. Bevor ich damit beginne, muß einiges über die Organisation, die hierfür besteht, ausgeführt werden.

Es gibt zwei Organisationen, eine staatliche und eine kaiserliche. Die staatliche ist die ältere; es ist die, die, wie ich schon berichtet habe, von Agrippa dem Augustus hinterlassen und dann von diesem verstaatlicht wurde; sie besteht aus ungefähr 240 Leuten. Die kaiserliche Organisation umfaßt 460 Leute und wurde von Claudius gegründet, als er Wasserleitungen in die Stadt baute.

117

Jede der beiden Organisationen umfaßt verschiedene Arten von Dienstleistenden: Aufsichtspersonal, Wärter von Verteilerbauwerken, Streckenläufer, (die die Wasserleitungen ständig begehen), Pflasterer, Putzer und andere Handwerker.

Einige von diesen müssen sich außerhalb der Stadt aufhalten für Reparaturarbeiten, die keiner großen Zurüstung bedürfen, aber dennoch baldige Abhilfe zu erfordern scheinen.

Die Leute, die für Arbeiten innerhalb der Stadt eingeteilt sind, stehen bei den Standorten der Verteilerbauwerke und Zierbrunnenanlagen in ständiger Bereitschaft, vor allem für plötzlich auftretende Fälle, damit aus mehreren Stadtbezirken Hilfe durch reichliches Wasserangebot dahingeleitet werden kann, wo sich die Notwendigkeit dazu ergibt.

Eine große Zahl von Angehörigen beider Organisationen, die durch die Ansprüche oder durch die Rücksichtslosigkeit ihrer Vorgesetzten für private Zwecke abgezogen zu werden pflegten, habe ich wieder zu einer gewissen Disziplin gebracht. Die öffentlichen Dienstleistungen habe ich folgendermaßen organisiert: Am Tag zuvor diktiere ich die Arbeitsanweisung für den folgenden Tag. In einem Tätigkeitsbericht für jeden Tag wird aktenkundig festgehalten, was erledigt wurde.

118

Ihre Einnahmen erhält die staatliche Organisation aus der Staatskasse. Diese Zahlung wird teilweise finanziert durch den Rückfluß der Abgaben, die auf Wasserrechte erhoben werden. Diese ruhen auf Grundstücken und Gebäuden, die in der Nähe der Wasserleitungen, Verteilerbauwerke, Zierbrunnenanlagen und Brunnenbecken liegen.

Diese Einnahme von fast 250000 Sesterzen war zweckentfremdet und willkürlich eingesetzt worden, wanderte in letzter Zeit in die Taschen Domitians[64] und wurde durch die Gerechtigkeit des vergöttlichten Nerva der Allgemeinheit wieder zurückgegeben. Aufgrund meiner zielstrebigen Tätigkeit wurde wieder ein fester Maßstab eingeführt, so daß feststand, welche Grundstücke in dieser Hinsicht abgabepflichtig sind.

Die kaiserliche Organisation erhält ihre Einnahmen aus dem kaiserlichen Fiskus, von dem auch das gesamte Blei und alle laufenden Kosten für die Leitungen, Verteilerbauwerke und Brunnenbecken kommen.

119

Da ich nun erläutert habe, was die Organisation betreffen dürfte, wende ich mich nun, wie versprochen, der Unterhaltung der Leitungen zu, einer Angelegenheit, die eingehenderer Aufmerksamkeit wert ist, da diese Leitungen ein besonderes Zeichen für die Größe des römischen Imperiums sind.

Viele und bedeutende Probleme entstehen durch Mängel, denen man begegnen muß, bevor sie anfangen, größeren Unterhaltungsaufwand zu erfordern. Meistens muß man dennoch mit kluger Mäßigung schnell entscheiden, weil man nicht immer denen glauben darf, die ein Bauwerk entweder errichten oder erweitern wollen. Daher soll der Kurator nicht nur über die Kenntnis der Sachverständigen, sondern auch über eigenes Wissen verfügen. Er soll nicht nur die Baumeister seines Amtes heranziehen, sondern nicht weniger die Zuverlässigkeit und den Scharfsinn von vielen anderen, um entscheiden zu können, was sofort erledigt werden muß, was aufgeschoben werden kann, was durch Unternehmer getan werden kann und was durch eigene Kräfte.

120

Die Probleme entstehen durch folgende Ursachen: Es wird etwas beschädigt oder unbrauchbar durch Alter, durch mangelnde Tüchtigkeit der Grundbesitzer, durch die Witterungsunbill oder durch schuldhaft schlecht ausgeführte Arbeit, was bei Neubauten öfter vorkommt.

Römische Wasserleitung in der Campagna. Gemälde von Heinrich Bürkel (1802–1869). Photo: Städt. Kunsthalle, Mannheim.

121

Unter dem Alter und der Witterung leiden insbesondere die Teile der Leitungen, die auf Bogenbrücken verlaufen oder in Berghänge eingeschnitten sind, von den Bogenbrücken besonders diejenigen, die einen Fluß überqueren. Daher sind die hierfür erforderlichen Arbeiten mit besonderer Eile durchzuführen.

Weniger Schaden erleiden die unterirdischen Anlagen, da sie weder Frost noch Hitze ausgesetzt sind. Die Schäden sind aber von der Art, daß ihnen entweder ohne Betriebsunterbrechung abgeholfen werden kann, oder daß sie nur beseitigt werden können, wenn das Wasser umgeleitet wird, wie zum Beispiel, wenn Arbeiten am Gerinnebett selbst notwendig sind.

122

Letztere entstehen aus zwei Gründen:

Durch zusammenwachsende Ablagerungen, die bisweilen zur Kruste verhärteten, wird entweder der Leitungsquerschnitt verengt oder es wird die Abdichtung beschädigt. Dadurch entstehen Leckstellen, durch die notwendigerweise die Seitenwände der Leitungen und die Unterbauten beschädigt werden.

Auch die Pfeiler selbst, die aus Tuff errichtet sind, beginnen unter einer so großen Belastung zu sinken.

Unterhaltungsarbeiten am Gerinnebett darf man nicht im Sommer ausführen, damit die Wasserzufuhr nicht in der Zeit unterbrochen wird, wo man das Wasser besonders benötigt, sondern im Frühling und Herbst, und dann mit großer Beschleunigung, damit die Leitungen, nachdem alles vorbereitet wurde, nur so wenige Tage wie möglich außer Betrieb sind. Jedem ist klar, daß dies an einzelnen Leitungen vorgenommen werden muß, damit nicht mehrere Leitungen zugleich stillgelegt werden müssen und dann die Allgemeinheit kein Wasser hat.

123

Das, was ohne Betriebsunterbrechung getan werden kann, besteht in der Hauptsache aus Arbeiten am Mauerwerk, die jeweils zu ihrer Zeit auszuführen sind, und zwar dauerhaft.

Für Arbeiten am Mauerwerk ist die Zeit von den Kalenden des April bis zu den Kalenden des November geeignet, wobei man am besten den Teil des Sommers ausläßt, in dem es allzu heiß ist, weil ein gemäßigtes Klima nötig ist, damit der Mörtel im Mauerwerk gehörig abbindet und das Ganze zur Einheit erhärtet; eine zu große Hitze wirkt sich ebenso nachteilig auf das Material aus wie Kälte. Keine Bauarbeit erfordert mehr Sorgfalt und Gewissenhaftigkeit als die, die dem Wasser standhalten soll. Diese Zuverlässigkeit ist einzuhalten nach einem Gesetz, das allen bekannt ist, aber nur von wenigen beachtet wird.

124

Ich glaube, es kann auch keinem Zweifel unterliegen, daß die der Stadt am nächsten gelegenen Leitungen, nämlich die vom 7. Meilenstein an, die aus Quadermauerwerk bestehen, am meisten überwacht werden müssen, da es sich ja um sehr umfangreiche Bauten handelt, von denen einzelne mehrere Wasserleitungen tragen. Wenn es nötig werden sollte, diese stillzulegen, fiele der größere Teil des in die Stadt geleiteten Wassers aus. Aber auch bei diesen Schwierigkeiten kann man sich behelfen.

Man beginnt die Arbeit und führt sie in die Höhe der schadhaften Stelle, das Leitungsbett aber wird dann durch Bleirinnen über die Strecke der Leitungsunterbrechung fortgesetzt.

Da ferner alle Leitungen durch Privatgrundstücke verlegt worden waren und die Arbeitsvorbereitung Schwierigkeiten zu machen schien, wenn nicht eine Rechtsgrundlage zur Verfügung stand, zugleich damit nicht die Grundstückseigentümer die Unternehmer am Zugang zu den unterhaltungsbedürftigen Anlagen hindern sollten, erging ein Senatsbeschluß, den ich im folgenden wiedergebe.

125

„Aufgrund des Vortrags der Konsuln Quintus Aelius Tubero und Paulus Fabius Maximus im Senat, die Gerinne, Leitungen und Gewölbe der Fernwasserleitungen Iulia, Marcia, Appia, Tepula und Anio wiederherzustellen, faßte der Senat den Beschluß:

„Wenn die Gerinne, Leitungen und Gewölbe, die Caesar Augustus dem Senat auf seine Kosten wiederherzustellen versprochen hat, repariert werden sollen, dann sind von den Grundstücken privater Eigentümer Erdreich, Ton, Naturstein, Ziegel, Sand, Holz und alles übrige, was für die Reparatur erforderlich ist und woher es auf kürzestem Wege ohne Verletzung des Rechtes der Eigentümer abgebaut, genommen und abtransportiert werden kann, durch das Gutachten eines angesehenen Mannes zu schätzen, abzubauen, zu nehmen und abzutransportieren. Die für die Beförderung dieser Baumaterialien und für die Reparatur benötigten Wege über die Grundstücke privater Eigentümer sollen ohne Verletzung von deren Rechten offenstehen und zur Verfügung gestellt werden."

126

Meist aber entstehen die genannten Mißstände durch die Uneinsichtigkeit der Grundbesitzer, die die Wasserleitungen auf vielerlei Weise beeinträchtigen. Erstens eignen sie sich die Schutzstreifen, die gemäß Senatsbeschluß zu beiden Seiten der Wasserleitung frei bleiben müssen, durch Errichtung von Gebäuden und Pflanzen von Bäumen an. Dabei schaden die Bäume besonders, weil durch ihre Wurzeln die Abdeckungen und Seitenwände gelockert werden. Ferner bauen sie Erschließungs- und Wirtschaftswege über die Anlagen selbst. Weiterhin blockieren sie die Zugangsmöglichkeiten für die Wartung. Dies alles ist in dem Senatsbeschluß, den ich nun folgen lasse, vorsorglich behandelt.

127

„Aufgrund des Vortrages der Konsuln Quintus Aelius Tubero und Paulus Fabius Maximus im Senat, daß die Trassen der Fernwasserleitungen, die in die Stadt führen, schon gewohnheitsmäßig mit Monumenten, Gebäuden und Bäumen in Anspruch genommen würden, beschloß der Senat:

Da es zur Instandhaltung der Gerinne und Leitungen dienlich ist, daß ein Schutzstreifen um sie herum frei bleibe und sich nichts darauf befinde, wodurch ihre Funktion behindert und die öffentlichen Anlagen unbrauchbar werden können, wird beschlossen, daß um die Quellen, geschlossenen Gerinne und Mauern auf beiden Seiten 15 Fuß frei bleiben sollen, ebenso um die unterirdischen Gerinne und Leitungen innerhalb und außerhalb der Stadt und mit den damit zusammenhängenden Baulichkeiten, so daß es nach dieser Zeit nicht mehr gestattet ist, auf diesen Grundstücksflächen irgendein Monument noch ein Gebäude zu errichten noch Bäume zu pflanzen. Wenn aber jetzt irgendwelche Bäume auf dem Schutzstreifen stehen, so sollen sie gefällt werden, außer wenn sie mit einem Landgut zusammenhängen und durch Bauwerke eingeschlossen sind.

Wenn jemand dagegen verstößt, so soll er für jeden Einzelfall eine Geldstrafe von 10.000 Sesterzen auferlegt bekommen, von denen die Hälfte dem Anzeigeerstatter gegeben werden soll, durch dessen Bemühen derjenige in der Hauptsache überführt worden ist, der gegen diesen Senatsbeschluß verstoßen hat, die andere Hälfte aber soll der Staatskasse zugeführt werden. Hierüber sollen die Kuratoren der Wasserversorgung urteilen und Untersuchungen durchführen."

128

Dieser Senatsbeschluß könnte sehr gerecht erscheinen, wenn auch diese Schutzstreifen nur aus dem Grunde des öffentlichen Wohls in Anspruch genommen würden. Er ist es aber um so mehr, als unsere Vorfahren mit bewundernswertem Gerechtigkeitssinn den privaten Eigentümern nicht einmal das enteignet haben, was zum Nutzen des Staates dienen sollte.

Als sie die Wasserleitungen verlegten, zahlten sie, wenn ein Grundstückseigentümer beim Verkauf eines Teilstücks zu schwierig war, den Preis für das gesamte Grundstück, und nachdem die notwendigen Teile abgesteckt waren, verkauften sie das Grundstück wieder, so daß innerhalb derselben Grenzen die öffentliche Hand wie das Privateigentum eigenes Recht besaßen.

Dennoch haben sehr viele, nicht damit zufrieden, (staatliches) Gelände in Besitz zu nehmen, sogar Hand an die Wasserleitungen gelegt, die Seitenwände unten angebohrt und das Wasser abgeleitet.

Dies gilt sowohl für die, die ein Wasserrecht erlangt haben, wie für die, die auch nur die geringste Mühe scheuen, eine wasserrechtliche Bewilligung zu erlangen, aber die Gelegenheit mißbrauchen, eine rechtswidrige Nutzung der öffentlichen Wasserleitung durchzusetzen.

Was würde weiterhin geschehen, wenn alle diese Mißstände nicht durch ein sehr sorgfältiges Gesetz verhindert würden und diesen Uneinsichtigen eine nicht geringe Strafe drohte?

Daher habe ich den Wortlaut des Gesetzes[65] im folgenden wiedergegeben.

129

„Der Konsul Titus Quinctius Crispinus hat dem Volk einen Gesetzesvorschlag unterbreitet und die Volksversammlung hat ihn zum Gesetz erhoben auf dem Forum vor der Rednerbühne des Caesartempels am 30. Juni. Die Tribus Sergia machte den Anfang bei der Abstimmung. Für die Tribus stimmte Sextus Virro, Sohn des Lucius, als erster ab.

Wer nach dem Erlaß dieses Gesetzes die Gerinne, Leitungen, Gewölbe, Rohrstränge, kleinen Rohre, Verteilerbauwerke oder Brunnenbecken der öffentlichen Wasserleitungen vorsätzlich anzapft, unterbricht oder anbohren oder unterbrechen läßt oder beeinträchtigt

und wenn dadurch weniger Wasser von dieser oder anderen Wasserleitungen in die Stadt Rom gelangen, fallen, fließen, dort ankommen oder hingeführt werden kann,

oder dadurch in der Stadt Rom oder an den Orten und Gebäuden in unmittelbarer Nähe der Stadt, in den Gärten, Grundstücken, Plätzen, deren Eigentümern, Besitzern oder Nutznießern Wasser gegeben oder zugeteilt ist oder wird,

weniger von dieser oder anderen Wasserleitungen springt, verteilt oder zugeteilt werden kann oder in Verteilerbauwerke und Brunnenbecken eingeleitet werden kann,

der soll verurteilt werden, dem römischen Volk 100000 Sesterzen zu zahlen.

Und wer heimlich eine von diesen verbotenen Handlungen begeht, soll verurteilt sein, alles, was er auf diese Weise angerichtet hat, wiedergutzumachen, auszubessern, zu ersetzen, aufzubauen, wiederherzustellen oder alsbald zu entfernen ohne betrügerische Absicht.

Und alles, was hierbei an Strafen zu verhängen und an Recht zu sprechen ist, obliegt dem, der Kurator der Wasserversorgung ist oder sein wird. Sollte es keinen Kurator der Wasserversorgung geben, dann soll der Praetor, der zwischen römischen Bürgern und Fremden Recht spricht, mit Strafen und Pfändungen das Gesetz anwenden.

Und dem Kurator, oder wenn kein Kurator bestellt ist, dem Praetor an seiner Stelle soll ausdrücklich das Recht und die Macht zustehen, das Gesetz anzuwenden und Pfändungen vorzunehmen. Wenn ein Sklave eine von diesen Handlungen verübt, so soll sein Herr verurteilt werden, dem römischen Volk 100000 Sesterzen zu zahlen.

Wenn irgendeine Grundstücksfläche um die Gerinne, Leitungen, Rohrstränge, kleinen Rohre, Verteilerbauwerke und Brunnenbecken der öffentlichen Fernwasserleitungen, die jetzt und in Zukunft in die Stadt Rom führen, als Schutzstreifen festgelegt ist, so darf nach dem Erlaß dieses Gesetzes niemand auf dieser Grundstücksfläche irgendetwas hinstellen, umgraben, einzäunen, befestigen, errichten, lagern, hinlegen, pflügen, säen, außer dem, was nach diesem Gesetz getan oder wiederhergestellt werden muß.

Wer dagegen verstößt, gegen den soll das Gesetz, das Recht und der Prozeß in allen Dingen und für alle ganz gleich gelten, wie es ist und sein muß, wenn er entgegen diesem Gesetz ein Gerinne oder eine Leitung unterbrechen oder anzapfen würde.

Auf einem solchen Schutzstreifen soll es aber erlaubt sein, zu weiden, Gras zu mähen und Heu zu machen sowie Gestrüpp zu entfernen.

Die jetzigen und künftigen Kuratoren der Wasserversorgung sollen dafür sorgen, daß auf den Grundstücksflächen, die als Schutzstreifen um die Quellen, Gewölbe, Mauern, Gerinne und Leitungen festgelegt sind, Bäume, Weinstöcke, Hecken, Gestrüpp, Uferbauten, Einfriedigungen, Weidengebüsch und Schilf entfernt, abgehauen und gerodet werden, wie es nach Ermessen richtig ist. Deshalb soll ihnen die Befugnis zur Pfändung, zur Verhängung hoher Strafen und zur Anwendung von Zwangsmitteln zustehen. Dies sollen sie ohne Nachteile für sich selbst tun dürfen – das sei Recht und Gesetz.

Daß Weinstöcke und Bäume, die von Villen, Gebäuden und Einfriedigungen eingeschlossen sind, sowie Einfriedigungen, von denen die Kuratoren der Wasserversorgung nach Prüfung des Falles den Eigentümern gestatten, sie beizubehalten, bleiben können, wenn die Namen der erlaubnisgebenden Kuratoren daran schriftlich angebracht oder eingehauen sind, bleibt durch dieses Gesetz unberührt.

Diejenigen, denen die Kuratoren der Wasserversorgung erlaubt haben oder erlauben werden, aus Quellen, Gerinnen, Leitungen oder überwölbten Gerinnen Wasser zu entnehmen oder zu schöpfen, werden durch dieses Gesetz nicht berührt, ausgenommen, wenn Schöpfrad, Meßrohr oder eine andere Entnahmevorrichtung zur Anwendung kommt, und solange kein Einstiegsschacht oder eine Abzweigleitung angelegt wird."

130

Ich kann nicht verhehlen, daß diejenigen, die dies höchst nützliche Gesetz verletzen, die Strafe verdienen, die es androht. Es ist aber auch richtig, diejenigen, die nur durch langdauernde Nachlässigkeit auf Irrwege geführt sind, mit Sanftmut auf den rechten Weg zu bringen.

So habe ich, soweit es an mir lag, mit Fleiß darauf hingearbeitet, daß die, die gefehlt hatten, nicht an die Öffentlichkeit kamen. Diejenigen aber, die sich nach einer Ermahnung an den Kaiser wandten, können mir für die erlangte Nachsicht dankbar sein.

Im übrigen wünsche ich, daß eine Anwendung der Strafen dieses Gesetzes nicht nötig ist. Das Vertrauen in die Amtsführung muß aber den Vorrang haben, selbst wenn man sich Feinde macht.

Anmerkungen

Abkürzungen:

LA = Lexikon der Alten Welt, Zürich 1965
KP = Der kleine Pauly, hrg. v. Konrat Ziegler und Walther Sontheimer, München 1964–75
RE = Realencyclopädie der classischen Altertumswissenschaft, neue Bearbeitung 1894ff.

1. Röm. Kaiser 96–98. KP 3, 75; LA 2079.
2. Seit Augustus ständige Ämter für die Leitung öffentlicher Einrichtungen. Vgl. § 99. Die wichtigsten Ämter dieser Art waren neben der Wasserversorgung die cura viarum (Beaufsichtigung und Instandhaltung öffentlicher Straßen), cura operum publicorum (Verwaltung öffentlicher Gebäude) sowie cura alvei Tiberis (Flußregulierung). KP 1, 1555; LA 676.
3. castellum – eig. befestigter Ort, i. e. Sinne hier Verteilerbecken, Verteilerkammer, Wasserschloß. Im folgenden als Verteilerbauwerk übersetzt, da Frontinus den Begriff durchgängig undifferenziert verwendet und sich daher nicht feststellen läßt, welche Anlage im Einzelfall gemeint ist.
4. Bis 312 v.Chr.
5. Quellgöttinnen. Sie wurden in einer Grotte am Abhang des Caelius zur Via Appia hin verehrt. An sie erinnert die unterhalb davon verlaufende heutige Via delle Camene. KP 1, 1028; LA 543.
6. Urspr. etruskische Quellgottheit. Die Quelle befindet sich auf dem Forum Romanum neben dem Tempel des Castor und Pollux. KP 3, 25; LA 1454. Seit Septimius Severus Sitz des Zentralbüros der Wasserversorgung, das sich vorher wahrscheinlich bei den Tempeln am Largo Argentina befand, Filippo Coarelli, Rom, Freiburg i.Br. 1975, 253
7. 312 v.Chr.
8. Angesehenstes republikanisches Staatsamt, stets von zwei Personen bekleidet. Aufgabe ist Führung der Bürgerliste und Erfassung der ökonomischen Situation der zu einem pater familias gehörenden Familie. Später Recht auf Aufnahme in bzw. Ausstoßung aus dem Senatorenstand. Sie verpachten die Einkünfte als Steuern, Zöllen, Bergwerken, Staatsländereien und vergeben Aufträge für große öffentliche Bauvorhaben an Privatunternehmer. Amtsdauer 18 Monate. KP 1, 1105; LA 564.
9. Bedeutendster römischer Staatsmann der Zeit um 300 v. Chr. KP 1, 1205; LA 641.
10. Bekannteste römische Staatsstraße, erbaut von 312–295 v.Chr. KP 1, 465; LA 3224; Th. Pekáry, Untersuchungen zu den römischen Reichsstraßen, Bonn 1968, 37f.
11. Mit „Adern" sind Quellen, Ursprünge, wasserführende Gesteinsschichten gemeint, aus denen die Appia ihr Wasser erhielt.
12. KP 4, 909 Nr. 14.
13. Passus – eigentlich Doppelschritt. Länge 1,48 m. Die röm. Meile besteht aus 1000 passus. KP 4, 542; LA 3425.
14. Tor der servianischen Stadtmauer zwischen Westabhang des Aventin und Tiber. KP 5, 958.
15. Tor der servianischen Stadtmauer in der Nähe von S. Gregorio al Celio am Abhang des Caelius. Hier begann die via Appia. KP 1, 1042.
16. Westlich der Porta Maggiore. Coarelli aaO. 33, 191; KP 5, 304; LA 2856.
17. Wörtlich „Zwillinge", vermutlich durch die Gabelung entstanden.
18. Im Jahre 272 v.Chr.
19. Konsul 295, 275, 274 v.Chr. KP 1, 1345 Nr. 7; LA 677.
20. Konsul 293, 272 v.Chr. KP 4, 491 Nr. 27; LA 2216 Nr. 4.
21. König von Epirus, 319–273 v.Chr. Kam 280 v.Chr. Tarent gegen Rom zu Hilfe und eroberte zeitweise Unteritalien. KP 4, 1262; LA 2488.
22. Kommission, bestehend aus zwei Personen. KP 2, 176.
23. KP 2, 630, Nr. 14.
24. Im Jahre 145 v.Chr.
25. KP 3, 1002, Nr. 32; LA 1849, Nr. 5.
26. Römischer Geschichtsschreiber, ca. 35 v.Chr. bis 35 n.Chr. KP 2, 533; LA 957.
27. Römische Sammlung von Ritualbüchern in griechischer Sprache, der Sage nach durch König Tarquinius Superbus von der Sybille von Cumae erworben, aufbewahrt im Jupitertempel auf dem Capitol. KP 5, 160; LA 2792.
28. 143 v.Chr.; KP 3, 1263, Nr. 18; LA 528, Nr. 11.
29. 140 v.Chr.
30. Der Text ist an dieser Stelle stark gestört.
31. 126 v.Chr.
32. M. Vipsanius Agrippa 63–12 v.Chr., Jugendfreund, Schwiegersohn und engster Vertrauter des Kaisers Augustus. Erschloß und bebaute das Marsfeld in Rom. Rich-

tungsweisende Tätigkeit auf dem Gebiet der Wasserversorgung, vgl. die §§ 25, 98, 99, 104, 116. KP 1, 145; LA 71; Helmut Signon, Agrippa, Frankfurt/M. 1978, 89, 91.

33 Das Ädilenamt war das zweite Amt der römischen Ämterlaufbahn, die mit dem Quästorenamt begann, KP 1, 1345; LA 1811. Die Ädilen hatten polizeiliche Aufsichtsfunktionen über Tempel, Straßen, Gebäude und Marktverkehr, waren verantwortlich für die Getreideversorgung und richteten u.a. die Spiele aus. KP 1, 83; LA 22. Agrippa war 37 v. Chr. zum erstenmal Konsul, Ädil 33 v. Chr.

34 Lacus sind einfache Brunnenbecken, in die sich Auslaufrohre, salientes, ergießen (§ 87,5). Munera sind Zierbrunnenanlagen, die heute z.T. als Nymphäen bezeichnet werden. Die hier genannten salientes aquae sind keiner der beiden obigen Gruppen eindeutig zuzuordnen.

35 Agrippa wurde 27 v. Chr. zum drittenmal Konsul.

36 19 v. Chr.

37 Die Iden sind der 13. Tag des Monats, in den Monaten März, Mai, Juli und Oktober der 15; also hier 9. Juni.

38 Genannt nach der Stadt Signia, heute Segni. Es handelt sich um eine besonders widerstandsfähige Art von Mörtelgußbeton, RE II A, 2347. Die dort angegebenen Hinweise auf Vitruv VII, 1; VIII 1 sind allgemeiner Art und geben für das opus signinum nichts her. Für die Verwendung im Wasserbau wird man einen Kaltmörtel mit Ziegelsplit eines Korns von etwa 0/7 in dichtem Aufbau annehmen können, der eine Druckfestigkeit von 150–170 kp/cm² erreicht. Ein relativ hoher Gehalt an Feinmaterial mit einem dichten Gefüge war wichtig für Wasserbauwerke. Vgl. Heinz-Otto Lamprecht, Opus caementicium, Düsseldorf 1968, 20ff.

39 Anlage zur Aufführung von Seeschlachten, von Augustus 2 v. Chr. in Trastevere erbaut, Coarelli aaO. 311, 315; KP 4, 11.

40 Lago Martignano.

41 Röm. Kaiser 37–41, KP 1, 1015; LA 539.

42 Röm. Kaiser 14–37, KP 5, 814; LA 3083.

43 Im Jahr 38, KP 4, 152, Nr. 5.

44 Röm. Kaiser 41–54, KP 1, 1215, Nr. 39; LA 640.

45 1. August 50.

46 Freispiegelleitungen, von denen hier die Rede ist, laufen nicht unter „Druck". Frontinus verwendet aber den Begriff an dieser Stelle und meint womöglich die Fließgeschwindigkeit.

47 Gärten des M. Antonius Pallas, am Esquilin. P. war Freigelassener des Kaisers Claudius und zuständig für die Überwachung der staatlichen Finanzen (a rationibus) und wurde unter Nero getötet, RE I, 2634 Nr. 84; VIII, 2486.

48 Der röm. Fuß beträgt 29,6 cm, LA 3425.

49 Röm. Architekt und Ingenieur des 1. Jahrh. v. Chr. Schrieb zehn Bücher über Architektur, die 25 v. Chr. erschienen. KP 5, 1309; LA 3235.

50 Die Übersetzung ist sinngemäß. Eine wörtliche Übersetzung wäre mißverständlich.

51 calix, eig. Becher, hier ein amtlich geeichtes zylindrisches Meßrohr (§ 105), das wegen seiner strömungsverengenden Wirkung die Funktion einer Düse hat.

52 Die Gärten des Epaphroditus befanden sich auf dem Esquilin zwischen Via Praenestina und Tiburtina, östlich der Piazza Vittorio Emmanuele, RE V, 2710. Epaphroditus war Freigelassener Neros, der diesem beim Selbstmord half, zuständig für den Empfang der Bittschriften an den Kaiser (a libellis) unter Nero. Von Domitian verbannt und 95 getötet, RE V, 2710 Nr. 4. Vgl. dazu W. Eck, Historia 25, 1976, 381ff.

53 Vermutlich der Konsul des Jahres 106, Vater des gleichnamigen Adoptivsohnes des Kaisers Hadrian und Großvater des Kaisers L. Verus, KP 1, 1097, Nr. 3.

54 Lago di Bracciano, KP 4, 1478.

55 Ca. 84–48 v. Chr.; KP 1, 993, Nr. 9; LA 530.

56 In den Jahren 12–7 v. Chr. gliederte Augustus die Stadt in XIV regiones, die mit dem Gebiet an der Via Appia (I – Porta Capena) beginnend entgegen dem Uhrzeiger die Stadt in Sektoren einteilen, die z.T. nach herausragenden Baudenkmälern genannt werden (II – Caelimontium, III– Isis et Serapis, IV – Templum Pacis, V – Esquiliae, VI – Alta Semita, VII – Via Lata, VIII – Forum, IX- Circus Flaminius, X – Palatium, XI – Circus Maximus, XII – Piscina Publica, XIII – Aventinus, XIV – Trans Tiberim).

57 castra, – orum, n., eig. befestigter Ort, Lager. Dient in der Stadt Rom als Bezeichnung folgender militärischer und ziviler Baukomplexe:
1. c. praetoria, Prätorianerkaserne, KP 4, 1116,
2. c. urbana für Stadtkohorten, die dem Stadtpräfekten unterstanden,
3. c. peregrina für Soldaten der Provinzheere, wenn sie in Rom Aufgaben zu erfüllen hatten, Coarelli aaO. 180,
4. c. equitum singularium, Gardekavallerie, RE VI, 312,
5. c. Misenatium, einer Abteilung des in Misenum stationierten Flottenkommandos des westl. Mittelmeeres. Sie bedienten das über das Colosseum gespannte Sommersegel. RE III, 2635ff,
6. c. Ravenatium, einer Abteilung des in Ravenna stationierten Flottenkommandos für die Adria. Sie wirkten bei Veranstaltungen von Seeschlachten mit. RE III, 2635ff,
7. c. fontanorum, Angehörige einer auf relig. Recht beru-

henden Gemeinschaft der Quellen oder Brunnen, RE VI, 2840,
8. c. lecticariorum, der Sänftenträger, RE XII, 1066, 1093,
9. c. tabellariorum, der Briefträger, RE IV A, 1847,
10. c. victimariorum, der Opferdiener, RE VIII A, 2483,
11. c. silicariorum, der Pflasterer.
Die Gladiatorenkasernen wurden als ludus, RE Suppl. 3, 760ff., die Unterkünfte der vigiles, einer von Augustus geschaffenen Polizei- und Feuerwehrtruppe mit sieben Kohorten von je 1000 Mann, wurden als statio oder excubitorium bezeichnet, Joachim Marquardt, Römische Staatsverwaltung, Darmstadt 1957, Bd. II, 485.
Die vorstehenden Einrichtungen können nur zum Teil öffentlichen Zwecken zugeordnet werden, und auch davon dürften einige den im Text zuvor erwähnten „Zwecken des Kaiser" zugerechnet werden. Auch die Anzahl der von Frontinus erwähnten 18 castra und ihre Verteilung auf die einzelnen Stadtbezirke sind damit nicht in Einklang zu bringen. Der Ausdruck castra als Gattungsbezeichnung für Wasserabnehmer ist an anderer Stelle nirgends nachweisbar. Da nicht zu klären ist, welche Einrichtungen darunter verstanden wurden, bleibt der Ausdruck unübersetzt.

58 Röm. Kaiser 98–117. KP 5, 919; LA 3116. Er erbaute 109 die 10. röm. Fernwasserleitung, Aqua Traiana, die von Frontinus nicht mehr erwähnt wird, da er ca. 103 starb. Ihre Quellen lagen am Lago di Bracciano, von wo aus sie über die Via Clodia, Via Cassia und Via Aurelia den Ianiculus erreichte. Gesamtlänge ca. 32,5 km. Coarelli aaO. 36; Giuseppe Panimolle, Gli acquedotti di Roma antica, Rom 1968, 161.
59 Im Jahr 116 v. Chr. Zu Caius Licinius KP 3, 637 Nr. 28, zu Quintus Fabius KP 2, 493 Nr. 35.
60 Jurist. Schriftsteller der Zeitwende, seit 13 Kurator der Wasserversorgung, vgl. § 102. KPP1, 674, II; LA 368.
61 Im Jahr 11 v. Chr.
62 64 v. Chr. – 13 n. Chr., KP 3, 1244, Nr. 4; LA 1934.
63 Vermutlich abgeleitet von den in § 25 erwähnten altertümlichen Maßen, die auch „Einstiche" genannt wurden.
64 Röm. Kaiser 81–96. KP 2, 122; LA 766.
65 Das nachfolgende Gesetz, nach dem Konsul des Jahres 9 v. Chr. T. Quinctius Crispinus „lex Quinctia" genannt, ist das einzige, in vollem Wortlaut überlieferte römische Gesetz. KP 3, 604; LA 1720, Nr. 40.

Nachwort

Der Übersetzung liegt der Text der von Cezary Kunderewicz edierten Teubner-Ausgabe von ‚DE AQUAEDUCTU URBIS ROMAE', Leipzig 1973, zugrunde (siehe Seite 121 bis 128). Bei diesem Text bin ich von Kunderewicz' Konjektur „salientes" in § 3,2 (Textz. 18) abgewichen zugunsten von Friedrich Krohn, der in seiner Textausgabe (Leipzig 1922) an dieser Stelle „lacus" liest. Diese Auffassung wird dadurch gestützt, daß in § 87,5 salientes als Bestandteile der lacus und somit als Auslaufrohre bezeichnet werden.

Bei meiner Arbeit erfuhr ich wertvolle Unterstützung. Frau Bibl. OR Dr. Margrit Pape, Gesamthochschule Kassel, beschaffte die oft schwer zugängliche Literatur. Frau Ursula Lange-Lieberknecht, Kassel, betreute mit Akribie Manuskript und Korrespondenz. Herr Oberstudienrat Reinhard Goldmann, Kassel, stand mir als Altphilologe zur Seite. Herr Prof. Dr. Werner Eck, Köln, half mir mit freundlichem Verständnis, auftretende historische Fragen zu klären. Von der Frontinus-Gesellschaft halfen mir insbesondere bei der Beurteilung naturwissenschaftlicher und technischer Sachverhalte und Fachausdrücke, aber auch darüber hinaus die Herren Dipl.-Ing. Dr. Henning Fahlbusch, Braunschweig; Prof. Dr. Dr. h. c. Günther Garbrecht, Braunschweig; Dipl.-Ing. Bernd Gockel; Hanau; Dipl.-Ing. Dr. habil. Adolf Kleinschroth, München; Dipl.-Ing. Dr. Albrecht Kottmann, Stuttgart; Dipl.-Ing. Dr. Gerhard Naber, Stuttgart, und Dipl.-Ing. Dr. Johann Schnapauff, Halstenbek.

Für ihre Mitwirkung, ohne die mir diese Übersetzung nicht möglich gewesen wäre, sage ich allen Genannten meinen aufrichtigen Dank. Für die gleichwohl noch bestehenden Fehler oder Irrtümer trage ich allein die Verantwortung.

Kassel, Ostern 1982   *Gerhard Julius Kühne*

SEX. IVLII FRONTINI
DE AQVAEDVCTV VRBIS ROMAE

1 Cum omnis res ab imperatore delegata intentiorem exigat curam et me seu naturalis sollicitudo seu fides sedula non ad diligentiam modo verum ad amorem quoque commissae rei instigent sitque nunc mihi ab Nerva Augusto, nescio diligentiori an amantiore rei publicae imperatore, aquarum iniunctum officium cum ad usum tum ad salubritatem atque etiam ad securitatem urbis pertinens, administratum per principes semper civitatis nostrae viros, primum ac potissimum existimo, sicut in 2 ceteris negotiis instituteram, nosse quod suscepi. neque enim ullum omnis actus certius fundamentum crediderim, aut aliter quae facienda quaeque vitanda sint posse decerni, aliutve tam indecorum tolerabili viro, quam delegatum officium ex adiutorum agere praeceptis, quod fieri necesse est, quotiens imperitia praepositi ad i⟨ll⟩orum decurrit usum, quorum etsi necessariae partes sunt ad ministerium, tamen ut manus quaedam et instrumentum 2 agentis ⟨esse debent⟩. quapropter ea quae ad universam rem pertinentia contrahere potui, more iam per multa mihi officia servato, in ordinem et ultra hoc in corpus deducta in hunc commentarium contuli, quem pro for- 3 mula administrationis respicere possem. in aliis autem libris, quos post experimenta et usum conposui, succedentium res acta est; huius commentarii pertinebit fortassis et ad successorem utilitas, sed cum inter initia administrationis meae scriptus sit, in primis ad meam 3 institutionem regulamque proficiet. ac ne quid ad totius rei pertinens notitiam praetermisisse videar, nomina primum aquarum, quae in urbem Romam influunt, ponam; tum per quos quaeque earum et quibus consulibus, quoto post urbem conditam anno perducta si[n]t; dein quibus ex locis et a quoto ⟨miliario⟩ coepisset, quantum subterraneo rivo, quantum substructione, quantum opere 2 arcuato; post altitudinem cuiusque modulorumque rationem; ab illis erogationes, quantum extra urbem, quantum intra quisque modis cuique regioni pro suo modo unaquaeque aquarum serviat; quot castella publica [privataque] sint, et ex is quantum publicis operibus, quantum muneribus – ita enim cultiores ⟨salientes⟩ adpellantur –, quantum lacibus, quantum nomine Caesaris, quantum privatorum usibus beneficio principis detur; quod ius ⟨ducendarum⟩ tuendarumque sit earum, quae et sanciant poenae lege, senatus consulto et mandatis principum inrogatae.

4 Ab urbe condita per annos quadringentos quadraginta unum contenti fuerunt Romani usu aquarum, quas aut 2 ex Tiberi aut ex puteis aut ex fontibus hauriebant. fontium memoria cum sanctitate adhuc exstat et colitur: salubritatem enim aegris corporibus adferre creduntur, 3 sicut Camenarum et Apollinaris et Iuturnae. nunc autem in urbem confluunt aqua Appia, Anio vetus, Marcia, Tepula, Iulia, Virgo, Alsietina quae eadem vocatur Augusta, Claudia, Anio novus.

5 M. Valerio Maximo P. Decio Mure consulibus, anno post initium Samnitici belli tricesimo aqua Appia in urbem inducta est ⟨ab⟩ Appio Claudio Crasso censore, cui postea Caeco fuit cognomen, qui etiam viam Appiam a porta Capena usque ad urbem Capuam muniendam cura-2 vit. collegam habuit C. Plaut⟨i⟩um, cui ob inquisitas 3 eius aquae venas Venocis cognomen datum est. sed quia is intra annum et sex menses deceptus a collega tamquam idem facturo abdicavit se censura, nomen aquae ad Appii tantum honorem pertinuit, qui multis tergiversationibus extraxisse censuram traditur, donec et viam et huius 4 aquae ductum consummaret. concipitur Appia in agro Lucullano via Praenestina inter miliarium septimum et

octavum deverticulo sinistrosus passuum septingentorum 5 octoginta. ductus eius habet longitudinem a capite usque ad Salinas, qui locus est ad portam Trigeminam, passuum undecim milium centum nonaginta: ⟨ex eo rivus est⟩ sub-⟨terraneus pas⟩suum undecim milium centum triginta, supra terram substructio et arcuatura proximum portam 6 Capenam passuum sexaginta. ✶✶✶✶✶ iungitur ei ad S⟨p⟩em veterem in confinio hortorum Torquatianorum et ⟨Tauria⟩norum ramus Augustae ab A⟨ugusto⟩ in supplementum eius additus ⟨imposi⟩to cognomine ⟨re-7 spon⟩denti Gemellorum. hic via Praenestina ad miliarium sextum deverticulo sinistrosus passuum nongentorum octo-8 ginta proxime viam Collati⟨n⟩am accipit fontem. cuius ductus usque ad Gemellos efficit rivo subterraneo passuum 9 sex milia trecentos octoginta. incipit distribui ⟨Appia⟩ imo Publicii clivo ad portam Trigeminam, qui locus Salinae adpellantur.

6 Post annos quadraginta quam Appia perducta est, anno ab urbe condita quadringentesimo octogesimo uno M.' Curius Dentatus, qui censuram cum Lucio Papirio Cursore gessit, Anionis qui nunc vetus dicitur aquam perducendam in urbem ex manubiis de Pyrro captis locavit, Spurio Carvilio Lucio Papirio consulibus iterum. 2 post biennium deinde actum est in senatu de consummando eius aquae opere referente ✶✶✶ nocumi ✶✶✶ 3 praetor⟨e⟩. tum ex senatus consulto duumviri aquae perducendae creati sunt Curius ⟨qui eam⟩ locaverat et 4 Fulvius Flaccus. Curius intra quintum diem quam erat duumvirum creatus decessit; gloria perductae pertinuit 5 ad Fulvium. concipitur Anio vetus supra Tibur vicesimo miliario extra portam Baranam, ubi partem ⟨dat⟩ in 6 Tiburtium usum. ductus eius habet longitudinem, ita exigente libramento, passuum quadraginta tria milium: ex eo rivus est subterraneus passuum quadraginta duum milium septingentorum septuaginta novem, substructio supra terram passuum ducentorum viginti unius.

7 Post annos centum viginti septem, id est anno ab urbe condita sexcentesimo octavo, Ser. Sulpicio Galba [cum] Lucio Aurelio Cotta consulibus cum Appiae Anionisque ductus vetustate quassati privatorum etiam fraudibus interciperentur, datum est a senatu negotium Marc⟨i⟩o, qui tum praetor inter cives ius dicebat, eorum ductuum 2 reficiendorum ac vindicandorum. et quoniam incrementum urbis exigere videbatur ampliorem modum aquae, eidem mandatum a senatu est, ut curaret, quatenus alias 3 aquas quas posset in urbem perduceret. ⟨Marcius pri⟩ores ductus res⟨tituit et⟩ tertiam illis uberiorem ⟨aquam per⟩-4 duxit, cui ab auctore Marciae nomen est. legimus apud Fenestellam, in haec opera Marcio decretum sestertium milies octingenties, et quoniam ad consummandum negotium non sufficiebat spatium praeturae in annum alterum 5 est prorogatum. eo tempore decemviri, dum aliis ex causis libros Sibyllinos inspiciunt, invenisse dicuntur, non esse ⟨fas⟩ aquam Marciam ⟨✶ – ✶⟩ seu potius Anionem – de hoc enim constantius traditur – in Capitolium perduci; deque ea re in senatu M. Lepido pro collegio verba faciente actum Appio Claudio Q. Caecilio consulibus, ea⟨n⟩demque post annum tertium a Lucio Lentulo retractatam C. Laelio Q. Servilio consulibus, sed utroque tempore vicisse gratiam Marcii Regis; atque ita in Capitolium esse 6 aquam perductam. concipitur Marcia via Valeria ad miliarium tricesimum sextum deverticulo euntibus ab urbe Roma dextrosus milium passuum trium, Sublacensi autem, quae sub Nerone principe primum strata est, ad miliarium tricesimum octavum sinistrosus intra spatium 7 passuum ducentorum. fontium ⟨aqua⟩ sub ⟨arcu⟩bus petraei⟨s paene⟩ stat in⟨mobilis⟩ stagni mo⟨do⟩ colore 8 praeviridi. ductus eius habet longitudinem a capite usque ad urbem passuum sexaginta milium et mille septingentorum decem et semis: rivo subterraneo passuum quinquaginta

quattuor milium ducentorum quadraginta septem semis, opere supra terram passuum septem milium quadringentorum sexaginta trium: ⟨ex⟩ eo longius ab urbe pluribus locis p⟨e⟩r vallis opere arcuato passuum quadringentorum sexaginta trium, propius urbem a septimo miliario substructione passuum quingentorum viginti octo, reliquo opere arcuato passuum sex milium quadringentorum septuaginta duum.

8 Cn. Servilius Caepio et L. Cassius Longinus, qui Ravilla adpellatus est, censores anno post urbem conditam sexcentesimo vicesimo septimo, M. Plautio Hypsaeo M. Fulvio Flacco cos. aquam quae vocatur Tepula ex agro Lucullano, quem quidam Tusculanum credunt, 2 Romam et in Capitolium adducendam curaverunt. Tepula concipitur via Latina ad decimum miliarium deverticulo euntibus ab Roma dextrosus milium passuum duum. inde ⟨rivo⟩ suo in urbem perducebatur.

9 Post ⟨hos⟩ M. Agrippa aedilis post primum consulatum imperatore Caesare Augusto II. L. Volcatio cos., anno post urbem conditam septingentesimo nono decimo ab miliarium ab urbe duodecimum via Latina ⟨deverticulo⟩ euntibus ab Roma dextrosus milium passuum duum alterius ⟨a⟩quae proprias vires collegit et Tepulae rivum 2 intercepit. adquisit⟨ae⟩ aquae ab inventore nomen Iuliae datum est, ita tamen divisa erogatione, ut maneret 3 Tepulae adpellatio. ductus Iuliae efficit longitudinem passuum quindecim milium quadringentorum viginti sex S: opere supra terram passuum septem milium: ex eo in proximis urbi locis a septimo miliario substructione passuum quingentorum viginti octo, relicto opere arcuato passuum sex milium quadringentorum septuaginta duum. 4 praeter caput Iuliae transfluit aqua quae vocatur Crabra. 5 hanc Agrippa omisit, seu quia inprobaverat, sive quia Tusculanis possessoribus relinquendam credebat; haec namque est quam omnes villae tractus eius per vicem 6 in dies modulosque certos dispensatam accipiunt. sed non eadem moderatione aquarii nostri partem eius semper in supplementum Iuliae vindicaverunt, nec ut Iuliam augerent, quam hauriebant largiendo conpendi sui gra-7 tia. exclusa ergo est Crabra et totam iussu imperatoris reddidi Tusculanis, qui nunc fortasse non sine admiratione eam sumunt ignari cui causae insolitam abun-8 dantiam debeant. Iulia autem revocatis derivationibus, per quas subripiebatur, modum suum quamvis notabili 9 siccitate servavit. eodem anno Agrippa ductus Appiae, Anionis, Marciae paene dilapsos restituit et singulari cura conpluribus salientibus aquis instruxit urbem.

10 Idem cum iam tertio consul fuisset, C. Sentio ⟨Q.⟩ Lucretio consulibus, post annum tertium quam Iuliam deduxerat, Virginem quoque in agro Lucullano 2 collectam Romam perduxit. die quo primum in urbem 3 responderit, quinto Idus Iunias invenitur. Virgo adpellata est, quod quaerentibus aquam militibus puella virguncula venas quasdam monstravit, quas secuti qui foderant, 4 ingentem aquae modum vocaverunt. aedicula fonti ad-5 posita hanc originem pictura ostendit. concipitur Virgo via Collatia ad miliarium octavum palustribus locis signino 6 circumiecto continendarum scaturriginum causa. adiuva-7 tur et conpluribus aliis adquisitionibus. venit per longitudinem passuum quattuor milium centum quinque: ex eo rivo subterraneo passuum milium decem duum octingentorum sexaginta quinque, supra terram per passus mille ducentos quadraginta: ex eo substructione rivorum locis conpluribus passuum quingentorum quadra-8 ginta, opere arcuato passuum septingentorum. adquisitionum ductus rivi subterranei efficiunt passus mille quadringentos quinque.

11 Quae ratio moverit Augustum, providentissimum principem, perducendi Alsietinam aquam, quae vocatur Augusta, non satis perspicio, nullius gratiae, immo etiam

parum salubrem ideoque nusquam in usus populi fluentem; nisi forte dum opus naumachiae adgreditur, ne quid salubrioribus aquis detraheret, hanc proprio opere perduxit et, quod naumachiae coeperat superesse, hortis adiacentibus et privatorum usibus ad inrigandum concessit.
2 solet tamen ex ea in Transtiberina regione, quotiens pontes reficiuntur et a citeriore ripa aquae cessant, ex necessitate in subsidium publicorum salientium dari.
3 concipitur ex lacu Alsietino via Claudia miliario quarto decimo deverticulo dextrosus passuum sex milium quin-
4 gentorum. ductus eius efficit longitudinem passuum viginti duum milium centum septuaginta duorum, opere
12 arcuato passuum trecentorum quinquaginta octo. idem Augustus in supplementum Marciae, quotiens siccitates egerent auxilio, alia⟨m aquam⟩ eiusdem bonitatis opere subterraneo perduxit usque ad Marciae rivum, quae ab
2 inventore adpellatur Augusta. nascitur ultra fontem
3 Marciae. cuius ductus, donec Marciae accedat, efficit passus octingentos.
13 Post hos C. Caesar, qui Tiberio successit, cum parum et publicis usibus et privatis voluptatibus septem ductus aquarum sufficere viderentur, altero imperii suo anno, M. Aquila Iuliano P. Nonio Asprenate cos., anno urbis conditae septingentesimo ⟨unde⟩nonagesimo duos ductus
2 inchoavit. quod opus Claudius magnificentissime consummavit dedicavitque Sulla et Titiano consulibus, anno post urbem conditam octingentesimo quarto Kalendis
3 Augustis. alteri nomen ⟨aquae⟩ quae ex fontibus Caerulo
4 et Curtio perducebatur Claudiae datum. haec bonitatis
5 proxima⟨e⟩ est Marciae. altera, quoniam duae Anionis in urbem aquae fluere coeperant, ut facilius adpellationibus dinoscerentur, Anio novus vocitari coepit; ⟨altitudine⟩ alias omnes praecedit; priori Anioni co-
14 gnomen veteris adiectum. Claudia concipitur via Sublacensi ad miliarium tricesimum octavum deverticulo sinistrosus intra passus trecentos ex fontibus duobus amplissimis et speciosis, Caerulo, qui a similitudine ad-
2 pellatus est, et Curtio. accipit et ex fontem qui vocatur Albudinus, tantae bonitatis, ut Marciae quoque adiutorio quotiens opus est ita sufficiat, ut adiectione sui nihil ex
3 qualitate eius mutet. Augustae fons, quia Marciam sibi sufficere adparebat, in Claudiam derivatus est, manente nihilo minus praesidiario in Marciam, ut ita demum Claudiam aquam adiuvaret Augusta, si eam ductus
4 Marciae non caperet. Claudiae ductus habet longitudinem passuum quadraginta sex milium ⟨quadringentorum sex⟩: ex eo rivo subterraneo passuum triginta sex milium ducentorum triginta, opere supra terram passuum decem milium ⟨centum⟩ septuaginta sex: ex opere arcuato in superiori parte pluribus locis passuum trium milium septuaginta sex, et prope urbem a septimo miliario substructione rivorum per passus sexcentos novem, opere arcuato passuum sex milium quadringentorum nonaginta et unius.
15 Anio novus via Sublacensi ad miliarium quadragesimum secundum in Simbruino excipitur ex flumine, quod cum terras cultas circa se habeat soli pinguis et inde ripas solutiores, etiam sine pluviarum iniuria limosum et turbu-
2 lentum fluit. ideoque a faucibus ductus interposita est piscina limaria, ubi inter amnem et specum consisteret
3 et liquaretur aqua. sic quoque, quotiens imbres super-
4 veniunt, turbida pervenit in urbem. iungitur ei rivus Herculaneus oriens eadem via ad miliarium tricesimum octavum e regione fontium Claudiae trans flumen viam-
5 que. natura ⟨est⟩ purissimus, sed mistus gratiam splen-
6 doris sui amittit. ductus Anionis novi efficit passuum quinquaginta octo milia septingenta: ex eo rivo subterraneo passuum quadraginta novem milia trecentos, opere supra terram passuum novem milia quadringentos: ex eo substructionibus aut opere arcuato superiori

parte pluribus locis passuum duo [decim] milia trecentos, et propius urbem a septimo miliario substructione rivorum passuum sexcentos novem, opere arcuato passuum
7 sex milia quadringentos nonaginta unum. hi sunt arcus altissimi, sublevati in quibusdam locis pedes centum novem.
16 Tot aquarum tam multis necessariis molibus pyramidas videlicet otiosas conpares aut cetera inertia sed fama celebrata opera Graecorum!
17 Non alienum mihi visum est, longitudines †quoque rivorum cuiusque ductus etiam per† species operum con-
2 plecti. nam cum maxima huius officii pars in tutela eorum sit, scire praepositum oportet, quae maiora inpendia
3 exigant. nostrae quidem sollicitudini non suffecit singula oculis subiecisse, formas quoque aquarum ductuum facere curavimus, ex quibus adparet ubi valles quantaeque, ubi flumina traicerentur, ubi montium lateribus specus adplicitae maiorem adsiduamque protegendi ac muniendi
4 ⟨ri⟩vi exigant curam. hinc illa contingit utilitas, ut rem statim veluti in conspectu habere possimus et deliberare tamquam adsistentes.
18 Omnes aquae diversa in urbem libra perveniunt. inde
2 fl⟨u⟩unt quaedam altioribus locis et quaedam erigi in eminentiora non possunt; nam et colles sensim propter
3 frequentiam incendiorum excreverunt rudere. quinque sunt quarum altitudo in omnem partem urbis adtollitur, sed ex his aliae maiori, aliae leviori pressura coguntur.
4 altissimus est Anio novus, proxima Claudia, tertium locum tenet Iulia, quartum Tepula, dehinc Marcia, quae capite etiam Claudiae libram aequat. sed veteres humiliore directura perduxerunt, sive nondum ad subtile explorata arte librandi, seu quia ex industria infra terram aquas mergebant, ne facile ab hostibus interciperentur, cum
5 frequentia adhuc contra Italicos bella gererentur. iam tamen quibusdam locis, sicubi ductus vetustate dilapsus est, omisso circuitu subterraneo vallium brevitatis causa
6 substructionibus arcuationibusque traiciuntur. sextum tenet librae locum Anio vetus, similiter suffecturus etiam altioribus locis urbis, si, ubi vallium submissarumque regionum condicio exigit, substructionibus arcuationi-
7 busve in his erigeretur. sequitur huius libram Virgo, deinde Appia: quae cum ex urbano agro perducerentur, non in
8 tantum altitudinis erigi potuerunt. omnibus humilior Alsietina est, quae Transtiberinae regioni et maxime iacentibus locis servit.
19 Ex his sex via Latina intra septimum miliarium contectis piscinis excipiuntur, ubi quasi respirante rivorum cursu
2 limum deponunt. modus quoque earum mensuris ibidem
3 positis initur. una autem [earum] Iulia, Marcia, Tepula quae intercepta, sicut supra demonstravimus, rivo Iuliae accesserat, nunc a piscina eiusdem Iuliae modum ac-
4 cipit ac proprio canali et nomine venit, hae tres a piscinis in eosdem arcus recipiuntur. summus ⟨ex⟩ his
5 est Iuliae, inferior Tepulae, dein Marcia. quae ad libram ⟨collis Vi⟩minalis con⟨tine⟩nte⟨r⟩ a⟨dflu⟩entes ad
6 Viminalem usque portam deveniunt. ibi rursus emer-
7 gunt. prius tamen pars Iuliae ad Spem veterem excepta
8 castellis Caelii montis diffunditur. Marcia autem partem sui post hortos Pallantianos in rivum qui vocatur Hercu-
9 laneus deicit. is per Caelium ductus, ipsius montis usibus nihil ut inferior subministrans, ⟨f⟩initur supra portam
20 Capenam. Anio novus et Claudia a piscinis in altiores
2 arcus recipiuntur ita ut superior sit Anio. finiuntur arcus earum post hortos Pallantianos et inde in usum urbis
3 fistulis diducuntur. partem tamen sui Claudia prius in arcus qui vocantur Neroniani ad Spem veterem transfert.
4 hi directi per Caelium montem iuxta templum divi
5 Claudii terminantur. modum quem acceperunt aut circa ipsum montem aut in Palatium Aventinumque et regio-
21 nem Transtiberinam dimittunt. Anio vetus citra quartum

miliarium infra novum, qui a ⟨via⟩ Latina in Lavicanam
2 inter arcus traicit, et ipse piscinam habet. inde intra secundum miliarium partem dat in specum qui vocatur Octavianum et pervenit in regionem viae Novae ad hortos Asinianos, unde per illum tractum distribuitur.
3 rectus vero ductus secundum Spem veniens intra portam
22 Exquilinam in altos rivos per urbem diducitur. nec Virgo nec Appia nec Alsietina conceptacula, id est piscinas,
2 habent. arcus Virginis initium habent sub hortis Lucullanis, finiuntur in campo Martio secundum frontem Saepto-
3 rum. rivos Appiae sub Caelio monte et Aventino actus
4 emergit, ut diximus, infra clivum Publicii. Alsietinae ductus post naumachiam, cuius causa videtur esse factus, finitur.
23 Quoniam auctoris cuiusque aquae et aetates, praeterea origines et longitudines rivorum et ordinem librae persecutus sum, non alieni autem modi mihi videtur, etiam singula subicere et ostendere quanta sit copia quae publicis privatisque non solum usibus et auxiliis verum etiam voluptatibus sufficit, et per quot castella quibusque regionibus diducatur, quantum extra urbem, quantum in urbe, et ex eo quantum lacibus, quantum muneribus, quantum operibus publicis, quantum nomine Caesaris,
2 quantum privatis usibus erogetur. sed rationis existimo, priusquam nomina quinariarum centenariarumque et ceterum modulorum, per quos mensura constituta est, proferamus, et indicare quae sit eorum origo, quae vires et quid quaeque adpellatio significet, propositaque regula, ad quam ratio eorum et initium conputatur, ostendere qua ratione discrepantia invenerim et quam emendandi viam sim secutus.
24 Aquarum moduli aut ad digitorum aut ad unciarum mensuram instituti sunt: digiti in Campania et in plerisque Italiae locis, unciae in Apuliae ci⟨vi⟩ta⟨ti⟩bus ob-
2 servatur. est autem digitus, ut convenit, sextadecima
3 pars pedis, uncia duodecima. quemadmodum autem inter unciam et digitum diversitas, ita et ipsius digiti
4 simplex observatio non est. alius vocatur quadratus, alius
5 rotundus. quadratus tribus quartisdecimis suis rotundo maior, rotundus tribus undecimis suis quadrato minor
25 est, scilicet quia anguli deteruntur. postea modulus nec ab uncia nec ab alterutro digitorum originem accipiens, inductus, ut quidam putant, ab Agrippa, ut alii, a plumbariis per Vitruvium architectum, in usum urbis exclusis
2 proprietatibus venit, adpellatus quinariae nomine. qui autem Agrippam auctorem faciunt, dicunt, quod quinque antiqui moduli exiles et velut puncta, quibus olim aqua cum exigua esset dividebatur, in unam fistulam coacti sint; qui Vitruvium et plumbarios, ab eo quod plumbea lamina plana quinque digitorum latitudinem habens circumacta in rotundum hunc fistulae modulum efficiat.
3 sed hoc incertum est, quoniam cum circumagitur, sicut interiore parte adtrahitur, ita per illam, quae foras spec-
4 tat, extenditur. maxime probabile est, quinariam dictam
5 a diametro quinque quadrantum, quae ratio in sequentibus quoque modulis usque ad vicenariam durat, diametro per singulos adiectione singulorum quadrantum crescente: ut in senaria, quae sex quadrantes in diametro habet, et septenaria, quae septem, et deinceps simili
26 incremento usque ad vicenariam. omnis autem modulus colligitur aut diametro aut perimetro aut areae mensura,
2 ex quibus et capacitas adparet. differentiam unciae, digiti quadrati et digiti rotundi, et ipsius quinariae ut facilius dinoscamus, utendum est substantia quinariae,
3 qui modulus et certissimus et maxime receptus est. unciae ergo modulus habet diametrum digitum unum et trientem digiti; capit plus, quam qui⟨naria⟩, quinariae octava, hoc
4 est sescuncia quinariae et scripuli tribus et bese scripuli.
5 digitus quadratus in longitudine et latitudine aequalis est. digitus quadratus in rotundum redactus habet diametri

digitum unum et digiti sescunciam sextu⟨la⟩m; capit qui-
6 nariae dextantem. digitus rotundus habet diametri digitum unum; capit quinariae septuncem semunciam sextu-
27 lam. ceterum moduli, qui a quinaria oriuntur, duobus
2 generibus incrementum accipiunt. est unum, cum ipsa
multiplicatur, id est eodem lumine plures quinariae inclu-
duntur, in quibus secundum adiectionem quinariarum
3 amplitudo luminis crescit. est autem fere tunc in usu,
cum plures quinariae inpetratae, ne rivus saepius convul-
neretur, una fistula excipiuntur in castello, ex quo
28 singuli suum modum recipiunt. alterum genus est,
quotiens non ad quinariarum necessitatem fistula incrementum capit, sed ad diametri sui mensuram, secundum
quod et nomen accipit et capacitatem ampliat: ut puta
quinaria, cum adiectus est ei ad diametrum quadrans,
2 senariam facit. nec iam in solidum capacitatem ampliat;
capit enim quinariam unam et quincuncem sicilicum
3 ⟨scripulum⟩. et deinceps eadem ratione quadrantibus
diametro adiectis, ut supra dictum est, crescunt septe-
29 naria, octonaria usque ad vicenariam. subsequitur illa
ratio, quae constat ex numero digitorum quadratorum,
qui area, id est lumine, cuiusque moduli contine⟨n⟩tur,
2 a quibus et nomen fistulae accipiunt. nam quae habet
areae, id est luminis, in rotundum coactos digitos qua-
dratos viginti quinque, vicenum quinum adpellatur:
similiter tricenaria et deinceps per incrementum ⟨V⟩
30 digitorum quadratorum usque ad vicenum. in
vicenaria fistula, quae in confinio utriusque rationis
2 posita est, utraque ratio paene congruit. nam habet secundum eam conputationem, quae in ⟨an⟩tecedentibus modulis servanda est, in diametro quadrantes viginti, cum
diametri eiusdem digiti quinque sint; et secundum eorum
modulorum rationem, qui sequuntur, aream habet digito-
31 rum quadratorum exiguo minus viginti. ratio fistularum
quinariarum usque ad centenum vicenum per omnes
modulos ita se habet, ut ostendimus, et omni genere inita
2 constat sibi. convenit et cum is modulis, qui in commentariis invictissimi et piissimi principis positi et confirmati
3 sunt. sive itaque ratio sive auctoritas sequenda est, utro-
4 que commentariorum moduli praevalent. sed aquarii cum
manifestae rationi ⟨in⟩ pluribus consentiunt, in quattuor
modulis novaverunt, duodenaria et vicenaria et cente-
32 naria et cent⟨en⟩um vicenum. et duodenaria⟨e⟩ quidem
2 nec magnus error nec usus frequens est. cuius diametro
adiecerunt digiti semunciam sicilicum, capacitati qui-
3 nariae ⟨quadrantem *–*⟩ † et besem. ⟨in⟩ reliquis autem
4 tribus modulis plus deprenditur. vicenariam exiguiorem
faciunt diametro digiti semisse, capacitate quinariis tribus
5.6 et semuncia. quo modulo plerumque erogatur. centenariae autem et centenum vicenum, quibus adsidue accipiunt,
7 non minuunt⟨ur⟩ sed augentur. diametro enim centenariae adiciunt digiti plus besem et semunciam, capa-
8 citati quinarias decem besem semunciam [sicilicum]. centenum vicenum diametro adiciunt digitos tres septuncem
semuncia⟨m⟩ ⟨sicilicum⟩, capacitati quinaria⟨s⟩ sexaginta
33 sex sextantem. ita dum aut vicenariae, qua subinde erogant, detrahunt aut centenariae et centenum vicenum
adiciunt, quibus semper accipiunt, intercipiuntur in centenaria quinariae viginti septem, in centenum vicenum
2 quinariae octoginta sex [uncia]. quod cum ratione adpro-
3 betur, re quoque ipsa manifestum est. nam pro vicenaria,
quam Caesar pro quinariis sedecim adsignat, non plus
erogant quam tredecim, et ex centenaria quam amplia-
verunt eque ⟨centenum vicenum⟩ certum est illos non
erogare nisi ad artiorem numerum, quia Caesar secundum
suos commentarios, cum ex quaque centenaria explevit
quinarias octoginta unam se⟨missem⟩, item ex centenum
vicenum quinarias nonaginta octo, tamquam exhausto
34 modulo desinit distribuere. in summa moduli sunt XX
2 quinque. omnes consentiunt et rationi et commentariis

3 exceptis his quattuor, quos aquarii novaverunt. omnia
autem, quae mensura continentur, certa et inmobilia con-
gruere sibi debent; ita enim universitati ratio constabit.
4 et quemadmodum verbi gratia sextarii ratio ad cyatos,
modii vero et ad sextarios et ad cyatos respondent: ita
et quinariarum multiplicatio in amplioribus modulis
5 servare consequentiae suae regulam debet. alioqui cum
in erogatorio modulo minus invenitur, in acceptorio plus,
adparet non errorem esse sed fraudem.
35 Meminerimus omnem aquam, quotiens ex ⟨altiore loc⟩o
venit et intra breve spatium in castellum cadit, non tantum respondere modulo suo sed etiam exuberare; quotiens
vero ex humiliore, id est minore pressura, longius ducatur,
segnitia ductus modum quoque deperdere; ⟨e⟩t ideo
secundum hanc rationem aut oneranda esse erogatione
aut relevanda.
2 36 Sed et ⟨calicis⟩ positio habet momentum. in rectum et
ad libram conlocatus modum servat, ad cursum aquae
obpositus et devexus, id est ad haustum pronior,
amplius rapit, ad latus praetereuntis aquae conversus et
3 supinus, segniter et exiguum sumit. est autem calix
modulus aeneus, qui rivo vel castello inditur; huic
4 fistulae adplicantur. longitudo eius habere debet digitos
non minus duodecim, lumine, id est capacitate, quanta
5 imperata fuerit. excogitatus videtur, quoniam rigor aeris
difficilior ad flexum non temere potest laxari vel coartari.
37 Formulas modulorum qui sunt omnes viginti et quinque
subiec[t]i, quamvis in usu quindecim tantum frequentes
sint, derectas ad rationem de qua locuti sumus, emendatis
2 quattuor, quos aquarii novaverunt. secundum quod et
fistulae omnes, quae opus facient, derigi debent aut, si
haec fistulae manebunt, ad quinarias quot capient conpu-
3 putari. qui non sint in usu moduli, in ipsis est adnota-
tatum.
38 [et diametri trientem digitum dici quam qui quinariae
sescuncia et scripulis tribus et bese scripuli. digitus
2 quadratus in longitudine et latitudine aequalis est. digitus
3 quadratus in rotundum redactus habet diametri digitum
4 unum et digiti sescunciam; capit quinariae dextantem
digitus rotundus habet diametri digitum unum; capit
quinariae septuncem et semunciam sextam.]

39 Fistula quinaria:
   diametri digitum unum ⟨= –,
   perimetri⟩ digitos tres S = = – ꝫ III,
   capit quinaria⟨m⟩ una⟨m⟩.

40 Fistula ⟨senaria⟩:
   diametri digitum unum semis,
   perimetri digitos IIII S = £ ꝫ II,
   capit quinariam unam = = – ꝫ ⟨VII⟩.

41 Fistula septenaria:
   diametri digitum I S = –,
   perimetri digitos V S,
   capit quinariam I ⟨S = = – £⟩;
   in usu non est.

42 Fistula octonaria:
   diametri digitos duos,
   perimetri digitos sex ⟨= – ꝫ X⟩,
   capit quinarias II S £ ꝫ quinque.

43 Fistula denaria:
   diametri digitos duos et semis,
   perimetri digitos septem S = = ꝫ VII,
   capit quinarias IIII.

44 Fistula duodenaria:
   diametri digitos ⟨III,
   perimetri digitos⟩ VI⟨III⟩ = = – ꝫ ⟨III⟩,
   capit quinarias quinque S = = ꝫ ⟨III⟩;
   in usu non est.
2 [alia] apud aquarios habebat diametri digitos III £ ꝫ VI,
   capacitatis quinarias sex.

45 Fistula quinum denum:
   diametri digitos III S = –,
   perimetri digitos XI S = = ꝫ X,
   [alia] capit quinarias novem.

46 Fistula vicenaria:
   diametri digitos quinque,
   perimetri digitos XV S = £ ꝫ II,
   capit quinarias sedecim.
2 apud aquarios habebat diametri digitos IIII S,
   capacitatis quinarias ⟨duodec⟩im ⟨S = = – £⟩.

47 Fistula vicenum quinum:
   diametri digitos quinque S – £ ꝫ V,
   perimetri digitos decem et septem S = £ ꝫ VI,
   capit quinarias XX = = ꝫ VIIII;
   in usu non est.

48 Fistula tricenaria:
   diametri ⟨digitos⟩ sex = ꝫ IIII,
   perimetri digitos decem et novem = = –,
   capit quinarias viginti quattuor = = = – ꝫ quinque.

49 Fistula tricenum quinum:
   diametri digitos sex S = ꝫ II,
   perimetri digitos ⟨XX⟩ S = = – £ ꝫ V,
   capit quinarias XX⟨VIII S ꝫ III⟩;
   in usu non est.

50 Fistula quadragenaria:
   diametri digitos septem – £ ꝫ III,
   perimetri digitos XXII = = –,
   capit quinarias XXXII S –.

51 Fistula quadragenum quinum:
   diametri digitos septem S £ ꝫ octo,
   perimetri digitos XXIII S = – ꝫ ⟨X⟩,
   capit quinarias XXXVI S – £ ꝫ octo;
   in usu non est.

52 Fistula quinquagenaria:
   diametri digitos septem S = = – £ ꝫ quinque,
   perimetri digitos XXV £ ꝫ VIIII,
   capit quinarias XL S = £ ꝫ V.

53 Fistula quinquagenum quinum:
   diametri digitos octo = ꝫ decem,
   perimetri digitos XXVI = = – £,
   capit quinarias XLIIII S = – £ ꝫ II;
   in usu non est.

54 Fistula sexagenaria:
   diametri digitos octo S = £ ꝫ novem,
   perimetri digitos XXVII = = – £,
   capit quinarias XL octo S = = ꝫ XI.

55 Fistula sexagenum quinum:
   diametri digitos novem – ꝫ III,
   perimetri ⟨digitos⟩ XX octo S –,
   capit quinarias quinquaginta duo S = = – ꝫ octo;
   in usu non est.

56 Fistula septuagenaria:
diametri digitos novem = = – ∋ sex,
perimetri digitos XXIX S =,
capit quinarias LVII ∋ V.

57 Fistula septuagenum quinum:
diametri digitos novem S = – ∋ sex,
perimetri digitos XXX S = £,
capit quinarias LXI – ∋ II;
in usu non est.

58 Fistula octogenaria:
diametri digitos decem – ∋ II,
perimetri digitos XXXI S = £,
capit quinarias LXV =.

59 Fistula octogenum quinum:
diametri digitos decem = = £ ∋ septem,
perimetri digitos XXXII S = ∋ VI,
⟨capit quinarias LXVIIII = £ ∋ VIII⟩;
in usu non est.

60 Fistula nonagenaria:
diametri digitos decem S = ∋ X,
perimetri digitos triginta tres S – £ ∋ III,
capit quinarias septuaginta tres = – £ ∋ V.

61 Fistula nonagenum quinum:
diametri digitos X S = = – £ ∋ XI,
perimetri digitos ⟨XXX⟩IIII S £ ⟨∋⟩ V⟩,
capit quinarias LXXVII = = £ ∋ II;
in usu non est.

62 Fistula centenaria:
diametri digitos XI = – ∋ VIIII,
perimetri digitos XXXV = = – £,
capit quinarias octoginta unam = = – ∋ X.
2 apud aquarios habebat diametri digitos XII,
capacitatis quinarias nonaginta II – £ ∋ ⟨X⟩.

63 Fistula centenum vicenum:
diametri digitos duodecim = = ∋ VII,
perimetri digitos XXXVIII S =,
capit quinarias LXXXXVII S = –.
2 apud aquarios habebat diametri digitos XVI,
capacitatis quinarias centum sexaginta tres S ⟨=⟩ = –,
qui modus duarum centenariarum est.

64 Persecutus ea quae de modulis dici fuit necessarium nunc ponam, quem [ad]modum quaeque aqua, ut principum commentariis conprehensum est, usque ad nostram curam habere visa sit quantumque erogaverit; deinde quem ipsi scrupulosa inquisitione praeeunte providentia optimi diligentissimique principis Nervae invenerimus.
2 fuerunt ergo in commentariis in universo quinariarum decem duo milia septingentae quinquaginta quinque, in erogatione decem quattuor milia decem et octo: plus in distributione quam ⟨in⟩ accepto conputabatur qui-
3 nariis mille ducentis sexaginta tribus. huius rei admiratio, cum praecipuum officii opus in exploranda fide aquarum atque copia crederem, non mediocriter me convertit ad scrutandum, quemadmodum amplius erogaretur, quam
4 in patrimonio, ut ita dicam, esset. huius itaque omnia capita ductuum metiri adgressus sum, sed longe, id est circiter quinariis decem milibus, ampliorem quam in commentariis modum inveni, ut per singulas demonstrabo.
65 Appiae in commentariis adscriptus est modus quina-
2 riarum octingentarum ⟨quadraginta⟩ unius. cuius aquae caput inveniri mensura non potuit, quoniam ex duobus
3 rivis constat. ad Gemellos tamen, qui locus est infra Spem veterem, ubi iungitur cum ramo Augustae, inveni altitudinem aquae pedum quinque, latitudinem pedis unius dodrantis: fiunt areae pedes octo dodrans: centenariae viginti duae et quadragenaria, quae efficiunt quinarias mille octingentas viginti quinque: amplius, quam commentarii habent, quinariis nongentis octoginta quattuor.
4 erogabat quinarias septingentas quattuor: minus, quam in commentariis adscribitur, quinariis centum triginta septem: et adhuc minus, quam ad Gemellos mensura
5 respondet, quoniam quinariis mille centum viginti una. intercidit tamen aliquantum e ductus vitio, qui quom sit depressio⟨r⟩, non facile manationes ostendit, quas esse ex eo adparet quod in plerisque urbis partibus prolata aqua
6 observatur, id quod ex ea manat. sed et quasdam fistulas
7 intra urbem inlicitas deprehendimus. extra urbem autem propter pressuram librae, quom sit infra terram ad caput pedibus quinquaginta, nullam accipit iniuriam.

66 Anioni veteri adscriptus est in commentariis modus
2 quinariarum mille quingentarum quadraginta unius. ad caput inveni quattuor milia trecentas nonaginta octo praeter eum modum qui in proprium ductum Tiburtini derivatur: amplius, quam in commentariis est, quinariis
3 duobus milibus octingentis quinquaginta septem. eroga-
⟨ba⟩ntur antequam ad piscinam veniret quinariae ducen-
4 sexaginta duae. modus in piscina, qui per mensuras positas initur, efficit quinariarum duo milia trecentas sexa-
5 ginta duas. intercidebant ergo inter caput et piscinam
6 quinariae mille septingentae septuaginta quattuor. erogabat post piscinam quinarias mille trecentas quadraginta octo: amplius, quam in commentariis conceptionis modum significari diximus, quinariis sexaginta novem: minus, quam recipi in ductum post piscinam posuimus, quinariis
7 mille decem quattuor. summa quae inter caput et piscinam et post piscinam intercidebat: quinariae duo milia septingentae octoginta octo, quod errore mensurae fieri suspicarer, nisi invenissem ubi averterentur.

67 Marciae in commentariis adscriptus est modus quina-
2 riarum duum milium centum sexaginta duarum. ad caput mensus inveni quinarias quattuor milia sexcentas nonaginta: amplius, quam in commentariis est, quinariis du-
3 obus milibus quingentis viginti octo. erogabantur antequam ad piscinam perveniret quinariae nonaginta quinque, et dabantur in adiutorium Tepulae quinariae nonaginta duae, item Anioni quinariae centum sexaginta quattuor.
4 summa quae erogabatur ante piscinam: quinariae tre-
5 centae quinquaginta una. modus qui in piscina mensuris positis initur cum eo quod citra piscina⟨m⟩ ductus eodem canali in arcu⟨s⟩ excipitur, efficit quinarias duo milia
6 nongentas quadraginta quattuor. summa quae aut erogatur ante piscinam aut in arcus recipitur: quinariarum tria milia ducentae nonaginta quinque: amplius, quam in conceptis commentariorum positum est, quinariis mille centum triginta tribus: minus, quam mensurae ad caput actae efficiunt, quinariis mille trecentis nonaginta quin-
7 que. erogabat post piscinam quinarias mille octingentas quadraginta: minus, quam in commentariis conceptionis ⟨modum⟩ significari diximus, quinariis ducentis viginti septem: minus, quam ex piscina in arcus recipiuntur,
8 sunt quinariae mille centum quattuor. summa utraque quae intercidebat aut inter caput et piscinam aut post piscinam: quinariarum duo milia ID, quas sicut in ceteris
9 pluribus locis intercipi deprehendimus. non enim eas cessare manifestum est et ex hoc ⟨et ex⟩ eo quod ⟨ad⟩ caput praeter eam mensuram, quam conprehendisse nos capacitate ductus posuimus, effunduntur amplius trecentae quinariae.

68 Tepulae in commentariis adscriptus est modus qui-
2 nariarum quadringentarum. huius aquae fontes nulli sunt: venis quibusdam constabat, quae interceptae sunt in
3 Iulia. caput ergo eius observandum est a piscina Iuliae.
4 ex ea enim primum accipit quinarias centum nonaginta, deinde statim ex Marcia quinarias nonaginta duas, praeterea ex Anione novo ad hortos Epaphroditianos quina-
5 rias centum sexaginta tres. fiunt omnes quinariae quadringentae quadraginta quinque: amplius, quam in commentariis, quinariis quadraginta quinque, quae in erogatione conparent.

69 Iuliae in commentariis adscriptus est modus quina-
2 riarum sexcentarum quadraginta novem. ad caput mensura iniri non potuit, quoniam ex pluribus adquisitionibus constat, sed ⟨ad⟩ sextum ab urbe miliarium universa in piscinam recipitur, ubi modus eius manifestis mensuris efficit quinarias mille ducentas sex: amplius, quam in commentariis, quinariis quingentis quinquaginta septem.
3 praeterea accipit prope urbem post hortos Pallantianos
4 ex Claudia quinarias centum sexaginta duas. est omne Iuliae in acceptis: quinariae mille trecentae sexaginta
5 octo. ex eo dat in Tepulam quinarias centum nonaginta,
6 erogat suo nomine octingentas tres. fiunt quas erogat quinariae nongentae nonaginta tres: amplius, quam in commentariis habet, quinariis trecentis quadraginta quattuor: minus, quam in piscina habere possumus, ducentis decem tribus, quas ipsas apud eos, qui sine beneficiis principis usurpabant, deprehendimus.

70 Virgini in commentariis adscriptus est modus quina-
2 riarum sexcentarum quinquaginta duarum. huius mensuram ad caput inveniri non potuit, quoniam ex pluribus
3 adquisitionibus constat et lenior rivo⟨m⟩ intrat. prope urbem tamen ad miliarium septimum in agro qui nunc est Ceionii Commodi, ubi velociorem iam cursum habet, mensuram egi quae efficit quinariarum duo milia quingentas quattuor: amplius, quam in commentariis, qui-
4 nariis mille octingentis quinquaginta duabus. adprobatio nostra expeditissima est; erogat enim omnes quas mensura deprendimus, id est duo milia quingentas quattuor.

71 Alsietinae conceptionis modus nec in commentariis adscriptus est nec in re praesenti certus inveniri potuit, cum ex lacu Alsietino et deinde circa Careias ex ⟨S⟩abatino ⟨tantum accipiat⟩ quantum aquarii temperа-
2 verunt. Alsietina erogat quinarias trecentas nonaginta duas.

72 Claudia abundantior aliis maxime iniuriae exposita est.
2 in commentariis habet non plus quinariis duobus milibus octingentis quinquaginta quinque, cum ad caput invenerim quinariarum quattuor milia sexcenta⟨s⟩ septem: amplius, quam in commentariis, mille septingentis quin-
3 quaginta duabus. adeo autem nostra certior est mensura, ut ad septimum ab urbe miliarium in piscina, ubi indubitatae mensurae sunt, inveniamus quinarias tria milia trecenta⟨s⟩ decem duas: plus, quam in commentariis, quadringentis quinquaginta septem, quamvis et ex beneficiis ante piscinam eroget et plurimum subtrahi deprehenderimus ideoque minus inveniatur, quam re vera esse debeat, quinariis mille ducentis nonaginta quinque. [et]
4 circa erogationem autem fraus adparet, quae neque ad commentariorum fidem neque ad eas quas ad caput egimus mensuras, neque ad illas saltem, ⟨quae⟩ ad piscinam
5 post tot iniurias ⟨factae⟩ sunt, convenit. sola⟨e⟩ enim quinariae mille septingentae quinquaginta erogantur: minus, quam commentariorum ratio dat, quinariis mille centum quinque: minus autem, quam ad caput factae demonstraverunt, quinariis duobus milibus octingentis quinquaginta septem: minus etiam, quam in piscina invenitur, quinariis mille quingentis sexaginta
6 duabus. ideoque cum sincera in urbem proprio rivo perveniret, in urbe miscebatur cum Anione novo, ut confusione facta et conceptio earum et erogatio esset obscu-

7 rior. quod si qui forte me adquisitionum mensuris blandiri putant, admonendi sunt adeo Curtium et Caerulum fontes aquae Claudiae sufficere ad praestandas ductui suo quinarias quas significavi quattuor milia sexcenta⟨s⟩
8 septem, ut praeterea mille sexcentae effundantur. nec eo infitias quin ea quae superfluunt non sint proprie horum fontium; capiuntur enim ex Augusta, quam inventam in Marciae supplementum, dum illa non indiget, adiecimus fontibus Claudiae, quamvis ne huius quidem ductus omnem aquam recipiat.

73 Anio novus in commentariis habere ponebatur quina-
2 rias tria milia ducentas sexaginta tres. mensus ad caput repperi quinarias quattuor milia septingentas triginta octo: amplius, quam in conceptis commentariorum est,
3 quinariis mille quadringentis septuaginta quinque. quarum adquisitionum non avide me amplecti quo alio modo manifestius probem, quam quod in erogatione ipsorum
4 commentariorum maior pars earum continetur? erogantur enim quinariarum quattuor milia ducentae undecim, ⟨cum⟩ alioquin in eisdem commentariis inveniatur conceptio non amplius quam trium milium ducentarum sexaginta trium. praeterea intercipi non tantum quingentas
5 viginti septem, quae inter mensuras nostras et erogationem intersunt, ⟨sed⟩ longe ampliorem modum deprendi.
6 ex quo adparet etiam exuberare conprehensam a nobis mensuram, cuius rei ratio est, quod vis aquae rapacior, ut ex largo et celeri flumine excepta, velocitate ipsa ampliat modum.

74 Non dubito aliquos adnotaturos, quod longe maior copia actis mensuris inventa sit, quam erat in commen-
2 tariis principum. cuius rei causa est error eorum, qui ab initio quam diligenter uniuscuiusque fecerunt aestima-
3 tionem. ac ne metu aestatis aut siccitatum in tantum a veritate eos recessisse credam, obstat illud quod ips⟨e actis⟩ mensuris Iulio mense hanc uniuscuiusque copiam, quae supra scripta est, tota deinceps aestate durantem
4 exploravi. quaecumque tamen est causa quae praecedit, illud utique detegitur, decem milia quinariarum intercidisse, dum beneficia sua principes secundum modum

75 ⟨in⟩ commentariis adscriptum temperant. sequens diversitas est quod alius modus concipitur ad capita, alius nec exiguo minor in piscinis, minimus deinde distribu-
2 tione continetur. cuius rei causa est fraus aquariorum, quos aquas ex ductibus publicis in privatorum usus deri-
3 vare deprehendimus. sed et plerique possessorum, [e] quorum agris aqua circumducitur, [unde] formas rivorum perforant, unde fit ut ductus publici hominibus pri-
76 vatis vel ad hortorum ⟨usum⟩ itinera suspendant. ac de vitiis eiusmodi nec plura nec melius dici possunt, quam a Caelio Rufo dicta sunt in ea contione, cui titulus est ,,de
2 aquis''. quae nunc nos omnia simili licentia usurpare utinam non per offensas probaremus: inriguos agros, tabernas, cenacula etiam, corruptelas denique omnes
3 perpetius salientibus instructas invenimus. nam quod falsis titulis aliae pro aliis aquae erogabantur, inter sunt
4 leviora ceteris vitia. inter ea tamen, quae emendationem videbantur exigere, numerandum est, quod fere circa
5 montem Caelium et Aventinum accidit. qui colles, priusquam Claudia perduceretur, utebantur Marcia et Iulia.
6 sed postquam Nero imperator Claudiam opere arcuato altius exceptam usque ad templum divi Claudii perduxit, ut inde distribueretur, priores non ampliatae sed omissae
7 sunt. nulla enim castella adiecit, sed isdem usus est, quorum quamvis mutata aqua vetus adpellatio mansit.

77 Satis iam de modo cuiusque et velut nova quadam adquisitione aquarum et fraudibus et vitiis quae rela-
2 ea erant dictum est. superest ut erogationem, quam confertam et, ut sic dicam, in massa invenimus, immo etiam falsis nominibus positam, per nomina aquarum, uti quae-

3 que se habet, et per regiones urbis digeramus. cuius conprehensionem scio non ieiunam tantum sed etiam
4 perplexam videri posse. ponemus tamen quam brevissime,
5 ne quid velut formulae officii desit. iis quibus sufficiet cognovisse summa, licebit transire leviora.

78 Fit ergo distributio quinariarum quattuordecim milium decem et octo, ita ut quinariae DCCLXXI, quae ex quibusdam aquis in adiutorium aliarum dantur et bis in speciem erogationis cadunt, semel in conputationem veniant.
2 ex his dividuntur extra urbem quinariae quattuor milia sexaginta tres:
ex quibus nomine Caesaris quinariae mille septingentae decem et octo,
privatis quinariae ∞ ∞ CCCXXXXV.
3 reliquae intra urbem ⟨novem⟩ milia nongentae quinquaginta quinque distribuebantur in castella ducenta quadraginta septem:
⟨ex⟩ quibus erogabantur sub nomine Caesaris quinariae mille septingentae septem semis,
privatis quinariae tria milia octingentae quadraginta septem,
usibus publicis quinariae quattuor milia quadringentae una:
ex eo castris duo⟨devig⟩inti ⟨qui⟩nariae ducenta⟨e⟩ septuaginta novem,
operibus publicis LXX⟨XX⟩ quinque quinariae ∞ ∞ CCCI,
muneribus triginta novem quinariae CCCLXXXVI,
lacibus quingentis nonaginta uni quinariae ∞ trecenta⟨e⟩ triginta quinque.
4 sed et haec ipsa dispensatio per nomina aquarum et regiones urbis partienda est.

79 Ex quinariis ergo quattuordecim milibus decem et octo, quam summam erogationibus omnium aquarum seposuimus, dantur nomine Appiae extra urbem quinariae tantummodo quinque, quoniam humilior ⟨ori⟩tur etiam ⟨p⟩etitoribus.
2 reliquae quinariae sescentae nonaginta novem intra urbem dividebantur per regiones secundam IIX VIIII XI XII XIII XIIII in castella viginti:
ex quibus nomine Caesaris quinariae centum quinquaginta una,
privatis quinariae centum nonaginta quattuor,
⟨usibus⟩ publicis quinariae trecenta⟨e⟩ quinquaginta quattuor:
ex eo castris I quinariae quattuor,
operibus publicis quattuordecim quinariae centum viginti tres,
muneri uni quinariae duo,
lacibus nonaginta duo quinariae ducentae viginti sex.

80 Anionis veteris erogabantur extra urbem
nomine Caesaris quinariae centum sexaginta novem,
privatis quinariae CCCCIIII.
2 reliquae quinariae mille quingentae octo semis intra urbem dividebantur per regiones primam III IIII V VI VII VIII VIIII XII XIIII in castella triginta quinque:
ex quibus nomine Caesaris quinariae sexaginta IV S,
privatis quinariae CCCCXC,
⟨usibus⟩ publicis quinariae quingentae LII:
ex eo castris unis quinariae quinquaginta,
operibus publicis XIX quinariae centum nonaginta sex,
muneribus novem quinariae octoginta octo,
lacibus nonaginta quattuor quinariae ducentae decem et octo.

81 Marciae erogabantur extra urbem
nomine Caesaris quinariae CCLXIS.
2 reliquae quinariae mille quadringentae septuaginta duae intra urbem dividebantur per regiones primam tertiam quartam V VI VII VIII VIIII X XIII XIIII in castella quinquaginta unum:

ex quibus nomine Caesaris quinariae CXVI,
privatis quinariae quingentae quadraginta tres,
⟨usibus publicis quinariae XDI:
ex eo⟩ castris IIII quinariae XLIIS,
operibus publicis quindecim quinariae XLI,
muneribus XII quinariae CIIII,
lacibus CXIII quinariae CCLVI.

82 Tepulae erogabantur extra urbem
nomine Caesaris quinariae LVIII,
privatis quinariae quinquaginta sex,
2 reliquae quinariae CCCXXXI intra urbem dividebantur per regiones quartam V VI VII in castella XIIII:
ex quibus nomine Caesaris quinariae XXXIIII,
privatis quinariae CCXXXVII,
usibus publicis quinariae quinquaginta:
ex eo castris I quinariae duodecim,
operibus publicis III quinariae septem,
lacibus XIII quinariae XXXII.

83 Iulia fluebat extra urbem
nomine Caesaris quinariis LXXX quinque,
privatis quinariis CXXI.
2 reliquae quinariae quingentae quadraginta octo intra urbem dividebantur per regiones secundam III V VI VIII X XII in castella decem et septem:
ex quibus nomine Caesaris quinariae decem et octo,
⟨privatis quinariae CLXXXVI?⟩,
usibus publicis quinariae CCCLXXXIII:
ex eo castris ⟨II?⟩ quinariae quinquaginta novem,
operibus publicis ⟨XI?⟩ quinariae CXXCI,
muneribus ⟨III?⟩ quinariae sexaginta septem,
lacibus viginti octo quinariae sexaginta quinque.

84 Virginis nomine exibant intra urbem quinariae ducen-
2 tae. reliquae quinariae duo milia trecentae quattuor intra urbem dividebantur per regiones septimam nonam quarta⟨m⟩decimam in castella decem et octo:
ex quibus nomine Caesaris quinariae quingentae novem,
privatis quinariae CCCXXXVIII,
usibus publicis ⟨quinariae⟩ ∞ C⟨D⟩LVII:
ex eo muneribus II quinariae XXVI,
lacibus viginti quinque quinariae quinquaginta una,
3 operibus publicis sedecim quinariae ∞ CCCLXXX. in quibus per euripo, cui ipsa nomen dedit, quinariae CCCCLX.

85 Alsietinae quinariae trecenta⟨e⟩ nonaginta duo. haec tota extra urbem consumitur.
nomine Caesaris quinariae CC quinquaginta quattuor,
privatis quinariae centum triginta octo.

86 Claudia et Anio novus extra urbem proprio quaeque rivo erogabantur, intra urbem confundebantur.
2 et Claudia quidem extra urbem dabat
nomine Caesaris quinarias CCXLVI,
privatis quinarias CCCCXX novem;
Anio novus nomine Caesaris quinarias septingentas viginti octo.
3 reliquae utriusque quinariae tria milia quadringentae nonaginta octo intra urbem dividebantur per regiones urbis XIIII in castella nonaginta duo:
ex quibus nomine Caesaris quinariae octingentae XVI,
privatis quinariae ∞ ⟨D⟩ sexaginta septem,
usibus publicis quinariae ∞ ⟨C⟩XV:
ex eo castris novem quinariae centum quadraginta novem,
operibus publicis decem et octo quinariae CCCLXXIIII,
muneribus XII quinariae centum septem,
lacibus ⟨C⟩C viginti sex quinariae CCCCXCV.

87 Haec copia aquarum ad Nervam imperatorem usque
2 conputata ad hunc modum discribebatur. nunc providentia diligentissimi principis quicquid aut fraudibus aquariorum intercipiebatur aut inertia pervertebat⟨ur⟩, quasi
3 nova inventione fontium adcrevit. ac prope duplicata ubertas est et tam sedula deinde partitione distributa, ut regionibus quibus singulae serviebant aquae plures darentur, tamquam Caelio et Aventino in quos sola Clau-

dia per arcus Neronianos ducebatur, quo fiebat ut, quotiens refectio aliqua intervenisset, celeberrimi colles siti-
4 rent. quibus nunc plures aquae, et in primis Marcia reddita ampliore opere a S⟨p⟩e in Aventinum usque
5 perducitur. atque etiam omni parte urbis lacus tam novi quam veteres plerique binos salientes diversarum aquarum acceperunt, ut si casus alterutram inpedisset, altera
88 sufficiente non destitueretur usus. sentit hanc curam imperatoris piissimi Nervae principis sui regina et domina orbis in dies, quae terrarum dea consistit, cui par nihil et nihil secundum, et magis sentiet salubritas eiusdem aeternae urbis aucto castellorum, operum, munerum et
2 lacuum numero. nec minus ac privatos commodum ex incremento beneficiorum eius diffunditur; illi quoque, qui timidi inlicitam aquam ducebant, securi nunc ex bene-
3 ficiis fruuntur. ne pereuntes quidem aquae otiosae sunt: ablatae causae gravioris caeli, munda viarum facies, purior spiritus, quique apud veteres se⟨mper⟩ urbi infa-
4 mis aer fuit est remotus. non praeterit me, deberi operi novae erogationis ordinationem; sed haec cum incremento adiuncserimus, intelligi oportet, non esse ea ponenda nisi
89 consummata fuerint. quid quod ne⟨c⟩ hoc diligentiae principis, quam exactissimam civibus suis praestat, sufficit, parum praesidi⟨s⟩ ac voluptatibus nostris contulisse sese credentis, quod tantam copiam adiecit, nisi eam
2 ipsa⟨m⟩ sinceriorem iocundioremque faciat? operae pretium est ire per singula, per quae ille occurrendo vitiis
3 quarundam universis adiecit utilitatem. etenim quando civitas nostra, cum vel exigui imbres supervenerant, non
4 turbulentas limosasque aquas habuit? nec quia haec universis ab origine natura est, aut quia istud incommodum sentire debea⟨n⟩t quae capiuntur ex fontibus, in primis Marcia et Claudia ac reliquae, quarum splendor a capite integer nihil aut minimum pluvia inquinatur si
90 p⟨u⟩tea extructa et obiecta sint. duae Aniensis minus permanent limpidae, nam sumuntur ex flumine ac saepe etiam sereno turbantur, quoniam Anio quamvis purissimo defluens lacu mob⟨i⟩libus tamen cedentibus ripis aufert
2 aliquid quo turbetur, priusquam deveniat in rivos. quod incommodum non solum hibernis ac vernis, sed etiam aestivis imbribus sentit, quo tempore [exiit] gratior aqua-
91 rum sinceritas exigitur. et uter quidem ex his, id est Anio vetus, cum plerisque libra sit inferior, incommodum intra
2 se tenet. novus autem Anio vitiabat ceteras; nam cum editissimus veniat et in primis abundans, defectioni
3 aliarum succurrit. inperitia vero aquariorum deducentium in alienos eum specus frequentius, quam explemento opus erat, etiam sufficientes aquas inquinabat, maxime Claudiam quae per multa milia passuum proprio ducta rivo, Romae demum cum Anione permixta in hoc tempus
4 perdebat proprietatem. adeoque † obvenientibus non succurrebatur, ut pleraeque accerserentur per imprudentiam non uti[n] dignum erat aquae patientium. ipsam frigore ac splendore gratissimam balneis ac fullonibus et relatu quoque foedis ministeriis deprehendimus
92 servientem. omnes ergo discerni placuit, tum singulas ita ordinari ut in primis Marcia potui tota serviret et deinceps reliquae secundum suam quaeque qualitatem aptis usibus adsignarentur, sic ut Anio vetus pluribus ex causis, quo inferior venit, minus salubris in hortorum rigationem atque in ipsius urbis sordidiora exiret ministe-
93 ria. nec satis fuit principi nostro ceterarum restituisse copiam et gratiam; Anionis quoque novi vitia excludi
2 posse vidit. omisso enim flumine ⟨aquam⟩ repeti ex lacu qui est super villam Neronianam Sublaquensem. ubi
3 limpidissima est, iussit. nam cum oriatur Anio supra Trebam Augustam, seu quia per saxosos montes decurrit pauci⟨s⟩ is circa ipsum oppidum obiacentibus cultis, seu quia lacuum altitudine[m] in quo⟨s⟩ excipitur velut defaecatur, inminente quoque nemorum opacitate

inumbratus, frigidissimus simul ac splendidissimus eo
4 pervenit. haec tam felix proprietas aquae omnibus dotibus aequatura Marciam, copia vero superatura veniet in locum deformis illius ac turbidae, novum auctorem imperatorem Caesarem Nervam Traianum Augustum praescribente titulo.
94 Sequitur ut indicemus quod ius ducendae tuendaeque sit aquae, quorum alterum ad cohibendos intra modum impetrati beneficii privatos, alterum ad ipsorum ductuum
2 pertinet tutelam. in quibus, dum altius repeto leges de singulis ⟨a⟩qui⟨s⟩ lata⟨s⟩, quaedam apud veteres aliter
3 observata inveni. apud antiquos omnis aqua in usus publicos eroga⟨ba⟩tur et cautum ita fuit: ,,ne quis privatus aliam ⟨aquam⟩ ducat, quam quae ex lacu humum accidit" – haec enim sunt verba eius legis – id est quae ex
4 lacu abundavit; eam nos caducam vocamus. et haec ipsa non in alium usum quam in balnearum aut fullonicarum dabatur, eratque vectigalis statuta mercede quae in
5 publicum penderetur. ex quo manifestum est quanto potior fuerit cura maioribus communium utilitatium quam privatarum voluptatium fuerit, cum etiam ea aqua quam
6 privati ducebant ad usum publicum pertineret. aliquid et in domos principum civitatis dabatur concedentibus
95 reliquis. ad quem autem magistratum ius dandae vendendaeve aquae pertinuerit, in iis ipsis legibus variatur.
2 interdum enim ab aedilibus, interdum a censoribus permissum invenio: sed adparet, quotiens in re publica censores erant, ab illis potissimum petitum, cum ii non
96 erant, aedilium eam potestatem fuisse. tutelam autem singularum aquarum locari solitam invenio positamque redemptoribus necessitatem habendi certum numerum circa ductus extra urbem, certum in urbe servorum opificum habendi, et quidem ita ut nomina quoque eorum, quos habituri essent in ministerio per quasque regiones, in tabulas publicas deferrent; eorumque operum probandorum curam fuisse penes censores aliquando et aediles, interdum etiam quaestoribus eam provinciam obvenisse, ut adparet ex S. C. quod factum est C. Licinio et ⟨Q.⟩
97 Fabio cos. [censoribus]. quanto opere autem curae fuerit ne quis violare ductus aquamve non concessam derivare auderet, cum ex multis adparere posset, tum et ex hoc quod Circus maximus ne diebus quidem ludorum circensium nisi aedilium aut censorum permissu irrigabatur,
2 quod durasse etiam postquam res ad curatores transiit
3 sub Augusto, apud Ateium Capitonem legimus. agri vero, qui aqua publica contra legem essent inrigati, publica-
4 bantur. mancipi etiam, si cum eo quem ⟨constaret⟩
5 adversus legem fecisse, multa diceba[n]tur. in isdem legibus adiectum est ita: ,,ne quis aquam oletato dolo malo,
6 ubi publice saliet. si quis oletarit, sestertiorum decem
7 milium multa esto." [oletato videtur esse olidam facito.]
8 cuius rei causa aediles curules iubebantur per vicos singulos ex iis qui in unoquoque vico habitarent praediave haberent binos praeficere, quorum arbitratu aqua in
98 publico saliret. primus M. Agrippa post aedilitatem, quam gessit consularis, operum suorum et munerum velut per-
2 petuus curator fuit. qui iam copia permittente discripsit, quid aquarum publicis operibus, quid lacibus, quid pri-
3 vatis daretur. habuit et familiam propriam aquarum,
99 quae tueretur ductus atque castella et lacus. hanc Augustus hereditate ab eo sibi relictam publicavit. post eum
2 Q. Aelio Tuberone Paulo Fabio Maximo cos. in re, quae usque in id tempus quasi potestate acta certo iure eguisse⟨t⟩, senatus consulta ⟨f⟩acta sunt ac lex promul-
3 gata. Augustus quoque edicto conplexus est, quo iure uterentur qui ex commentariis Agrippae aquas haberent,
4 tota re in sua beneficia translata. modulos etiam, de quibus dictum est, constituit et rei continendae exercendaeque curationis fecit Messalam Corvinum, cui adiutores dati Postumius Sulpicius praetorius et Lucius Cominius

5 pedarius. insignia eis quasi magistratibus concessa, deque eorum officio senatus consultum factum, quod infra scriptum est. [S. C.]
100 ,,Quod Q. Aelius Tubero Paulus Fabius Maximus cos. V. F. de iis qui curatores aquarum publicarum ex consensu senatus a Caesare Augusto nominati essent ordinandis, D. E. R. Q. F. P. D. E. R. I. C. placere huic ordini, eos qui aquis publicis praeessent, cum eius rei causa extra urbem essent, lictores binos et servos publicos ternos, architectos singulos et scribas et librarios, accensos praeconesque totidem habere, quot habent ii per quos
2 frumentum plebei datur. cum autem in urbe eiusdem rei causa aliquid agerent, ceteris apparitoribus iisdem praeter-
3 quam lictoribus ⟨uti⟩. utique quibus apparitoribus ex hoc senatus consulto curatoribus aquarum uti liceret, eos diebus decem proximis, quibus senatus consultum factum esset, ad aerarium deferrent; quique ita delati essent, iis praetoris aerarii merced⟨m⟩ cibaria, quanta praefecti frumento dando dare deferreque solent, annua darent et adtribuerent; iisque eas pecunias sine fraude sua
4 facere liceret. utique tabulas, chartas ceteraque quae eius curationis causa opus essent iis curatoribus praebenda Q. Aelius Paulus Fabius cos. ambo alterve, si is videbitur, adhibitis praetoribus qui aerario praesint, ea praebenda
101 locent. itemque cum viarum curatores [que] frumentique parte quarta anni publico fung[eb]antur ministerio, ut curatores aquarum iudiciis vacent privatis publicisque."
2 apparitores et ministeria, quamvis perseveret adhuc aerarium in eos erogare, tamen esse curatorum videntur
3 desisse inertia ac segnitia non agentium officium. egressis autem urbem dumtaxat agendae rei causa senatus praesto
4 esse lictores iusserat. nobis circumeuntibus rivos fides nostra et auctoritas a principe data pro lictoribus erit.
102 Cum perduxerimus rem ad initium curatorum, non est alienum subiungere qui post Messalam huic officio ad nos usque praefuerint.
2 Messalae successit Planco et Silio cos. Ateius Capito.
3 Capitoni ⟨C. Asinio Pollione⟩ C. Antistio Vetere cos. Tarius Rufus.
4 Tario [et] Ser⟨v⟩io Cornelio Cethego L. Visellio Varrone consulibus M. Cocceius Nerva, divi Nervae avus, scientia etiam iuris industris.
5 huic successit Fabio Persico L. Vitellio cos. C. Octavius Laenas.
6 Laenati Aquila Iuliano et Nonio Asprenate consulibus M. Porcius Cato.
7 huic successit post † quem Ser. Asinio Celere ⟨Sex.⟩ Nonio Quintiliano consulibus A. Didius Gallus.
8 Gallo Q. Veranio et Pompeio Longo cos. Cn. Domitius Afer.
9 Afro Nerone Claudio Caesare IIII et Cosso Cossi f. consulibus L. Piso.
10 Pisoni Verginio Rufo et Memmio Regulo consulibus Petronius Turpilianus.
11 Turpiliano Crasso Frugi et Laecanio Basso consulibus P. Marius.
12 Mario Luccio Telesino et Suetonio Paulino cos. Fonteius Agrippa.
13 Agrippae Silio et Galerio Trachalo cos. Albius Crispus.
14 Crispo Vespasiano III et Cocceio Nerva cos. Pompeius Silvanus.
15 Silvano ⟨Domitiano II⟩ Valerio Messalino consulibus Tampius Flavianus.
16 Flaviano Vespasiano V Tito III consulibus Acilius Aviola.
17 post quem imperatore Nerva III et Verginio Rufo III consulibus ad nos cura translata est.
103 Nunc quae observare curator aquarum debeat et legem senatusque consulta ad instruendum actum pertinentia
2 subiungam. circa ius ducendae aquae in privatis observanda sunt, ne quis sine litteris Caesaris, id est ne quis

aquam publicam non impetratam, et ne quis amplius
3 quam impetravit ducat. ita enim efficiemus ut modus, quem adquiri diximus, possit ad novos salientes et ad
4 nova beneficia principis pertinere. in utroque autem magna cura multiplici opponenda fraudi est: sollicite subinde ductus extra urbem circumeundi ad recognoscenda beneficia; idem in castellis et salientibus publicis faciendum, ut sine intermissione diebus ⟨et noctibus⟩
5 aqua fluat. quod statuenda quoque consulto facere curator iubetur, cuius haec [quoque] verba sunt:
104 „Quod Q.⟩ Aelius Tubero Paulus Fabius Maximus cos. V. F. de numero publicorum salientium qui in urbe essent intraque aedificia urbi coniuncta, quos M. Agrippa fecisset, Q. F. P. D. E. R. I. C. neque augeri placere nec minui ⟨numerum⟩ publicorum salientium, quos nunc ⟨CV⟩ esse retulerunt ii, quibus negotium a senatu est imperatum ut inspicerent aquas publicas inirentque
2 numerum salientium publicorum. itemque placere curatores aquarum, quos S. C. Caesar Augustus ex senatus auctoritate nominavit, dare operam uti salientes publici quam adsiduissime interdiu et noctu aquam in usum populi funderent."
3 In hoc senatus consulto crediderim adnotandum quod senatus tam augeri quam minui salientium publicorum
4 numerum vetuerit. id factum existimo, quia modus aquarum quae is temporibus in urbem veniebant, antequam Claudia et Anio novus perducerentur, maiorem
105 erogationem capere non videbatur. qui aquam in usus privatos deducere volet, impetrare eam debebit et a principe epistulam ad curatorem adferre; curator deinde beneficio Caesaris praestare maturitatem et procuratorem
2 eiusdem officii libertum Caesaris protinus scribere. procuratorem autem primus Ti. Claudius videtur admovisse,
3 postquam Anionem novum et Claudiam induxit. quid contineat epistula, vilici⟨s⟩ quoque fieri notum debet, ne quando neglegentiam aut fraudem suam ignorantiae
4 colore defendant. procurator calicem eius moduli, qui fuerit impetratus, adhibitis libratoribus signari cogitet, diligenter intendat mensurarum quas supra diximus modum et positionis notitiam habeat, ne sit in arbitrio libratorum, interdum maioris luminis, interdum minoris
5 pro gratia personarum calicem probare. sed nec statim ab hoc liberum subiciendi qualemcumque plumbeam fistulam permittatur arbitrium, verum eiusdem luminis quo calix signatus est per pedes quinquaginta, sicut senatus consulto quod subiectum est cavetur.
106 „Quod Q. Aelius Tubero Paulus Fabius Maximus cos. V. F. quosdam privatos ex rivis publicis aquam ducere, Q. D. E. R. F. P. D. E. R. I. C. ne cui privato aquam ducere ex rivis publicis liceret, utique omnes ii quibus aquae ducendae ius esset datum ex castellis ducerent, animadverterentque curatores aquarum, quibus locis intra extra urbem apte castella privati facere possent, ex quibus aquam ducerent quam ex castello communem
2 accepissent a curatoribus aquarum. ne cui eorum quibus aqua daretur publica ius esset, intra quinquaginta pedes eius castelli, ex quo aquam ducerent, laxiorem fistulam subicere quam † quinariam."
3 In hoc S. C. dignum adnotatione est, quod aquam non nisi ex castello duci permittit. ius impetratae aquae neque
107 heredem neque emptorem neque ullum novum dominum
2 praediorum sequitur. balneis quae publice lavarent privilegium antiquitus concedebatur, ut semel data aqua
3 perpetuo maneret. sic ex veteribus senatus consultis cognoscimus, ex quibus unum subieci. nunc omnis aquae cum possessore instaurator beneficium.
108 „Quod Q. Aelius Tubero Paulus Fabius Maximus cos. V. F. constitui oportere, quo iure intra extraque urbem ducerent aquas, quibus adtributae essent, Q. D. E.

R. F. P. D. ⟨E. R.⟩ I. ⟨C.⟩ uti usque eo maneret adtributio aquarum, exceptis quae in usum balinearum essent datae aut haustus nomine, quoad idem domini possiderent id solum, in quod accepissent aquam."
109 Cum vacare aliquae coeperunt aquae, adnuntiatur et in commentarios redigitur, qui respiciuntur ut petitoribus
2 ex vacuis dari possint. has aquas statim intercipere solebant, ut medio tempore venderent aut possessoribus
3 praediorum aut aliis etiam. humanius [etiam] visum est principi nostro, ne praedia subito destituerentur, triginta dierum spatium indulgeri, intra quod ii ad quos res perti-
4 neret ⟨* – *⟩. de aqua in praedia sociorum data nihil
5 constitutum invenio. perinde tamen observatur ac iure cautum, ut dum quis ex iis qui communiter impetraverunt superesset, totus modus praediis adsignatus flueret et tunc demum renovaretur beneficium, cum desisset
6 quisque ex iis quibus datum erat possidere. impetratam aquam alio, quam in ea praedia in quae data erit, aut ex alio castello, quam ex quo epistula principis continebit, duci palam non oportere; sed et mandatis prohibetur.
110 impetrantur autem et eae aquae quae caducae vocantur, id est quae aut ex castellis aut ex manationibus fistularum ⟨effluunt⟩, quod beneficium a principibus parcis-
2 sime tribui solitum. sed fraudibus aquariorum obnoxium est, quibus prohibendis quanta cura debeatur, ex capite mandatorum manifestum erit quod subieci.
111 „Caducam neminem volo ducere nisi qui meo beneficio
2 aut priorum principum habent. nam necesse est ex castellis aliquam partem aquae effluere, cum hoc pertineat non solum ad urbis nostrae salubritatem, sed etiam ad utilitatem cloacarum abluendarum".
112 Explicitis quae ad ordinationem aquarum privati usus pertinebant, non ab re est quaedam ex iis, quibus circumscribi saluberrimas constitutiones in ipso actu deprehen-
2 dimus, exempli causa attingere. ampliores quosdam calices, quam impetrati erant, positos in plerisque castellis
3 inveni et ex iis aliquos ne signatos quidem. quotiens autem signatus calix excedit legitimam mensuram, ambitio procuratoris qui eum signavit detegitur. cum vero
4 ne signatus quidem est, manifesta culpa omnium, maxime
5 accipientis, deprehenditur, deinde vilici. in quibusdam, cum calices legitimae mensurae signati essent, statim ampliores moduli fistulae subiectae fuerunt, unde acciderat ut aqua non per legitimum spatium coercita, sed per brevis angustias expressa facile laxiorem in proximo
6 fistulam impleret. ideoque illud adhuc, quotiens signatur calix, diligentiae adiciendum est, ut fistulae quoque proxumae per spatium, quod S. C. conprehensum dixi-
7 mus, signentur. ita demum enim vilicus cum scierit non aliter quam signatas conlocari debere, omni carebit
113 excusatione. circa conlocandos quoque calices observari oportet ut ad lineam ordinentur nec alterius inferior ca-
2 lix, alterius superior ponatur. inferior plus trahit; superior, quia cursus aquae ab inferiore rapitur, minus du-
3 cit. in quorumdam fistulis ne calices quidem positi fuerunt.
4 hae fistulae solutae vocantur et, ut aquario libuit, laxan-
114 tur vel coartantur. adhuc illa aquariorum intolerabilis fraus est: translata in novum possessorem aqua foramen novum castello inponunt, vetus relinquunt quo venalem
2 extrahunt aquam. in primis ergo hoc quoque emendan-
3 dum curatori crediderim. non enim solum ad ipsarum aquarum custodiam, sed etiam ad castelli tutelam perti-
115 net, quod subinde et sine causa foratum vitiatur. etiam ille aquariorum tollendus est reditus, quem vocant puncta. longa ac diversa sunt spatia, per quae fistulae tota
3 meant urbe latentes sub silice. has comperi per eum qui adpellabatur a punctis passim convulneratas omnibus in transitu negotiationibus praebuisse peculiaribus fistulis aquam, quo efficiebatur ut exiguus modus ad usus publi-
4 cos perveniret. quantum ex hoc modo aquae ser⟨v⟩atum

sit, aestimo ex eo quod aliquantum plumbi sublati⟨s⟩ eiusmodi ramis redactum est.
116 Superest tutela ductuum, de qua priusquam dicere incipiam, pauca de familia quae huius rei causa parata
2 est explicanda sunt. ⟨propriae aquarum⟩ familiae sunt
3 duae, altera publica, altera Caesaris. publica est antiquior, quam ab Agrippa relictam Augusto et ab eo publicatam diximus; habet homines circiter ducentos quadraginta.
4 Caesaris familiae numerus est quadringentorum sexaginta, quam Claudius cum aquas in urbem perduceret constituit.
117 utraque autem familia in aliquot ministeriorum species diducitur: vilicos, castellarios, circitores, silicarios, tecto-
2 res aliosque opifices. ex his aliquos extra urbem esse oportet ad ea quae non sunt magnae molitionis, maturum
3 tamen auxilium videntur exigere. homines in urbe circa castellorum et munerum stationes opera quaeque urgebunt, in primis ad subitos casus, ut ex conpluribus regionibus, in quam necessitas incubuerit, converti possit
4 praesidium aquarum abundantium. tam amplum numerum utriusque familiae solitum ambitione aut neglegentia praepositorum in privata opera diduci revocare ad aliquam disciplinam et publica ministeria ita instituimus, ut pridie quid esset actura dictaremus et quid quoque die
118 egisset actis conprehenderetur. commoda publicae familiae ex aerario dantur, quod inpendium exoneratur vecti-
2 galium reditu ad ius aquarum pertinentium. ea consta⟨n⟩t ex locis aedificiisve quae sunt circa ductus aut castella
3 aut munera aut lacus. quem reditum prope sestertiorum ducentorum quinquaginta milium alien⟨a⟩tum ac vagum, proximis vero temporibus in Domitiani loculos conversum iustitia divi Nervae populo restituit, nostra sedulitas ad certam regulam redegit, ut constaret quae essent ad hoc
4 vectigal pertinentia loca. Caesaris familia ex fisco accipit commoda, unde et omne plumbum et omnes inpensae ad ductus et castella et lacus pertinentes erogantur.
119 Quoniam quae videbantur ad familiam pertinere exposuimus, ad tutelam ductuum sicut promiseram divertemus, rem enixiore cura dignam, cum magnitudinis
2 Romani imperii vel praecipuum si⟨n⟩t indicium. multa atque ampla opera subinde nascuntur, quibus ante succurri debet quam magno auxilio egere incipiant, plerumque tamen prudenti temperamento festinanda, quia non semper opus aut facere aut ampliare quaerentibus cre-
3 dendum est. ideoque non solum scientia peritorum sed et proprio usu curator instructus esse debet, nec suae tantum stationis architectis uti, sed plurium advocare non minus fidem quam subtilitatem, ut aestimet quae repraesentanda, quae differenda sint, et rursus quae per redemp-
120 tores effici debeant, quae per domesticos artifices. nascuntur opera ex his causis: aut vetustate corrumpitur quid aut inpotentia possessorum aut vi tempestatium aut culpa male facti operis, quod saepius accidit in recentibus.
121 fere aut vetustate aut vi ⟨tempestatium⟩ partes ductuum laborant quae arcuationibus sustinentur aut montium lateribus adplicatae sunt, et ex arcuationibus ea⟨e⟩
2 quae per flumen traiciuntur. ideoque haec opera sollicita festinatione explicanda sunt. minus iniuriae subiacent subterranea nec gelicidiis nec caloribus exposita.
4 vitia autem eiusmodi sunt, ut aut non interpellato cursu subveniatur eis, aut emendari nisi averso non possint,
122 sicut ea quae in ipso alveo fieri necesse est. haec duplici ex causa nascuntur: aut enim limo concrescente, qui interdum in crustam induresit, iter aquae coartatur, aut tectoria corrumpuntur, unde fiunt manationes quibus
2 necesse est latera rivorum et substructiones vitiari. pilae quoque ipsae tofo extructae sub tam magno onere laburntur. refici raro circa alveos rivorum sunt aestate non
3 debent, ne intermittatur usus tempore quo praecipue desideratur, sed vere vel autumno et maxima cum festinatione, ut scilicet ante praeparatis omnibus quam pau-

cissimis diebus rivi cessent. neminem fugit, per singulos ductus hoc esse faciendum, ne, si plures pariter avertantur,
123 desit aqua civitati. ea quae non interpellato aquae cursu effici debent, maxime structura constant, quam et suis
2 temporibus et fidelem fieri oportet. idoneum structurae tempus est a Kalendis Aprilibus in Kalendas Novembres ita ut optimum sit intermittere eam partem aestatis quae nimiis caloribus incandescit, quia temperamento caeli opus est, ut ex commodo structura conbibat et in unitate⟨m⟩ conroboretur; non minus autem quam sol
3 acrior gelatio praecipit materiam. nec ullum opus diligentiorem poscit curam quam quod aquae obstaturum est; fides itaque eius per singula secundum legem notam
124 omnibus sed a paucis observatam exigenda est. illud nulli dubium esse crediderim, proximos ductus, id est qui a septimo miliario lapide quadrato consistunt, maxime custodiendos, quoniam et amplissimi operis sunt et
2 plures aquas singuli sustinent. quos si necesse fuerit interrumpere, maiorem partem aquarum urbis destitue⟨n⟩t.
3 remedia tamen sunt et huius ⟨modi⟩ difficultatibus: inchoatum excitatur ad libram deficientis, alveus vero plumbatis canalibus per spatium interrupti ductus rursus
4 continuatur. porro quoniam fere omnes specus per privatorum agros derecti erant et difficilis videbatur futurae inpensae praeparatio, nisi aliqua iuris constitutione succurreretur, simul ne accessu ad reficiendos rivos redemptores a possessoribus prohiberentur, S. C. factum est quod subieci.
125 „Quod Q. Aelius Tubero Paulus Fabius Maximus cos. V. F. de rivis, specibus, fornicibus ⟨a⟩quae Iuliae, Marciae, Appiae, Tepulae, Anienis reficiendis, Q. D. E. R. F. P. D. E. R. I. C. uti cum ii rivi, ⟨specus⟩, fornices, quos Augustus Caesar se refecturum impensa sua pollicitus senatui est, reficerentur, ex agris privatorum terram, limum, lapidem, testam, harenam, ligna ceteraque quibus ad eam rem opus esset, unde quaeque eorum proxime sine iniuria privatorum tolli, sumi, portari possint, viri ⟨boni⟩ arbitratu aestimata darentur, tollerentur, sumerentur, exportarentur; et ad eas res omnes exportandas earumque rerum reficiendarum causa, quotiens opus esset, per agros privatorum sine iniuria eorum itinera, actus paterent,
126 darentur." plerumque autem vitia oriuntur ex inpotentia
2 possessorum, qui pluribus modis rivos violant. primum enim spatia, quae circa ductus aquarum ex S. C. vacare
3 debent, aut aedificiis aut arboribus occupant. arbores magis nocent, quarum radicibus et concamerationes et
4 latera solvuntur. dein vicinales vias agrestesque per
5 ipsas formas derigunt. novissime aditus ad tutelam prae-
6 cludunt. quae omnia S. C. quod subieci provisa sunt.
127 „Quod Q. Aelius Tubero Paulus Fabius Maximus

cos. V. F. aquarum, quae in urbem venirent, itinera occupari monumentis et aedificiis et arboribus conseri, Q. F. P. D. E. R. I. C. cum ad reficiendos rivos specusque iter aquae et opera publica corrumpantur, placere circa fontes et fornices et muros utraque ex parte vacuos quinos denos pedes patere, et circa rivos qui sub terra essent et specus intra urbem et extra urbem continentia aedificia utraque ex parte quinos pedes vacuos relinqui ita ut neque monumentum in is locis neque aedificium post hoc tempus ponere neque conserere arbores liceret; si quae nunc essent arbores intra id spatium, exciderentur praeterquam
2 si quae villae continentes et inclusae aedificiis essent. si quis adversus ea conmiserit, in singulas res poena HS dena milia essent, ex quibus pars dimidia praemium accusatori daretur, cuius opera maxime convictus esset qui adversus hoc S. C. conmisisset, pars autem dimidia
3 in aerarium redigeretur. deque ea re iudicarent cognoscerentque curatores aquarum."
128 Posset hoc S. C. aequissimum videri, etiam ⟨si⟩ ex re tantum publicae utilitatis ea spatia vindicarentur, multo magis cum maiores nostri admirabili aequitate ne ea quidem eripuerint privatis quae ad ⟨com⟩modum publicum pertinebant, sed cum aquas perducerent, si difficilior possessor in parte vendunda fuerat, pro toto agro pecuniam intulerint et post determinata necessaria loca rursus eum agrum vendiderint, ut in suis finibus proprium ius
2 ⟨tam⟩ res publica quam privata haberent. plerique tamen non contenti occupasse fines, ipsis ductibus manus adtulerunt per suffossa latera passim cursus ⟨ * — * ⟩ ius aquarum impetratum habent, quam ii qui quantulumcumque beneficii ⟨impetrandi⟩ occasione ad expugnandos ⟨ * — *
3 duct⟩uum abutuntur. quid porro fieret, si non universa ista diligentissima lege prohiberentur poenaque non mediocris
4 contumacibus intentaretur? quare subscripsi verba legis.
129 „T. Quin⟨c⟩tius Crispinus consul populum iure rogavit populusque iure scivit in foro pro rostris aedis divi Iulii
2.3 p. K. Iulias. tribus Sergia principium fuit. pro tribu[s]
4 Sex. ⟨ * — * ⟩ L. f. Virro ⟨primus scivit⟩. quicumque post hanc legem rogatam rivos, specus, fornices, fistulas, tubulos, castella, lacus aquarum publicarum, quae ad urbem ducuntur, sciens dolo malo foraverit, ruperit, foranda rumpendave curaverit peiorave fecerit, quo minus eae aquae earumve quae qu⟨e⟩a⟨t⟩ in urbem Romam ire, cadere, fluere, pervenire, duci, quove minus in urbe Roma et in iis locis, aedificiis, quae urbi continentia sunt, erunt, in is hortis, praediis, locis, quorum hortorum, praediorum, locorum dominis possessoribus U. F. aqua data vel adtributa est vel erit, saliat, distribuatur, dividatur, in castella, lacus inmittatur, is populo Romano ⟨HS⟩ centum milia
5 dare damnas esto. et qui clam quid eorum ita fecerit, id

omne sarcire, reficere, restituere, aedificare, ponere et celere demolire damnas esto sine dolo malo; ⟨e⟩aque omnia ita ut coercenda multa dicenda sunt, quicumque curator aquarum est, erit, si curator aquarum nemo erit, tum is praetor qui inter cives et peregrinos ius dicet, multa[m], pignoribus cogito, exercito, eique curatori aut, si curator non erit, tum ei praetori eo nomine cogendi,
6 pignoris capiendi ius potestasque esto. si quid eorum servus fecerit, dominus eius HS centum milia populo
7 D. D. E. si quis ⟨locus⟩ circa rivos, specus, fornices, fistulas, tubulos, castella, lacus aquarum publicarum, quae ad urbem Romam ducuntur et ducentur, terminatus est et erit, neve quis in eo loco post hanc legem rogatam quid obponito, molito, obsaepito, figito, statuito, ponito, conlocato, arato, serito, neve in eum quid inmittito, praeterquam rerum faciendarum reponendarum causa,
8 [praeterquam] quod hac lege licebit, oportebit. qui adversus ea quid fecerit, et adversus eum siremps lex, ius causaque omnium rerum omnibusque esto, atque uti esset esseve oporteret, si is adversus hanc legem rivum, specum
9 rupisset forassetve. quo minus in eo loco pascere, herbam, fenum secare, sentes ************* curatores aquarum, qui nunc sunt quique erunt, ⟨ * — * ⟩ circa fontes et fornices et muros et rivos et specus terminatus est, arbores, vites, vepres, sentes, ripae, maceria⟨e⟩, salicta, harundineta tollantur, excidantur, effodiantur, excodicentur, uti quod recte factum esse volet; eoque nomine iis pignoris capio, multae dictio coercitioque esto; idque iis sine fraude sua facere licea⟨t⟩o, ius potestasque esto.
10 ************ quo minus vites, arbores, quae villis, aedificiis maceriisve inclusae sunt, maceriae, quas curatores aquarum causa cognita ne demolirentur dominis permiserunt, quibus inscripta insculptave essent ipsorum qui permissent curatorum nomina, maneant, hac lege
11 nihilum rogat[i]o. quo minus ex iis fontibus, rivis, specibus, fornicibus aquam sumere, haurire iis, quibuscumque curatores aquarum permiserunt, permiserint, praeterquam rota, calice, machina licea⟨t⟩, dum ne qui puteus neque foramen novum fiat, eius hac lege nihilum rogato."
130 Utilissimae legis contemptores non negaverim dignos poena quae intenditur, sed neglegentia longi temporis
2 deceptos leniter revocari oportuit. itaque sedulo laboravimus ut, quantum in nobis fuit, etiam ignorarentur qui
3 erraverant. is vero, qui admoniti ad indulgentiam imperatoris decucurrerunt, possumus videri causa impetrati
4 beneficii fuisse. in reliquo⟨m⟩ vero opto ne executio legis necessaria sit, cum officii fidem etiam per offensas tueri praestit⟨er⟩it.

Anmerkung

Der lateinische Text, herausgegeben von C. Kunderewicz, ist erschienen bei BSB B. G. Teubner Verlagsgesellschaft, Leipzig 1973.

Über Abflußmessung und Standardisierung bei den Wasserversorgungsanlagen Roms

Henning Fahlbusch

Dr.-Ing. Henning Fahlbusch
Technische Universität Braunschweig

1. Einführung

Als Sextus Julius Frontinus im Jahre 97 n. Chr. vom Kaiser Nerva mit dem Amt des curator aquarum betraut wurde, hat er für sich und seine Nachfolger die ihm wichtig erscheinenden Informationen zusammengetragen und in seinem Buch „Über die Wasserversorgung Roms" schriftlich niedergelegt. Diesen Aufzeichnungen verdanken wir heute recht genaue Kenntnisse über die einzelnen Leitungen mit ihren technischen Details, die Verteilung des Wassers in Rom und die Rechtsvorschriften, die sich auf Bau, Wartung und Betrieb des Wasserversorgungssystems beziehen.

Am Ende des 1. Jahrhunderts n. Chr. dürften in Rom vermutlich nahezu 1 000 000 Menschen gelebt haben, deren Wasserversorgung durch ein gut funktionierendes Leitungs- und Verteilungssystem gesichert war. Nach Frontin waren Wartung und Betrieb dieser Anlagen seit Augustus dem curator aquarum unterstellt (98)*. Für dieses angesehene Amt wurde oft eine der hervorragendsten Persönlichkeiten des Staates berufen (25). Sie trug die Verantwortung für eine quantitativ bedarfsdeckende und qualitativ befriedigende Versorgung der Bevölkerung mit Wasser und dessen gerechte Verteilung im Stadtbereich.

Voraussetzung für eine Verteilung des Wassers ist die Kenntnis der zur Verfügung stehenden Menge, die nur durch Messungen bestimmt werden kann. Frontin teilt in seinem Buch u.a. die Ergebnisse der Abflußmessungen in den einzelnen Leitungen mit, die er in der seinerzeit gebräuchlichen Abflußeinheit quinaria angibt. In der Vergangenheit wurde bereits mehrfach versucht, aus den Meßwerten des curators die täglich nach Rom geflossene Wassermenge zu ermitteln. Die Ergebnisse dieser Abschätzungen liegen z. T. sehr weit auseinander. Ziel dieses Aufsatzes soll sein, die Streuung der Schätzwerte für das in Rom am Ende des 1. Jahrh. n. Chr. zur Verfügung stehende Wasserdargebot einzugrenzen und dabei der römischen Abflußeinheit quinaria, die eine durchflossene Querschnittsfläche bezeichnet, Abflußwerte zuzuordnen.

Frontin führt große Unterschiede der durchflossenen Querschnittsflächen der einzelnen Leitungen vornehmlich auf Betrügereien zurück. Mögliche Ursachen für die großen Differenzen bei seinen Meßergebnissen sollen nach heutigem Wissen über hydraulische Zusammenhänge diskutiert werden.

Der curator beschreibt ferner in seinen Aufzeichnungen ein System standardisierter Rohrmaße, das wohl von Agrippa eingeführt und unter Augustus im Jahre 11 v. Chr. festgelegt wurde. Es unterscheidet sich deutlich von einem anderen, das auf den römischen Architekten Vitruv (um 20 v. Chr.) zurückgeht. Beide Systeme sollen miteinander verglichen und es soll die Frage untersucht werden, warum das Vitruvsche System relativ schnell aufgegeben wurde.

---

* Die Zahlenangaben in den Klammern beziehen sich auf die jeweiligen Abschnitte im Text Frontins.

2. Abschätzung des Abflusses der Leitungen Roms

Als Frontin im Jahre 97 n. Chr. das Amt des curator aquarum übernahm, bestand das Versorgungssystem Roms aus 9 Zuleitungskanälen (Fernwasserleitungen), die sich nach ihren Ursprungsgebieten wie folgt gliedern lassen:

a) aus dem oberen Aniotal:
  Aqua Marcia
  Aqua Claudia
  Aqua Anio Vetus
  Aqua Anio Novus

b) aus dem unteren Aniotal:
  Aqua Appia
  Aqua Virgo

c) vom Fuß der Albaner Berge:
  Aqua Tepula
  Aqua Iulia

d) aus dem Martignano See westlich des Tibers:
  Aqua Alsietina

Das Wasser der letztgenannten Leitung wurde wegen seiner schlechten Qualität nur in Notfällen zur Versorgung der Bevölkerung herangezogen. Die Leitung speiste im allgemeinen eine Naumachie und diente der Bewässerung. Der curator hatte daher das Wasser, das die Stadt in den 8 übrigen Zuleitungskanälen aus unterschiedlichen Richtungen und in unterschiedlichen Höhen erreichte, so zu verteilen, daß der Bedarf aller Abnehmer in den verschiedenen Stadtteilen gedeckt werden konnte. Voraussetzung für die Lösung dieser Aufgabe war die Kenntnis der verfügbaren Wassermenge, die nur durch Messungen gewonnen werden konnte.

Seit alters her waren Längen-, Flächen-, Hohlmaße und Gewichte bekannt. Für das Schöpfen von Wasser aus Brunnen oder Becken eigneten sich Hohlmaße zur quantitativen Bestimmung. Für ein in Leitungen ununterbrochen fließendes Wasservolumen gab es zur Mengenermittlung aus der Überlieferung oder aus der gängigen Meß- und Wägepraxis passende Einheiten nicht. Es ist heute bekannt, daß diese Einheit das auf die Zeit bezogene Volumen (m^3/s) ist. Die Römer vermochten noch nicht die Zeit quantitativ über die Geschwindigkeit in das Meßsystem einzubeziehen. Sie versuchten vielmehr, sich mit den gewohnten Dimensionen zu behelfen. So setzten sie die quinaria, die eine durchflossene Querschnittsfläche von 6,8 cm^2 nach Vitruv bzw. 4,2 cm^2 nach Frontin bezeichnete, als Abflußeinheit fest. Sie diente gleichzeitig als Grundeinheit bei der Standardisierung der Rohre.

Frontin berichtet, daß Agrippa eine quantitative Zumessung von Wasser auf die einzelnen Abnehmer festlegte (98). Auf ihn dürfte demnach wohl auch die Methode, das Wasser nach der durchflossenen Querschnittsfläche aufzuteilen, zurückgehen. Der Zeitpunkt, an dem dieses Zumeßprinzip eingeführt wurde, wird demnach kaum vor 33 v. Chr. gelegen haben.

Frontin erwähnt 130 Jahre später einen Zusammenhang zwischen Abfluß und Geschwindigkeit einerseits und zwischen Geschwindigkeit und Gefälle andererseits (35, 73). Diese Bemerkungen lassen darauf schließen, daß der curator aquarum ein ausgezeichneter Beobachter war, denn die Abflußgeschwindigkeit in den einzelnen benachbarten Kanälen differierte nicht sehr stark (vgl. Tabelle 2). Die Art seiner Ausführungen zeigte aber auch, daß er nicht vermochte, den Zusammenhang zwischen Abfluß, Querschnittsfläche und Geschwindigkeit quantitativ zu erfassen. In seiner Schrift setzt er die durchflossene Querschnittsfläche der Aqua Appia, die er

Tabelle 1:
Ergebnisse der
Abflußmessungen
Frontins [quinariae]

Leitung	Ort der Meßstelle		
	Wasserfassung	vor Rom	Verteiler
Aqua Appia		1825	704
Aqua Anio Vetus	4398	2362	1348
Aqua Marcia	4690	2944	1840
Aqua Tepula		445	445
Aqua Iulia		1206	803
Aqua Virgo		2504	2504
Aqua Alsietina			392
Aqua Claudia	4607	3312	1750
Aqua Anio Novus	4738		4211

in Quadratfuß errechnet hat, dem Abfluß in quinaria gleich (65). Ein Einfluß der Geschwindigkeit bzw. des Gefälles blieb demnach bei der Abflußbestimmung unberücksichtigt. Es wird also bis zur weiteren Verbreitung der Erkenntnisse Herons von Alexandria über die Abhängigkeit des Abflusses von Querschnittsfläche und von der Geschwindigkeit der Abfluß in Leitungen nur durch die Querschnittsfläche definiert worden sein (vgl. Beitrag „Wasserversorgungstechnik in römischer Zeit").

Frontin hat die Ergebnisse der Abflußmessungen an verschiedenen Stellen des Leitungssystems in seinen Schriften mitgeteilt. Mit diesen Überlieferungen ist es möglich, die tägliche Abflußmenge der Fernwasserleitungen abzuschätzen und der quinaria Abflußwerte (l/s) zuzuordnen. Derartige Abflußbestimmungen sind bereits mehrfach versucht worden. Die Ergebnisse für den täglichen Abfluß liegen dabei zwischen 450000 m³ (Eggers 1934) und 1000000 m³ (Ashby 1935). Die meisten Berechnungen basieren auf der Annahme einer Geschwindigkeit (z. B. Eggers (1934) 0,9 m/s in Freispiegelkanälen bzw. Kretzschmer (1934) 2 m/s im innerstädtischen Druckleitungssystem). Auch werden unterschiedliche Zahlen Frontins zur Schätzung herangezogen. Die einer quinaria zugeordneten Abflußwerte differieren. Sie liegen zwischen 0,088 l/s (Kretzschmer 1934) und 0,48 l/s (Ashby 1935, Bailhache 1977). Unter Einbeziehung archäologischer Befunde und der Zahlenangaben Frontins soll nachfolgend versucht werden, die Größenordnung der Rom zugeleiteten Wassermenge und damit den Abflußwert der quinaria genauer festzulegen.

Frontin hat die durchflossene Querschnittsfläche der einzelnen Leitungen an drei Stellen bestimmt (vgl. Tabelle 1):

a) unterhalb der Wasserfassungen
b) an ausgewählten Stellen (z. B. Absetzbecken) nahe der Stadt
c) an den Verteilerbecken

Berichte über die Art der Meßeinrichtungen gibt es nicht. Es ist wahrscheinlich, daß der curator an den Verteilerbecken die Querschnittsfläche der calices (mindestens 12 digiti – d. h. 22,2 cm – lange bronzene Anschlußrohre am Verteilerbauwerk, die die durchflossene Querschnittsfläche und somit den Durchfluß begrenzen sollten) addiert und so den Durchfluß an diesen Meßpunkten errechnet hat. Da Einzelheiten über Zahl und Größe der Rohranschlüsse an den Verteilerbecken ebenso wenig bekannt sind wie die Lagen der Rohrein- und -ausläufe in bezug auf die jeweiligen Beckenwasserspiegel, gestatten die Angaben Frontins über den Durchfluß an den Verteilerbauwerken eine Abschätzung der den einzelnen Stadtteilen zugeführten Wassermengen nicht.

Nach den Ausführungen Frontins wurde bei Freispiegelkanälen die durchflossene Querschnittsfläche durch Multiplikation der Abflußtiefe mit der Wasserspiegelbreite in Quadratfuß errechnet und dadurch der Abfluß (quinariae) bestimmt (65).

Da es über die Wasserfassungen und die anschließenden Kanalabschnitte nur wenig Informationen gibt, können die Meßergebnisse Frontins an diesen Stellen ebenfalls nicht näher ausgewertet werden. Über die Abmessungen und den Verlauf der Kanäle in der Campagna liegen jedoch ausreichend Daten vor, so daß hier der Abfluß aus den Zahlenangaben Fron-

Leitung	A Querschnittsfläche nach Frontin		b Breite n. Ashby	h Tiefe A/b	b' Breite	A' Fläche	I Gefälle	R Hydr. Radius		k Wider- stands- beiwert	v Geschwin- digkeit min.-max.*	Q Abfluß min.-max.*	EQ Quinaria min.-max.*
					versinterter Kanal				versint.				
	[quinariae]	[m²]	[m]	[m]	[m]	[m²]	[%]	[m]	[m]	[m^{1/3}/s]	[m/s]	[m³/s]	[l/s]
Aqua Appia	1825	0,77	1,67	0,46			0,05	0,30		70–75	0,70–0,74	0,53–0,57	0,29–0,31
Aqua Anio Vetus	2362	0,99	0,86	1,15	0,76	0,88	0,15	0,31	0,29	50–55	0,84–0,98	0,74–0,99	0,31–0,41
Aqua Marcia	2944	1,24	0,75	1,65	0,65	1,07	0,13	0,31	0,27	50–55	0,76–0,90	0,81–1,11	0,28–0,38
Aqua Tepula	445	0,19	0,63	0,30	0,65	1,07	0,13	0,15		70–75	0,72–0,77	0,13–0,14	0,30–0,32
Aqua Iulia	1206	0,51	0,50	1,01			0,13	0,20		70–75	0,86–0,92	0,44–0,47	0,36–0,39
Aqua Virgo	2504	1,05	1,33	0,79			0,025	0,36		70–75	0,56–0,60	0,59–0,63	0,24–0,25
Aqua Claudia	3312	1,39	1,14	1,22	1,04	1,27	0,13	0,39	0,37	50–55	0,92–1,06	1,17–1,47	0,35–0,44
												Σ 4,41–5,38 m³/s	

Tabelle 2: Abschätzung des Zuflusses nach Rom und Ermittlung des Abflußwertes je quinaria, basierend auf den Meßergebnissen Frontins in der Campagna und den Maßangaben Ashbys über die einzelnen Kanäle

* Die Unterschiede ergeben sich durch die Berücksichtigung von Sinterungen und verschiedener Widerstandsbeiwerte

tins über die durchflossene Querschnittsfläche abgeschätzt werden kann.

In Tabelle 2 sind die von Frontin für die Meßpunkte vor den Toren Roms in quinariae angegebenen Ergebnisse aufgelistet und in Quadratmeter umgerechnet. Die Abschätzung des Abflusses erfolgt nach der Formel

$$Q = A \cdot v \quad (m^3/s)$$

Hierin bedeuten:
Q = Abfluß   (m³/s)
v = Geschwindigkeit   (m/s)

Die Geschwindigkeit ergibt sich zu

$$v = k \cdot R^{2/3} \cdot I^{1/2} \quad (m/s)$$

Hierin bedeuten:
R = hydraulischer Radius A/U
  = Querschnittsfläche/benetzter Umfang (m)
I = Gefälle
k = Widerstandsbeiwert ($m^{1/3}/s$)

Mittelwerte für die geometrischen Parameter der einzelnen Leitungen in der Campagna können aus den Angaben Frontins und Ashbys gebildet werden. Da die Leitungen Roms ausnahmslos Rechteckprofil besaßen (vgl. Bild 1), ergibt sich für eine mittlere

Bild 1. Rechteckiger Querschnitt der Aqua Marcia in der Campagna bei Roma Vecchia.

Querschnittsbreite b (Mittelwert der von Ashby angegebenen Zahlen) die Abflußtiefe h der einzelnen Kanäle aus der Flächenangabe Frontins. Mit Kenntnis der Breite und Tiefe läßt sich der hydraulische Radius R errechnen.

Die Leitungen vom Oberlauf des Anio (die Aqua Anio Vetus, Aqua Marcia, Aqua Claudia und Aqua Anio Novus) führten kalkhaltiges Wasser mit der Folge einer Versinterung der Kanalsohle und -wangen (Bild 2). Der Wangensinter zeigte dabei im allgemeinen eine sich zur Sohle konisch verbreiternde Form, so daß auch in einem versinterten Kanal die Wasserspiegelbreite unverändert blieb. Bei einer Berücksichtigung der Spiegelbreite in einem versinter-

Bild 2. Sinterablagerungen im Querschnitt der Aqua Marcia bei Mandela.

Bild 3. Ausgebrochene Sinterplatten der aspendischen Leitung als Grabeinfassungen (rechts oben).

Bild 4. Versinterter Querschnitt der Aqua Anio Novus in Valle d'Empiglione (rechts unten).

ten Kanal wurde somit eine zu große Querschnittsfläche errechnet.

Die Ablagerungen wurden in gewissen Abständen aus den Leitungen herausgebrochen. Es ist nicht bekannt, wie stark die Sinterkrusten werden mußten, bis eine Anordnung zum Ausbruch erteilt wurde. In Aspendos (türkische Südküste) wurden ausgebrochene Sinterplatten von etwa 5 cm Stärke gefunden (Bild 3). Für die Abschätzung der Querschnittseinengung durch diese Kalkkrusten soll daher in einer Annäherung mit dem aspendischen Wert von 5 cm gerechnet werden.

Für die übrigen Leitungen Roms sind Sinterausfällungen nicht bekannt. Es kann daher angenommen werden, daß sie zur Zeit Frontins einen glatt verputzten Querschnitt aufwiesen.

Der Widerstandsbeiwert k eines Fließgerinnes hängt vor allem von der Gleichmäßigkeit des Querschnitts und von der Rauheit der Sohle und Wangen ab. Für versinterte Kanäle dürfte der Wert zwischen $k = 50 - 55$ m$^{1/3}$/s liegen, für gut verputzte Leitungen zwischen $k = 70 - 75$ m$^{1/3}$/s.

Das Gefälle I der einzelnen Leitungen wurde nach den Höhenangaben Ashbys für die Abschnitte vor den Toren Roms (vom Torre Fiscale in die Stadt) ermittelt. Für die Aqua Appia und Aqua Virgo hingegen liegen Höhenangaben nur im Stadtgebiet vor. In den von Frontin bezeichneten Quellgebieten dieser beiden Leitungen bildet eine Puzzolanschicht den Quellhorizont. Da die Lage dieser Schicht relativ genau bekannt ist, dürften mögliche Abweichungen von Ashbys Schätzungen (mittleres Gefälle 0,5 ⁰/₀₀ bei der Aqua Appia und 0,25 ⁰/₀₀ bei der Aqua Virgo) nicht groß sein und somit den Abfluß kaum beeinflussen.

Unter Berücksichtigung der aufgeführten Parameter ergibt sich nach Tabelle 2 ein Gesamtabfluß für die 7 Leitungen, deren Abfluß vor den Toren Roms von Frontin gemessen wurde, von zusammen minimal 4,41 m³/s (bei Berücksichtigung der kleinen k-Werte und einem Abzug der Sinterflächen) und maximal 5,38 m³/s (Berücksichtigung der größeren k-Werte und jeweils voller Kanalquerschnittsfläche). Aus dem Abfluß der einzelnen Leitungen kann die pro quinaria abgeflossene Wassermenge ermittelt werden. Diese Werte sind unterschiedlich. Der Minimalwert ergibt sich vor allem wegen des geringen Gefälles für die Aqua Virgo mit 0,24 l/s, der Maximalwert bei der Aqua Claudia mit 0,44 l/s. Eine Mittelung hätte hier höchstens statistische Bedeutung, eine physikalisch sinnvolle Aussage erlaubt das Mittel nicht.

Insgesamt führten zur Zeit Frontins jedoch 9 Leitungen nach Rom. Bei der Bestimmung des Gesamtwasserdargebots muß daher auch der Abfluß der Aqua Alsietina und der der Aqua Anio Novus berücksichtigt werden. Die durchflossene Querschnittsfläche der Aqua Alsietina wird von Frontin mit 392 quinariae angegeben (vgl. Tabelle 1). Aus der von Ashby angegebenen Kanalbreite von 0,87 m am Janiculum folgt, daß der hydraulische Radius der Aqua Alsietina klein gewesen sein muß. Daher dürfte ein Abfluß von 0,3 l/s je quinaria (unterer Wert der Aqua Tepula, die gleichfalls einen sehr kleinen hydraulischen Radius aufweist), angenähert zutreffen. Die Wasserführung der Aqua Alsietina ergibt sich unter diesen Voraussetzungen zu 0,12 m³/s.

Es verbleibt noch die Abschätzung der Wasserführung der Aqua Anio Novus. Diese Leitung verläuft durch die Campagna über der Aqua Claudia unter denselben Abflußbedingungen. An der Wasserfassung wurde von Frontin für beide Leitungen nahezu der gleiche durchflossene Querschnitt gemessen. Es liegt daher nahe, für die Aqua Anio Novus die gleichen Abflußwerte je quinaria anzusetzen wie für die Aqua Claudia. Frontin erwähnt unterhalb der Wasserfassungen einen Abfluß von 4738 quinariae, d.h. eine durchflossene Fläche von 1,99 m², und in Rom einen Abfluß von 4211 quinariae, d.h. 1,76 m², für diese Leitung (vgl. Tabelle 1). Aus den Sinterablagerungen im Querschnitt der Aqua Anio Novus im

Valle d'Empiglione (Bild 4) kann gefolgert werden, daß im Mittellauf der Leitung die durchflossene Querschnittsfläche noch rund 2 m² betrug. Wird für eine Meßstelle vor den Toren der Stadt die Zahl Frontins von 4211 quinariae als unterer Richtwert akzeptiert (bei den übrigen Leitungen waren die Meßwerte vor der Stadt nie kleiner als in Rom), so floß unter den erwähnten Voraussetzungen eine Wassermenge zwischen 1,47 und 1,85 m³/s (je nach angesetztem Widerstandsbeiwert und Sinterabzug) durch die Aqua Anio Novus. Damit ergibt sich ein Gesamtabfluß aller Leitungen von 6,0–7,35 m³/s bzw. 520 000–635 000 m³/Tag.

Dieser Abfluß dürfte über das ganze Jahr zur Verfügung gestanden haben, denn Frontin berichtet ausdrücklich, daß seine Meßergebnisse über den ganzen Sommer und somit über die Trockenperiode hinweg galten (74). Deshalb dürften niederschlagsbedingte Schwankungen der Quellschüttung den Abfluß in den Leitungen zumindest nicht negativ beeinflußt haben.

Unterbrechungen einzelner Leitungen infolge von Wartungs- bzw. Reparaturarbeiten führten zum Ausfall des jeweiligen Abflusses. Er wäre bei der Aqua Anio Novus maximal 1,85 m³/s am größten gewesen. Auf die zum Teil langdauernden Reparaturen, die wohl mit einer Absperrung des jeweiligen Kanals verbunden waren, ist im Beitrag „Wasserversorgungstechnik in römischer Zeit" eingegangen worden.

3. Frontins Schlußfolgerungen aus den Abflußmessungen

Die in Tabelle 1 aufgeführten Meßergebnisse der Abflüsse in den einzelnen Wasserleitungen zeigen, daß Frontin die größten durchflossenen Querschnittsflächen unterhalb der Wasserfassungen und die kleinsten an den Verteilerbecken beobachtet hat. Die Differenz zwischen den Abflüssen (quinariae) an den einzelnen Meßpunkten (bei den Wasserfassungen, nahe Rom, an den Verteilerbecken) führt er im wesentlichen auf Wasserdiebstahl und auf Undichtigkeiten der Leitung zurück. Im einzelnen nachgewiesene Betrügereien (75) und in Rom aufgefundene Schadstellen an der Aqua Appia (65) veranlaßten ihn offenbar zu dieser Meinung. Nachfolgend soll der Frage nachgegangen werden, wie weit diese Annahmen Frontins richtig sind.

Bei der Aqua Anio Vetus, der Aqua Marcia und der Aqua Claudia hat der curator an den Wasserfassungen die durchflossene Querschnittsfläche zu 13 695 quinariae bestimmt (vgl. Tabelle 1). In der Campagna betrug die entsprechende Fläche bei den 3 Leitungen nur noch 8618 quinariae, d.h. knapp 40% weniger als bei der ersten Meßstelle. Da nach dem Nivellement im Oberlauf der Leitung ein geringeres Gefälle als in der Campagna nicht festgestellt wurde (Reina et alia 1917), die geometrischen Parameter der Kanäle und der Widerstandsbeiwert im Ober- und Unterlauf aber generell gleich gewesen sein dürften, bedeutet der Unterschied in den Meßzahlen Frontins, daß vor den Toren Roms weniger Wasser durch die Kanäle floß als unterhalb der Fassung. Dieses Wasser ist entweder heimlich den Leitungen entnommen worden, oder durch Schadstellen auf den mehr als 50 km langen, meist unterirdischen Abschnitten der 3 Kanäle versickert. Frontins Interpretation der Differenz in seinen Meßergebnissen muß somit bestätigt werden.

In Tabelle 1 ergeben sich aber ebenfalls große Unterschiede zwischen den Meßergebnissen in der Campagna und den an den Verteilerbecken in der Stadt gewonnenen Werten. So hat Frontin für die Aqua

Marcia, Aqua Iulia und Aqua Claudia vor den Toren Roms einen Querschnitt von zusammen 7462 quinariae ermittelt, an den Verteilerbauwerken aber nur 4393 quinariae. Wird die durchflossene Querschnittsfläche mit dem Abfluß gleichgesetzt, muß aus den Zahlen gefolgert werden, daß zwischen den Absetzbecken in der Campagna und den Verteilern in Rom noch einmal viel Wasser verloren ging. Die Differenz der Abflußmenge dürfte aber kaum auf Schadstellen und Wasserdiebstähle zurückzuführen sein, da die Kanäle zwischen beiden Meßstellen fast auf ganzer Länge oberirdisch und somit sichtbar verliefen. Wasserverluste, sei es durch Undichtigkeiten der Kanäle oder durch Diebstahl, in dieser Größenordnung wären sicherlich beobachtet worden. Der Unterschied der Meßwerte muß also anders begründet sein.

Eine wahrscheinliche Erklärung liegt in den unterschiedlichen Abflußsystemen. Die Zuleitungen nach Rom waren Freispiegelkanäle. An die Verteilerbecken waren dagegen hauptsächlich Druckrohrleitungen angeschlossen. Die Gleichsetzung von Abflüssen pro Querschnittseinheit (quinaria) bei Freispiegelleitungen mit dem Durchfluß in Druckstrecken führt aber nur bei gleichen Geschwindigkeiten zu zutreffenden Rückschlüssen. Die Berechnung der Geschwindigkeit in Freispiegelkanälen ist bereits behandelt worden. In Druckrohrleitungen wird die Geschwindigkeit des Wassers hingegen maßgeblich durch die Höhendifferenz zwischen dem Wasserspiegel im Einlaufbecken und der Lage des Rohrauslaufes (Druckhöhe) und den Reibungsverlusten im Rohr zwischen Ein- und Auslauf beeinflußt. (So fließt das Wasser z.B. in einer 100 m langen Druckrohrleitung von 20 cm Durchmesser (angenommener Reibungsbeiwert $\lambda = 0{,}028$) und bei einer Druckhöhe von 2,0 m mit einer Geschwindigkeit von rund 1,6 m/s.) Genaue Nachrechnungen über die tatsächlichen Durchflußgeschwindigkeiten in den Verteilerbecken Roms sind nicht möglich, da die notwendigen Daten über die Rohrleitungen fehlen. Die Höhenlagen der 4 Leitungen aus dem oberen Aniotal und der zwei vom Fuß der Albaner Berge gestatteten beim Eintritt in die Stadt den Anschluß von Druckleitungen an die Verteilerbecken mit einer Druckhöhe von mehreren Metern. Unter diesen Voraussetzungen darf angenommen werden, daß das Wasser in den Druckleitungen mit größerer Geschwindigkeit als in den Freispiegelleitungen floß. Dadurch wäre der große Unterschied zwischen den durchflossenen Querschnittsflächen an den Meßstellen in der Campagna (große Fläche) bzw. an den Verteilerbauwerken (kleine Fläche) erklärt.

Frontin unterlief mit der Gleichsetzung des Abflusses pro Querschnittseinheit bei Freispiegel- bzw. bei Druckrohrleitungen in Unkenntnis der physikalischen Verhältnisse ein beim damaligen Stand der Kenntnisse wohl verzeihlicher Irrtum. Seine Erklärung der unterschiedlichen Ergebnisse seiner Abflußmessungen in den Kanälen vor den Toren Roms bzw. an den Verteilerbecken in der Stadt mußte daher fehlgehen.

Aufgrund der vorherigen Überlegungen wird deutlich, daß die Umrechnung der in den Freispiegelkanälen in der Campagna von Frontin ermittelten Meßergebnisse die tatsächlich zur Verteilung gelangte Wassermenge widerspiegelt. Vorausgesetzt, daß alle Leitungen in Betrieb waren, dürfte das am Ende des 1. Jahrhunderts n. Chr. in Rom täglich zur Verfügung stehende Wasserdargebot zwischen den ermittelten Werten von 520 000 m³ bis 635 000 m³ betragen haben, d.h. bei einer Bevölkerungszahl von 1 000 000 pro Kopf 520–635 l. Diese Wassermenge ist sehr groß, wenn sie dem Wasserbedarf moderner Städte gegenübergestellt wird. Es muß jedoch betont werden, daß diese Zahlen nicht den tatsächlichen Verbrauch der Bevölkerung darstellen.

Ein großer Teil des kontinuierlich fließenden Wassers wurde für Springbrunnen, Bäder, gewerbliche Zwecke und zur Spülung der Kanalisation genutzt. Ein direkter Vergleich des statistischen Pro-Kopf-Verbrauchs in der Antike mit dem heutigen ist deshalb nicht statthaft.

4. Standardisierung der Rohrmaße

Geht die Zumessung der Wassermenge in Abhängigkeit von der durchflossenen Querschnittsfläche wohl auf Agrippa zurück, so war sich Frontin nicht sicher, wer den Begriff für die Grundeinheit des Zumessungssystems, die quinaria, eingeführt hat, Agrippa oder Vitruv.

Vitruv, der möglicherweise im Stab Agrippas beim Bau der Wasserleitungen Roms mitgewirkt hat (Fensterbusch 1976), beschreibt ein System standardisierter Bleirohre mit 10 verschiedenen Rohrgrößen, das auf der quinaria als kleinster Einheit basiert. Das von Agrippa eingeführte und von Frontin beschriebene System standardisierter Rohrmaße, das ebenfalls auf der quinaria als kleinster Einheit fußt, wurde im Jahre 11 v.Chr. durch Augustus festgelegt (99) und hat offensichtlich das Vitruvsche System abgelöst. Es ist daher wahrscheinlich, daß Vitruv der Urheber der Abflußeinheit quinaria ist.

Der Aufbau des Vitruvschen Standardsystems wird am besten durch den Autor selbst beschrieben. Im achten Buch seiner „10 Bücher über Architektur" heißt es u.a.: „Die Bezeichnung erhalten die Rohre aber nach der Anzahl digiti (Finger), die die Platten breit sind, bevor sie zu Rohren zusammengebogen werden. Wenn beispielsweise aus einer 50 digiti breiten Bleiplatte ein Rohr gefertigt wird, dann wird das Rohr quinquagenaria (Nennweite 50) bezeichnet und ebenso die anderen" (nach Fensterbusch 1976).

Es darf somit festgestellt werden, daß Vitruv ein System standardisierter Rohrmaße aufgestellt hat, bei dem die Nennweite der einzelnen Rohre den Umfang in digiti (1 digitus = 1,85 cm) bezeichnete. In Tabelle 3 sind Innendurchmesser und Umfang der Rohre in digiti und in Zentimeter wiedergegeben. Die Querschnittsflächen in Quadratdigiti, Quadratzentimeter und quinariae wurden unter Berücksichtigung der Zahl π, deren Wert z. Z. Vitruvs nur in guter Annäherung bekannt war, errechnet.

Wie das Beispiel eines Rohres aus dem Thermenmuseum in Rom verdeutlicht (Bild 5), zeigten die römischen Bleirohre oftmals eine Tropfen- und keine Kreisform. Nach Vitruv sollten die Rohre aber eindeutig kreisförmig sein. Frontin, der das Vitruvsche System kommentiert (25) weist auf die Ungenauigkeit des „Maßes" (somit der Querschnittsfläche) infolge der Biegung der Bleiplatten bei kreisförmigen Rohren hin. Da er auf solche relativ kleinen Abweichungen der Rohrfläche eingeht und die großen Ab-

Tabelle 3:
Standardmaße römischer Bleirohre nach Vitruv
[um 20 v.Chr.]

Nennweite	Innendurchmesser D [digiti]	[cm]	Umfang U [digiti]	[cm]	Querschnittsfläche [digiti]	[cm²]	[quinariae]
5 quinaria	1,59	2,94	5	9,25	1,99	6,81	1,62
8 octonaria	2,55	4,71	8	14,8	5,09	17,43	4,15
10 denaria	3,18	5,89	10	18,5	7,96	27,24	6,48
15 quinum denum	4,78	8,83	15	27,75	17,91	61,28	14,59
20 vicenaria	6,37	11,78	20	37,0	31,83	108,93	25,94
30 tricenaria	9,55	17,67	30	55,5	71,62	245,11	58,35
40 quadragenaria	12,73	23,55	40	74,0	127,32	435,75	103,75
50 quinquagenaria	15,92	29,44	50	92,5	198,94	680,86	162,11
80 octogenaria	25,47	47,11	80	148,0	509,30	1743,08	415,02
100 centenaria	31,83	58,89	100	185,0	795,78	2723,45	648,44

☐ = Ursprung der Nennweite

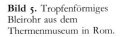

Bild 5. Tropfenförmiges Bleirohr aus dem Thermenmuseum in Rom.

weichungen infolge anderer Rohrformen nicht erwähnt, darf angenommen werden, daß sich das System Vitruvs nur auf sorgfältig geformte Rohre zur Zumessung des Wassers an den Verteilern bezog. Große Rohre der Nennweiten 50 (quinquagenaria), 80 (octogenaria) und 100 (centenaria) des Vitruvschen Systems (vgl. Tabelle 3) sind im Verlauf innerstädtischer Leitungen bis heute anscheinend nicht gefunden worden. Auch das Fehlen dieser Rohre legt den Schluß nahe, daß Vitruv sein System nicht zur Produktion einheitlicher Rohre entwickelt hat, sondern als Grundlage für die Zumessung des Wassers im Verteilungssystem. Die Großrohre dürften dabei wohl nur die durchflossenen Querschnitte zwischen Verteilerbauwerken und anschließenden Kanalstrecken begrenzt haben.

Die These, daß sich Vitruvs Standardwerte auf das Zumessungssystem bei der Wasserverteilung in Rom beziehen, wird ferner durch die Bezeichnungen der Rohre gestützt. Es sind dieselben Namen, die in dem Standardsystem für kreisförmige Rohre aufgeführt wurden, das Agrippa eingeführt und das Augustus 11 v. Chr. festgelegt hat (99). Frontin beschreibt es im einzelnen (39–63).

Dieses System von insgesamt 25 Nennweiten ist in zwei verschiedene Gruppen unterteilt. Die erste umfaßt die kleineren Rohre der Nennweiten 5 (quinaria) bis 20 (vicenaria), bei denen der Name jeweils den 4fachen Wert der Rohrdurchmesser in digiti bezeichnet. So hat z.B. ein Rohr der Nennweite 15 (quinum denum) einen Durchmesser von $15/4$ digiti. Die zweite Gruppe umfaßt die Rohre der Nennweiten 20 (vicenaria) bis 120 (centenum vicenum). In dieser Gruppe ist der Name identisch mit der Querschnittsfläche in Quadratdigiti, d.h. ein Rohr der Nennweite 50 (quinquagenaria) weist eine Querschnittsfläche von 50 quadratdigiti auf. Bei der Nennweite 20 (vicenaria) entsprechen sich die Rohrdimensionen nach beiden Definitionen weitgehend. Frontin nennt für jede Rohrgröße die jeweiligen Werte für Durchmesser und Umfang (digiti) sowie für die Querschnittsfläche, d.h. Abfluß (quinariae), in gemischten Brüchen. Die einzelnen Zahlen sind in Tabelle 4 im römischen und im metrischen Maßsystem jeweils in Dezimalen aufgelistet. Bemerkenswert ist, daß die Angaben Frontins für Umfang und Fläche so gut mit den tatsächlichen Zahlen unter Berücksichtigung von π übereinstimmen, daß eine 1%ige Abweichung nie überschritten wurde.

Die Genauigkeit, mit der Frontin die Querschnitte der einzelnen Rohre beschreibt, und die Tatsache, daß er berechnet, wieviel quinariae (d.h. Abflußeinheiten) der Querschnittsfläche eines jeden Rohres entsprechen, verdeutlicht, daß dieses System von Augustus als künftige Grundlage der Wasserzumessung festgelegt wurde. Gestützt wird diese These durch die von Frontin erwähnten Maße von Anschlußrohren, die die Rohrnetzmeister in betrügerischer Absicht eingesetzt haben. Es wäre sicherlich schnell erkannt worden, wenn Rohre mit ungesetzlichen Maßen auf ganzer Leitungslänge verlegt worden wären. Kurze Rohranschlußstutzen mit entsprechenden Abmessungen ließen sich aber leicht unbemerkt im Verteilerbauwerk einsetzen.

Somit wird deutlich, daß beide Systeme, das von Vitruv und das von Augustus, der Zumessung des Wassers dienten. Standardwerte im Sinne einer Indu-

*Tabelle 4:
Standardmaße
römischer Rohre
nach Frontin
[um 100 n.Chr.]*

Nennweite	Innendurchmesser D		Umfang U		Querschnittsfläche A		
	digiti	[cm]	digiti	[cm]	digiti	quinariae	[cm²]
5 quinaria	5/4	2,31	3,93	7,27	1,23	1,00	4,20
6 senaria	6/4	2,78	4,72	8,72	1,77	1,44	6,05
7 septenaria	7/4	3,24	5,50	10,18	2,41	1,96	8,22
8 octonaria	8/4	3,70	6,29	11,63	3,14	2,56	10,75
10 denaria	10/4	4,63	7,86	14,54	4,71	4,00	16,80
12 duodenaria	12/4	5,55	9,43	17,44	7,07	5,76	24,19
15 quinum denum	15/4	6,94	11,79	21,80	11,04	9,00	37,80
20 vicenaria	20/4	9,25	15,72	29,07	19,63	16,00	67,20
20 vicenaria	5,05	9,34	15,85	29,32	20	16,26	68,45
25 vicenum quinum	5,64	10,44	17,73	32,80	25	20,37	85,56
30 tricenaria	6,18	11,44	19,42	35,92	30	24,43	102,62
35 tricenum quinum	6,67	12,35	20,98	38,81	35	28,51	119,74
40 quadragenaria	7,14	13,20	22,42	41,47	40	32,58	136,85
45 quadragenum quinum	7,57	14,00	23,79	44,00	45	36,65	153,94
50 quinquagenaria	7,99	14,76	25,07	46,39	50	40,73	171,05
55 quinquagenum quinum	8,37	15,48	26,29	48,64	55	44,80	188,16
60 sexagenaria	8,74	16,17	27,46	50,80	60	48,87	205,26
65 sexagenum quinum	9,09	16,82	28,58	52,88	65	52,94	222,37
70 septuagenaria	9,44	17,46	29,67	54,88	70	57,02	239,47
75 septuagenum quinum	9,77	18,08	30,71	56,81	75	61,09	256,58
80 octogenaria	10,09	18,67	31,71	58,65	80	65,17	273,70
85 octogenum quinum	10,40	19,24	32,69	60,47	85	69,24	290,79
90 nonagenaria	10,70	19,80	33,64	62,23	90	73,31	307,90
95 nonagenum quinum	11,00	20,34	34,56	63,93	95	77,38	325,01
100 centenaria	11,28	20,87	35,46	65,60	100	81,45	342,10
120 centenum vicenum	12,36	22,86	38,83	71,84	120	97,75	410,55

☐ = Ursprung der Nennweite

strienorm zur Rohrproduktion waren mit den Maßvorschriften nicht gemeint.

Wie ein Vergleich der Tabellen 3 und 4 zeigt, weisen die Rohre nach dem Vitruvschen System durchweg größere Abmessungen auf. Das Verhältnis der Durchmesser beträgt für Nennweiten 5 (quinaria) bis 20 (vicenaria)

$$D_{Vitruv}/D_{Frontin} = 4/\pi = 1{,}273 : 1$$

und für Nennweiten 20 bis 100

$$D_{Vitruv}/D_{Frontin} = \frac{Nennweite}{4 \cdot \pi}$$

(1,26 : 1 bei Nennweite 20 (vicenaria), 2,82 : 1 bei Nennweite 100 (centenaria).

Bei derart unterschiedlichen Standardwerten muß gefragt werden, warum das System Vitruvs so relativ bald durch ein neues abgelöst wurde. Offensichtlich hatte sich sein System in der Praxis nicht bewährt, obwohl das Grundprinzip der Wasserzumessung über den durchströmten Querschnitt bestehen blieb. Die Ursache hierfür dürfte in der Konstruktionsart der Wasserverteiler liegen. Dazu einige Vorbemerkungen:

Frontin hat beobachtet daß der Ausfluß aus den Becken von der Höhendifferenz zwischen Ausflußöffnung und Wasserspiegel abhängt (113). Diese Feststellung kann er aber nur gemacht haben, wenn das Wasser frei aus dem Verteilerbecken ausgeflossen ist. An die Verteiler müssen daher sowohl Freispiegelleitungen (Kleinkanäle?) als auch Druckrohrleitungen angeschlossen gewesen sein. Der freie Ausfluß aus einem Becken hängt aber neben der Druckhöhe von der Querschnittsfläche der Ausflußöffnung ab. Da die Größe der Ausflußöffnungen offenbar anfangs durch Bleirohre festgelegt waren, wird es nicht sehr lange gedauert haben, bis es nach Einführung dieses Systems zu großen Betrügereien kam, insbesondere durch Manipulation an den weichen, bleiernen Ausflußöffnungen. Frontin berichtet von derartigen Betrügereien (113). Somit erwuchs für Agrippa der Zwang, diesen Mißständen zu begegnen. Dies geschah mit bronzenen Anschlußrohren (calix), die in die Verteiler- bzw. Kanalwände eingemauert wurden. Diese gegossenen Bronzerohre besaßen einen genau definierten Kreisquerschnitt und waren aufgrund ihres härteren Materials nur schwer verformbar (Bild 6). Wann dieses calix-System erstmals angewandt wurde, ist unbekannt. Frontin erwähnt den Ausdruck in einem Gesetz aus dem Jahr 9 v.Chr. Es ist nicht unwahrscheinlich, daß die calices zusammen mit dem neuen, besser abgestuften Maßsystem im Jahre 11 v.Chr. eingeführt wurden. Frontin berichtet, wie sorgfältig die Abmessungen einer solchen calix zu prüfen waren (105), bevor sie in die Verteilerwand eingesetzt wurde. Über das anschließende Bleirohr stellt er lediglich fest, daß es die gleiche Öffnung (lumen) haben möge.

Die Betonung der Kreisform bei Vitruv und deren Kommentierung durch Frontin, das Fehlen der Großrohre der Nennweite ≥ 50 des Vitruvschen Systems, die Bezeichnung der Rohre, basierend auf der Durchflußeinheit quinaria, die genaue Querschnittsbeschreibung der Rohre im neuen System bei Frontin mit hervorragender Annäherung an π, die Beschreibung des Durchflußvermögens der Rohre und

Bild 6. Calix.
Photo: E. Fassitelli.

Bleirohr-Bruchstück
mit Sinterablagerungen
aus der Altstadt von
Mainz.
Photo:
Chr. von Kaphengst.

die Einführung eines calix-Systems, das den Anforderungen der Querschnittskonstanz gerecht wurde, führen zu dem Schluß, daß die Systeme standardisierter Rohrmaße als Grundlage für die Wasserzumessung in Rom entwickelt wurden.

Wie bereits ausgeführt, wurde bei der Abflußmessung nicht zwischen Freispiegel- und Druckleitungen unterschieden. So verwundert nicht, daß die beim freien Ausfluß aus den Verteilerbecken gewonnenen Erkenntnisse auf Druckrohrleitungen übertragen wurden und somit Irrtümer unterliefen. Bei den Druckleitungen wirkten die calices nicht in der gewünschten Weise als Abflußdrossel, wenn die Ausflußöffnungen der Druckrohre größer waren. Da diese am Ende der Verteilerleitungen aber meist auf Privatgrundstücken lagen und somit einen direkten Vergleich zu den calices nicht gestatteten, wird der grundlegende Fehler der Wasserzumessung bei Druckrohren nicht beobachtet worden sein. So bildeten die Größen der calices auch bei Druckleitungen die Grundlage für die Wasserverteilung wohl zum Nachteil der Menschen, deren Wasserversorgung von den Freispiegelverteilerleitungen abhing.

Aus der Tatsache, daß das von Augustus eingeführte Maßzahlensystem z.Z. Frontins noch gültig war, kann jedoch geschlossen werden, daß es in Rom voll den Zweck erfüllt hat, da niemand die begangenen Fehler aufzudecken vermocht hat.

5. Schlußbetrachtung

Zusammenfassend bleibt zu bemerken, daß wir aus dem Bericht Frontins relativ gute Kenntnisse über das Wasserversorgungssystem Roms haben. Die Informationen des curator aquarum gestatten zusammen mit dem archäologischen Befund die Abschätzung der 100 n.Chr. täglich nach Rom geflossenen Wassermenge zu 520000–635000 m³. Diese Wassermenge wurde in Abhängigkeit der durchflossenen Rohrquerschnitte in Rom verteilt. Durch die gleichartige Behandlung von Freispiegel- und Druckrohrleitungen unterlief den Ingenieuren bei der Wasserzumessung ein Irrtum. Ein ursprüngliches Zumessungssystem über Bleirohre, von Vitruv entwickelt, wurde schon bald durch ein neues von Agrippa eingeführtes und von Augustus festgelegtes System aus Bronzerohren ersetzt. Die Art, wie trotz des sehr begrenzten Wissens über hydraulische Zusammenhänge die Aufgabe, in Rom eine große Menge Wasser quantitativ möglichst korrekt zu verteilen, gelöst wurde, verdient auch heute noch große Anerkennung.

Literatur

Ashby, Th.: Aqueducts of Ancient Rome. Oxford 1935

Bailhache, M.: Studie über die Entwicklung der Abflußmenge der gallo-romanischen Aquädukte. Vortrag auf der Tagung „Römische Wasserversorgungsanlagen", 26.–28.5.1977, Lyon

Eggers: Wassermeßtechnik im Altertum. Archiv für technisches Messen ATM, V 8237 (1934)

Kretzschmer, F.: Rohrberechnungen und Strömungsmessung in der altrömischen Wasserversorgung. Zeitschrift d. VDI, 78 (1934), S. 19–22

Petrolieri d'Italia: Tubi e valvole dell'antica Roma. Mailand 1972

Reina, V., Corbellini, G., Ducci, G.: Livellazione degli antichi acquedotti Romani. Memorie della società italiana delle scienze detta dei XL, serie 3, Vol. XX (1917)

Vitruvius, M.: 10 Bücher über Architektur. Übersetzt von C. Fensterbusch, Darmstadt 1976

Bilddokumente

Bernd Gockel

Wasserfassungen

Zur Speisung römischer Fernwasserleitungen wurde Grundwasser in Quellhäusern oder Sickergalerien gefaßt. Aber auch Oberflächenwasser aus Flüssen oder Seen wurde in das Konzept der Wasserversorgung einbezogen.

Das Wasser trat in die überdachten Quellbecken durch eine Packlage – meist aus zerstoßenen Ziegeln – oder durch Sickerschlitze ein (Bilder 1 und 2). An die Becken war das jeweilige Freispiegelgerinne angeschlossen. Wasser aus Bächen bzw. Flüssen wurde in der Regel oberhalb eines Stauwehres in den Kanal eingeleitet. Es darf vermutet werden, daß am Kanalanfang noch ein Rechen angeordnet war, der das Eindringen von Laub, Holz und anderen Verunreinigungen verhinderte.

Als Beispiel für eine Wasserfassung an einer Talsperre zeigt Bild 3 den Entnahmeturm beim Cornalvo-Damm (Merida, Spanien).

H. Fahlbusch

2a „Castellum Aquae" in Alcabideque (Conimbriga). Photo: H. Thofern.

2b Fassung einer Karstquelle in Alcabideque (Conimbriga). Photo: H. Thofern.

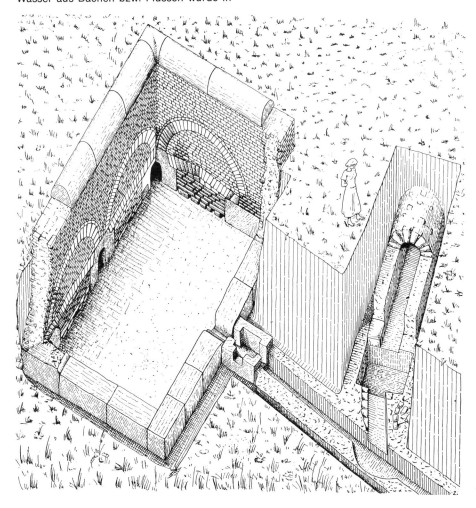

1 Klausbrunnen bei Kallmuth, Kr. Schleiden. Römische Eifelleitung. Zeichnerische Rekonstruktion (Rhein. Landesmus. Bonn).

3 Staudamm Cornalvo, Merida (Spanien). Photo: N. Schnitter-Reinhardt.

Römische Talsperren

In der Schrift von Frontinus sind Talsperren nicht aufgeführt. Frontinus erwähnt zwar den „lacus qui est super villam Neronianam Sublaquensem", an der die Wasserfassung der Anio Novus lag, nicht aber die Talsperre, die den See aufstaute. Diese Talsperre und zwei weitere je flußauf- und -abwärts gelegene kleinere Bauten wurden unter Kaiser Nero erstellt. Alle drei waren geradlinige Gewichtsstaumauern aus Mauerwerk; eine erreichte die Rekordhöhe von 40 m. Sie ist 1305 eingestürzt, ohne deutliche Spuren zu hinterlassen. In Italien sind weitere Talsperrenanlagen der Römer – im Gegensatz zu fast allen Provinzen des Römischen Reiches – unbekannt.

Der Wasserversorgung von Emerita Augusta (Merida, Spanien) dienten die römischen Erddämme von Proserpina und Cornalvo, Ausgangspunkte von zwei Fernwasserleitungen mit 12 km bzw. 25 km Länge. Der höhere und etwas jüngere Erddamm Cornalvo weist eine größte Höhe von 15 m und eine Kronenlänge von 194 m auf sowie einen durchaus modern anmutenden, beidseitig abgeböschten Querschnitt. Dieser Damm wurde 1926 restauriert. Bemerkenswert ist der gut erhaltene, wasserseitig vorgelagerte Entnahmeturm mit einem Grundriß von 4,5 m × 4,5 m, in den das Wasser durch kleine Öffnungen auf verschiedenen Höhen eintrat (siehe Bild 3).

Zwei ähnliche Entnahmetürme weist auch der 12 m hohe und 427 m lange Proserpinadamm auf (Bild 4). Beide Entnahmetürme lehnen sich an die nahezu senkrechte Stauwand an, die aus einer leicht abgetreppten wasserseitigen Quadersteinmauer besteht. Im Bereich der größten Mauerhöhe sind der Stauwand im Abstand von etwa 16 m schmale Stützpfeiler vorgelagert, die allerdings wenig zur Aufnahme der Belastung beitragen. Der luftseitige Abschluß der Stauwand besteht aus Bruchsteinen, ihr Kern aus römischem Beton.

Der Erddamm Alcantarilla bildete den Ausgangspunkt der 38 km langen Fernwasserleitung für Toletum (Toledo). Der Erddamm war nicht standsicher und brach zu einem unbekannten Zeitpunkt.

(Fortsetzung auf Seite 149)

4 Staudamm Proserpina, Merida (Spanien). Photo: N. Schnitter-Reinhardt.

(Fortsetzung von Seite 148)

Das Prinzip der Pfeilerstaumauer wandten die Römer für die Talsperre von Consuegra (im Süden von Toledo) an. Der Abstand der Pfeiler beträgt 5 m bis 10 m; die Staumauer ist knapp 1,3 m dick. Eine ähnliche Konstruktion wurde in Esparragalejo (nordwestlich von Merida) angewendet. Hier wurde die Luftseite der erheblich dickeren Stauwand zwischen den Pfeilern konkav ausgebildet, ein erster Schritt in Richtung auf die Vielfachbogenmauern (Bild 5).

Besonders eindrucksvolle Vertreter des Gewichtsmauertyps wurden im Wadi Megenin, etwa 40 km südlich von Tripolis erstellt. Diese Gewichtsstaumauern bestehen aus vermörteltem Mauerwerk mit aus dem Flußbett entnommenen Fundsteinen und mit in Steinbrüchen gewonnenen Blöcken. Ihre lotrechten Wasserseiten sind sorgfältig verputzt, die Luftseiten steil abgetreppt. Die etwa 5 m hohen Mauern weisen fast rechteckige Querschnitte mit meist reichlichen Fußbreiten auf, etwa entsprechend der wohl größten römischen Gewichtsstaumauer in Nordafrika am Qued Derb beim tunesischen Kasserine (Cillium).

Die 21 m hohe und 365 m lange Gewichtsstaumauer Harbaqa, zwischen Damaskus und Palmyra gelegen, besteht aus Beton mit beidseitigen Quadersteinverkleidungen. Die Entnahmeleitung (in halber Höhe) und zwei Grundablässe durchqueren den Mauerwerkskörper.

Die römischen Talsperren in der Türkei bestehen zumeist aus zwei senkrechten, teilweise mit Blei verfugten Quadersteinmauern von 70 cm bis 100 cm Dicke, zwischen denen sich eine dichtende Erdfüllung befindet. Für die Standfestigkeit dieser Sperren ist das Verhältnis ihrer Gesamtdicke zur größten Mauerhöhe maßgebend. An zwei Sperren wurde dieses Verhältnis mit 0,6 ermittelt; die Standsicherheit ist damit gerade noch ausreichend.

Das Bogenprinzip wurde von den Römern beispielsweise bei der Trinkwassertalsperre im Vallon de Baume (südlich von Saint-Remy de Provence) angewendet. Die zylindrische Mauer wies eine Höhe von 12 m und eine Kronenlänge von 18 m auf. Der Krümmungsradius betrug etwa 14 m. Die wasser- und luftseitigen Mauern waren rd. 130 cm bzw. 100 cm dick. Der dazwischenliegende Erdkern hatte eine Dicke von etwa 160 cm.

5 Staumauer Esparragalejo, Merida (Spanien). Photo: N. Schnitter-Reinhardt.

Über die Trassierung römischer Wasserleitungen

Die Frage nach der Trassierung, also die Frage, ob es auch schon in römischer Zeit Kanalabsteckungen nach vorheriger Projektierung gegeben hat, ist aufgrund fehlender Originalunterlagen nicht einfach zu beantworten. Einige wichtige Indizien sprechen jedoch für sorgfältige Planungsarbeiten vor der Absteckung der auszubauenden Kanalachse im Gelände.

Vitruv berichtet in seinen „Zehn Büchern über Architektur" auch „Von den Methoden der Nivellierung", er spricht darin grob die Probleme der Trassierung an. Vitruv empfiehlt, beim Nivellement statt Diopter und Wasserwaage den Chorobat einzusetzen. Seine Gerätebeschreibung läßt eine Rekonstruktion allerdings nur schwerlich zu, wie die verschiedensten Versuche seit Leonardo da Vinci beweisen. Sicher kann man annehmen, daß Vitruv durch die 20 Fuß (ca. 6,0 m) lange Zieleinrichtung dieses Gerätes die Absteckgenauigkeit beim Wasserleitungsbau steigern wollte (Bilder 6 und 7).

Das zweite wichtige Vermessungsgerät der Römer war die Groma. Es diente vor allem zum Abstecken rechter Winkel und kam deshalb beim Wasserleitungsbau weniger zum Einsatz.

Die geschickte Überwindung schwieriger Geländehindernisse, als Beispiel seien die Wasserscheiden zwischen den Einzugsgebieten zweier Flüsse genannt, lassen den Gedanken an ein planloses Bauen der Römer eigentlich gar nicht erst aufkommen. Tunnel- und Brückenbauwerke sowie Druckleitungsstrecken in höchster Vollendung zeugen noch heute von der Mitwirkung des antiken Ingenieurs bei Planung und Bau.

Die Untersuchung eines knapp 5 km langen Teilstückes der römischen Wasserleitung nach Siga (Algerien), eines der wenigen Beispiele, wo die Sohle einer antiken Wasserleitung auf eine derart lange Strecke zugänglich ist, ergab erstmals gar Hinweise auf das antike Absteckverfahren. In Siga lassen sich einheitliche Gefälle für Streckenabschnitte von jeweils ca. 1500 m nachweisen, was auf eine Grobabsteckung der Trasse im Abstand von einer römischen Meile (1480m) schließen läßt.

K. Grewe

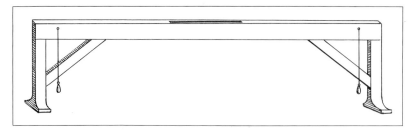

6   *Chorobates-Rekonstruktion von G. Poleni und S. Stratico (Udine 1825–1830).*
    Zeichnung: K. Grewe.

7   *Vermessungsgeräte nach G. Rivius (Nürnberg 1548). Photo: Rhein. Landesmus. Bonn.*

Hangleitungen

In stark zerklüftetem Gelände führten die römischen Ingenieure Fernwasserleitungen oft als Hangkanal aus, z. B. bei Side in der Nähe von Antalya (Südtürkei). Diese Leitungsabschnitte zeigen, daß die Römer auch schwieriges Gelände zu überwinden vermochten. Die Bilder 8 und 9 zeigen Hangkanal-Abschnitte der Fernwasserleitung nach Side. Die Leitung ist hoch über dem natürlichen Durchbruch des Flusses Manavgat in die Felswand eingearbeitet. Die massiven natürlichen Stützbögen entstanden durch das Unterfahren von Felsnasen.

▽ 8,9 Fernwasserleitung von Side (Südtürkei), Hangkanal. Photos: H. Fahlbusch. ▷

Tunnelstrecken

Bei unterirdisch vorgetriebenen Leitungsabschnitten kann zwischen Tunneln mit bzw. ohne Vermessung unter Tage unterschieden werden. Die unterirdische Vermessung war vor allem bei langen Bergdurchstichen notwendig, wenn der Vortrieb von beiden Bergseiten aus erfolgte. Als bekanntestes Beispiel eines derartigen Tunnels aus der römischen Epoche gilt der Tunnel der Fernwasserleitung zur Versorgung des nordafrikanischen Saldae, dessen Ausführungsschwierigkeiten inschriftlich bezeugt und durch die Überschrift „Geduld – Mut – Hoffnung" so treffend gekennzeichnet sind.

In der Regel wurden jedoch die Leitungstunnel von abgeteuften Schächten aus, die in regelmäßigen Abständen angeordnet waren, nach beiden Seiten vorgetrieben. Dabei konnte auf die unterirdische Vermessung weitgehend verzichtet werden. Diese Bauart besaß viele Vorteile: Kürzere Transportstrecken für das Aushubmaterial, bessere Bewetterung und vor allem kürzere Bauzeiten, da von sämtlichen Schächten aus die Tunnelstrecken gleichzeitig vorgetrieben werden konnten (Bild 11).

Eine Weiterentwicklung des römischen Tunnelbaus im Vergleich zum griechischen bestand vor allem im Vortrieb durch Lockergestein. Im Verlauf der Aksu-Leitung von Pergamon wurde der Tunnel unter Ausnutzung der temporären Standfestigkeit des Bodens (ähnlich der heute als „Neue Österreichische Tunnelweise" bekannten Methode) erstellt. Die verlorene Schalung aus Tonplatten war mit Mörtelmauerwerk hinterkoffert (Bild 10).

H. Fahlbusch

10 Abdeckung der Aksu-Leitung nach Pergamon. Photo: H. Fahlbusch.

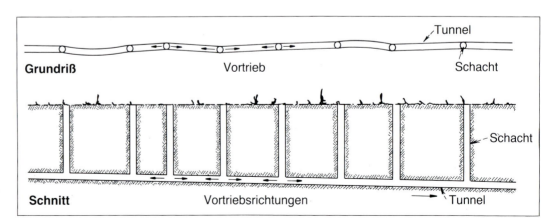

11 Unterirdischer Vortrieb ausgehend von abgeteuften Schächten beim römischen Halbergtunnel. Zeichnung: H. Fahlbusch.

Auskleidung der Kanäle

Die erfolgreichen materialtechnischen Lösungen der Kanalauskleidungen bezeugen ein gutes Einfühlungsvermögen in die auftretenden Kräfte und den Einfluß von Feuchte und Klima auf die Bauwerke. Besonders gefährdet waren Brückenstrecken im Verlauf von Kanalleitungen, bei denen die Temperaturunterschiede bedeutende Spannungen und in deren Folge Risse verursachen konnten. Obwohl auf Dehnungsfugen verzichtet wurde, gelang es, die Gerinne rißfrei herzustellen und zu erhalten. Das Geheimnis lag in der Anwendung eines im Aufbau komplexen Mehrschichtenputzes. Dieser Putz ist exemplarisch an den Wasserleitungen für Caesarea (Israel) untersucht worden.
Der sechsschichtige Innenputz bestand aus folgenden Mörtelschichten:
– Graue Grundschicht mit Holzkohle, 6 bis 10 mm dick,
– weiße Zwischenschicht aus Marmorfeinsplitt, 5 bis 6 mm dick,
– rote Zwischenschicht aus Ziegelfeinsplitt, 5 bis 6 mm dick,
– graue Zwischenschicht aus Holzkohle, 3 mm dick,
– weiße Zwischenschicht aus Marmorfeinsplitt, 3 mm dick,
– rote Deckschicht aus Ziegelfeinsplitt, 4 mm dick.

Der graue, leicht haftende Mörtel ist von geringer Dichte und Festigkeit. Der weiße Mörtel weist eine außergewöhnliche Härte und große Dichte auf; der rote Mörtel ist dagegen von mittlerer Dichte bei ebenfalls guter Festigkeit. Die hohe Dichte und Festigkeit wurden vermutlich durch Abreiben und Polieren der einzelnen Schichten erreicht. Bei diesem Vorgang erfolgte eine Zermahlung der Komponenten Kalk und Marmor, was zur Erhöhung der spezifischen Oberfläche und damit zur Minderung von Kapillaren führte. Verbunden damit war wahrscheinlich eine sehr intensive Karbonatisierung und Erhärtung. Die Zugabe von Marmorsplitt und -mehl erhöhte die Endfestigkeit des Mörtels bedeutend. Die Zugabe von chemisch aktivem Ziegelmehl verbesserte die hydraulische Bindung und damit die Festigkeit und Beständigkeit des Putzes (siehe Tabelle).
Insgesamt gesehen gewährleistete der sechsschichtige Aufbau des Putzes eine hohe Dichte und Festigkeit, geringe Wasserabsorbtion, unbedeutende Dehnungen beim Befeuchten und Austrocknen sowie eine außergewöhnliche Beständigkeit. Der Putz war dadurch weitgehend rißfrei und wasserdicht. Bild 12 zeigt eine Putzprobe aus Aspendos.

Tabelle. Berechnete Mischungsverhältnisse und Material-Kennwerte des sechsschichtigen Mörtels (Caesarea). Nach R. Malinowski.

Zusammensetzung Material-Kennwerte	Bestandteile (Gewicht) Mörteltyp		
	Grau	Rot	Weiß
Bindemittel (CaCO$_3$)	1	2,0	1,5
Sand (0–0,5 mm)	1,5	1	1
Marmorsand <1 mm (CaCO$_3$)	0–1	1	3
Feine Tonsplitter (0,5–3 mm)	0	3	–
Kies (2–5 mm)	3	1	1
Holzkohle	0,5	–	–
Dichte (g/cm^3)	1,5	1,85	2,05
Wasserabsorbtion (%)	35–40	10–15	5–8
Vickers-Härte	4–6	20–40	30–50

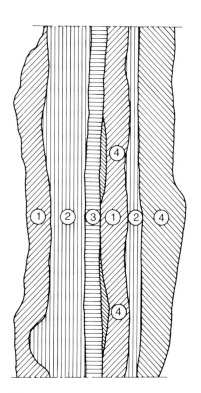

① grauer Putz
② rötlicher Putz mit Ziegelsplittbeimengungen
③ roter Putz mit Ziegelmehlbeimengungen
④ Sinter

12 Mehrschichtenputz mit Sintereinlagerungen aus Aspendos (Türkei).
Photo und Zeichnung: H. Fahlbusch.

Bogenbrücken (Aquädukte)

Im Verlauf römischer Fernwasserleitungen wurden Senken und Täler als Alternative zur Talumfahrung oft mit oberirdischer Leitungsführung überquert. Der Unterbau der Kanäle bestand entweder aus Vollmauern bei flachen Senken oder aus Bogenbrücken (Aquädukte) bei tieferen Tälern (Bilder 14 und 15). Es sind jedoch auch Beispiele bekannt, bei denen eine Druckrohrleitung in der Talsohle über eine Bogenbrücke geführt wurde.

Die Aquädukte zur Unterstützung der Freispiegelkanäle wurden zum Teil mehrgeschossig ausgebildet. Bisher hat sich ein Entscheidungskriterium für die Ausbildung einer Bogenbrücke in zwei- oder gar dreigeschossiger Bauweise nicht nachweisen lassen. So gab es eingeschossige Bogenbrücken mit einer Höhe von rd. 30 m, während anderenorts für die gleiche Brückenhöhe die dreistöckige Bauweise gewählt wurde.

Während die älteren Brücken meist aus sorgfältig bearbeiteten Quadern errichtet wurden (z. B. Pont du Gard), dominierte vor allem in späterer Zeit die Verwendung römischen Betons (Bild 13).

13 Aquäduktpfeiler der Fernwasserleitung nach Karthago in der Miliane-Ebene.
Photo: DAI Rom.

14 Eingeschossige Fernwasserleitung nach Karthago (Tunesien).
Photo: F. Rakob.

15 Zweigeschossige Bogenbrücke der römischen Wasserleitung nach Tarragona (Spanien).
Photo: N. Schnitter-Reinhardt.

Quadermarken

Wahrscheinlich erfolgte bis zur römischen Kaiserzeit in den Steinbrüchen keine Endfertigung der Quadersteine. Die Rohblöcke, deren Verwendung noch nicht feststand, wurden an die Baustellen expediert. Erst die Möglichkeit, Steinschnitte ohne wesentliche Kosten zu kopieren, hat es gestattet, die Steinmetzwerkstätten in die Nähe der Steinbrüche zu legen. Man kann daher davon ausgehen, daß die Anlieferungen der Rohquader auf Lagerplätze entlang der Trasse erfolgten. Hier befanden sich auch die Werkplätze, auf denen die Natursteine für die Pfeiler und Bögen bearbeitet wurden. Dabei wurden die Innenquader auf allen sechs Flächen durch Anlegen der Randschläge und Abarbeitung der Bossen bis in die Ebene der Schläge, gelegentlich etwas darunter, nach üblichen steinmetzmäßigen Verfahren hergestellt. Lediglich an den Sichtflächen der Außenquader blieben die Bossen stehen. Das anschließende Versetzen dieser Quadersteine erforderte nur selten ein größeres Baugerüst. Die Steine selbst wurden wohl mit Hilfe von Steinscheren aufgezogen. An zahlreichen Quadern können noch heute in Höhe des Schwerpunktes oder darüber auffällige Löcher zum Eingriff der Scherenspitzen beobachtet werden.

Die Keilsteine mußten nicht nur auf ihren Lagerflächen, sondern auch auf ihren konkaven Schauseiten sorgfältig geglättet sein, um ein exaktes Aufliegen zu gewährleisten. Die Stirnflächen der Keilsteine waren oftmals bossiert.

Im Verlauf der römischen Fernwasserleitungen nach Karthago fällt bei näherer Untersuchung die unterschiedliche Kennzeichnung einzelner Quadersteine auf (Bilder 16 und 17). Quadermarken befinden sich in der größeren Mehrzahl der beobachteten Fälle auf den Bossen der Außenquader. Da in keinem einzigen Fall ein Zeichen durch die Bearbeitung der Bossen überschnitten ist, müssen die Marken nach Fertigstellung der versatzfähigen Quader eingeschlagen worden sein. Da aber auch Innenquader Kennzeichnungen tragen, müssen diese Zeichen zwischen Fertigstellung der Quader und ihrem Versatz von Bedeutung gewesen sein. Zweifellos sind diese Marken Abkürzungen von Namen.

Die Quadermarken sind offensichtlich nicht Ausdruck besonderen handwerklichen Stolzes. Die einfachen Steinmetzarbeiten, die an den Bogenbrücken in sehr häufiger Wiederholung gefordert wurden, boten dazu wenig Anlaß. Nach dem Stand der Bauforschung ist vielmehr anzunehmen, daß die Kennzeichnung der Quadersteine mit der Entlohnung der Steinmetze in Zusammenhang stand. Die Bezahlung der Handwerker erfolgte sicherlich nach der Anzahl der fertiggestellten Werkstücke. Ob die Steinmetzzeichen nach erfolgter Prüfung und listenmäßiger Erfassung eingeschlagen wurden oder nur, wenn die unmittelbare Abnahme nach Fertigstellung aus irgend einem Grunde unterblieb, ist derzeit nicht zu entscheiden. Jedenfalls liegt es nahe, in den vielen Zufälligkeiten, die ein großer Baustellenbetrieb mit sich bringt, die Veranlassung für die nur gelegentlich auftretende Markierung der Steine zu suchen.

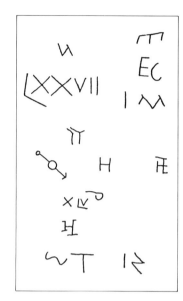

16 Beispiele für Quaderzeichen (Fernwasserleitung nach Karthago). Zeichnung: J. Röder.

17 Gekennzeichneter Quader (Fernwasserleitung nach Karthago). Photo: F. Rakob.

Opus Caementitium

Für massive Bauteile wurde in römischer Zeit eine Technologie entwickelt, deren Ergebnisse unter dem Namen „Opus Caementitium" bekannt wurden. Dabei wurde zwischen einer inneren und äußeren Bauteilbegrenzung aus gemauerten Steinen (verlorene Schalung) oder eine Holzbrettschalung lagenweise ein Gemisch aus Stein und Mörtel eingebracht. Nach Erhärten des Mörtels war ein zusammenhängender und druckfester Bauteil, der im Aussehen und in seinen Materialeigenschaften unserem Beton entspricht, der römische Beton, entstanden. Es gab kaum ein größeres Bauwerk in der Kaiser-Zeit, das nicht in wesentlichen Teilen aus Opus Caementitium bestand (Bild 19).

Im Unterschied zu unserem heutigen Beton mit dem genormten Bindemittel Zement enthielt der römische Beton als Bindemittel Kalke unterschiedlicher Zusammensetzung. Römischer Beton wies daher nicht so hohe Druckfestigkeiten auf und war auch nur unter bestimmten Voraussetzungen unter Wasser zu verwenden.

Eine Beigabe von Traß zum Beton konnte röntgenografisch nicht nachgewiesen werden, war aber bei einigen der untersuchten Mörtel sehr wahrscheinlich. Viele Mischungen enthielten Ziegelsplitt als Zuschlag; daneben wurde aber auch örtlich anstehender Kies verwendet.

Die Druckfestigkeit und die Trockenrohdichte liegen im Bereich der Werte unseres heutigen Ziegelsplittbetons. Die ermittelten Druckfestigkeiten betragen zwischen etwa 4 und 22 N/mm². (Die genormten Druckfestigkeiten des heutigen Betons liegen zwischen 5 und 55 N/mm².)

Interessante Ergebnisse brachten Untersuchungen der Kornzusammensetzung, die bei Materialprüfungen üblicherweise mit der Sieblinie beschrieben wird. Bild 18 zeigt die Sieblinie eines Betons aus der römischen Fernwasserleitung nach Köln im Spiegel unserer heutigen Baubestimmungen. Das Ergebnis: Wir würden für die Herstellung eines hochwertigen wasserundurchlässigen Betons die gleiche Kornzusammensetzung wählen, wie die römischen Baumeister vor rd. 2000 Jahren in der Eifel.

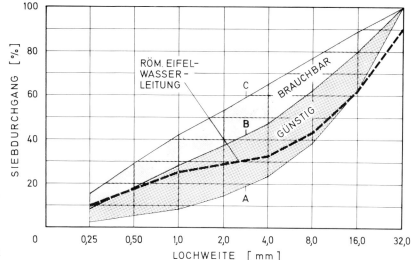

18 Römischer Beton (Opus Caementitium). Sieblinie einer Probe, entnommen dem Eifel-Kanal.
Zeichnung: H.-O. Lamprecht.

19 Römischer Beton, Köln.
Photo: H.-O. Lamprecht.

Pont du Gard

Zu den bemerkenswertesten Bauwerken römischer Technik zählt der Pont du Gard. Er war Teil der Fernwasserleitung zur Versorgung der römischen Stadt Nimes in Südfrankreich. Die Brücke besteht aus drei übereinanderliegenden Bogenreihen mit maximalen Bogenweiten von jeweils 24,40 m. Die größte Höhe über dem Flußbett beträgt 48,77 m (Bilder 20, 22 und 23).

Der Pont du Gard ist eines der größten Brückenbauwerke, die römische Techniker zur Überquerung eines Tales für eine Fernwasserleitung gebaut haben. Die Kanalbrücke wurde aus bearbeiteten Natursteinen (grober Muschelkalkstein) von gelblicher Farbe errichtet. Das Material wurde in den nahegelegenen, noch heute im Betrieb befindlichen Steinbrüchen bei Vers gewonnen. Das untere und mittlere Stockwerk besteht aus größeren Quadern mit einem Volumen bis zu 2 m³ und einem Gewicht von etwa 50 kN. Die Natursteinblöcke sind ohne Verwendung von Mörtel zusammengefügt. Dies setzt eine sehr hohe Maßgenauigkeit voraus. Das Gewölbe besteht aus mehreren parallel aneinandergefügten und nur gering verzahnten Bögen (vier im unteren Stockwerk, drei schmalere im zweiten), die 1,55 m bis 1,60 m dick und 1,52 m bis 1,60 m breit sind. Nur wenige durchgehende Steine verklammern das Trockenmauerwerk. Diese Technik gestattete es, Gewölbeeinrüstungen zu sparen, weil nur jeweils ein wiederverwendbares Gerüst erforderlich war – und zwar in der Breite eines Gewölbeteiles (Bogens). Das Gerüst wurde dann zur Errichtung des nächsten Gewölbeteiles seitlich verschoben. So konnten die vier bzw. drei Bögen nacheinander gebaut werden. Die Abstützung der Gerüste erfolgte durch Tragsteine, die unterhalb des Kämpfers aus den Pfeilern und in halber Bogenhöhe aus den Wölbsteinen hervorspringen.

Ursprünglich wurde der Pont du Gard ausschließlich für die Wasser-Leitung gebaut. Der Verkehr über den Fluß erfolgte durch Furten und Fähren. Über der unteren Bogenreihe wurde jedoch schon recht frühzeitig – zunächst notdürftig – ein Fußweg eingerichtet. Es fanden sich in den Archiven von Remoulins urkundliche Beweise von 1371 dafür, daß der Weg von Uzès nach Beaucaire über den Pont führte. Wie konnte die Brücke benutzt werden? Die Römer hatten ja keinen Gehweg vorgesehen. Der Stich von Poldo D'Albenas aus dem Jahre 1559 bei Guillaume Rouille in Lyon erschienenen *Discours historial de l'antique et illustre cité de Nimes* zeigt die Lösung: Am Fuße der mittleren Bogenreihe war der schmale Breitenunterschied zwischen beiden Etagen durch Aushauen der Pfeiler auf rund 1,80 m verbreitert worden (vgl. Bild 21).

Es stand bereits 1295 dem Souverän ein Brückenzoll zu, wie aus Urkunden zu entnehmen ist. Philippe IV., König von Frankreich, übertrug dieses Regal auf den Sieur von Uzès, Raymond Gaucelin II., im Tausche gegen die *baronnie de Lunel* bei Montpellier. Im 14. Jh. ging der Zoll auf das Episkopat von Uzès über.

Im Jahre 1747 wurde eine neue breite Brücke von Henri Pitot im alten Stil unmittelbar an der Ostseite des Untergeschosses vom Pont errichtet. Im Jahre 1834 war Prosper Merimee, dessen Name mit dem Libretto der *Carmen* verbunden ist, Generalinspektor für Nationale Denkmalpflege. Er inspizierte den Pont. *Das ganze Bauwerk,* berichtete er, *ist von einer Wesenheit der Größe, die den Betrachter packt und die keinerlei Beschreibung wiedergeben kann.* Napoleon III. ordnete auf seinen Rat hin die vollständige Restaurierung des Bauwerkes an.

Teilweise zit. nach *R. Kende*

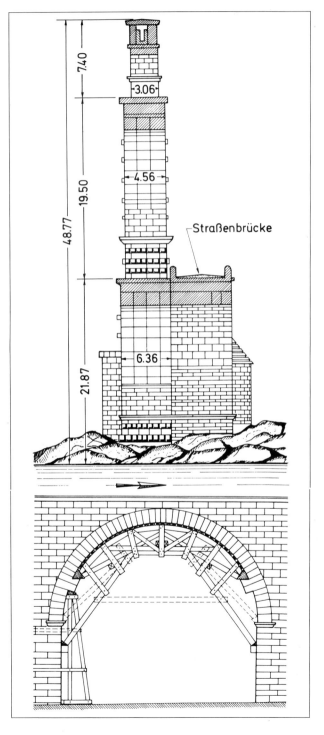

20 Querschnitt (heutiger Zustand). Vermutliche Einrüstung für die Bögen. Zeichnung: M. Schmidt.

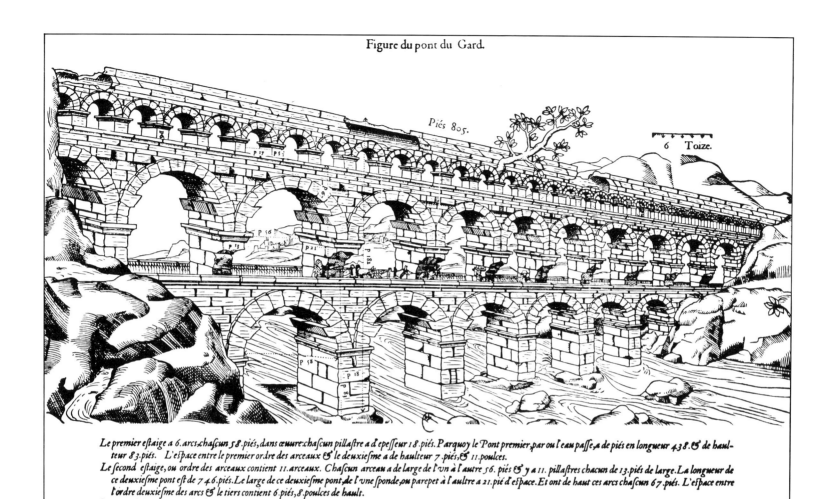

21 Ausgeschlagene Pfeiler, Pont du Gard. Photo: Archiv R. Kende.

22 Pont du Gard.
Photo: U.S. Air Force.

23 Pont du Gard.
Photo: G. Gandini. ▷

Aquädukt von Tarragona

Die Wasserleitung von Tarragona hat nach C. Merckel eine Gesamtlänge von 35 km. Ihre Erbauungszeit ist bislang nicht bekannt, wird aber der Regierung des Kaisers Augustus zugerechnet. Die Länge der Talbrücke (Bild 24) beträgt nach Casado 200 m und nach Grewe 249 m. Sie besteht aus 2 Arkaden, von denen die untere 11 und die obere 25 Bögen besitzt. Die Pfeilerabmessungen werden von Casado für den unteren Bogengang mit 3,75 m x 3,08 m und für den oberen Bogengang mit 2,05 m x 1,86 m angegeben. Die lichte Weite zwischen den beiden südlichsten Pfeilern der unteren Bogenreihe wurde von Grewe mit 3,57 m ermittelt. Die maximale Höhe der Talbrücke soll 26 m betragen.

E. Thofern

Aquädukt von Merida

Die Erbauungszeit der Bogenbrücken von Merida (Bild 25) ist unbekannt. Sie wird ebenso wie die des zweiten Aquäduktes von Merida, nämlich S. Lázaro, von Casado der Regierungszeit des Kaisers Hadrian zugeordnet. Die Höhe der Pfeiler beträgt zwischen 26 m und 28 m und die Spannweite der Bögen zwischen 7,30 m und 7,55 m.

E. Thofern

25 Aquädukt bei Milagros, Merida (Spanien). ▷
Photo: N. Schnitter-Reinhardt.

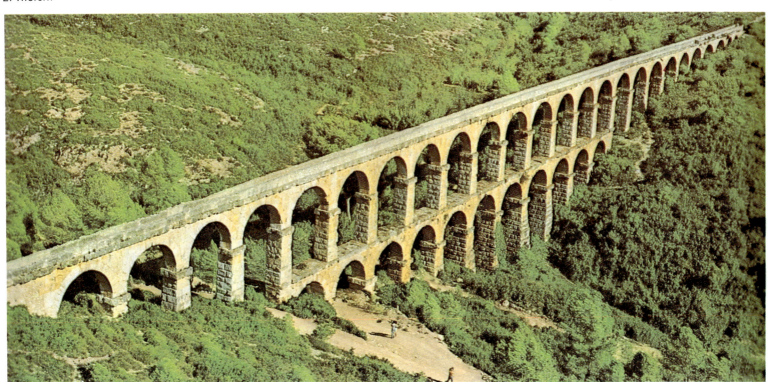

24 Aquädukt von Tarragona. Photo: Archiv J. Schnapauff (J. Raymond).

Aquädukt von Segovia

Der Aquädukt von Segovia (Bilder 26–29) ist aus Granitquadern im Trockenverbund – also ohne Verwendung von Mörtel oder anderen Bindemitteln – errichtet worden. Der Aquädukt besteht aus 119 zu einem Drittel doppelstöckigen Bögen, erreicht eine Maximalhöhe von 28 m und ist 813 m lang. Die Bogenbrücke wird auch heute noch für die Wasserversorgung genutzt.

Über mehrere Jahrzehnte war der Baubestand der Bogenbrücke gefährdet: Es bestand latente Einsturzgefahr. So nahm die Verwitterung der für Trockenmauerwerk recht schlanken Pfeiler rapide zu; an Pfeilern und Bögen zeigten sich bedenkliche Risse. Diese Gefährdung des Baubestandes ist zweifellos durch künstliche Eingriffe beschleunigt worden, insbesondere durch eine Wasserrohrleitung, die im 19. Jahrhundert in das Gerinne eingelegt worden war. Aus vielen undichten Rohrmuffen konnte Wasser ungehindert in das Mauerwerk eindringen. Das recht rauhe Winterklima und die heißen Sommer mit häufig extremen Temperaturen (Segovia liegt auf einer Höhe von etwa 1000 m NN) dürften diese Einwirkungen verstärkt haben. Vor allem der Spaltenfrost hatte zu fortschreitenden Erosionen geführt.

Der Aquädukt wurde zu Beginn der 70er Jahre von Grund auf renoviert. Der am stärksten beschädigte Hauptpfeiler wurde wieder instandgesetzt. Sämtliche Fugen des Gerinnes wurden abgedichtet, klaffende Fugen des Mauerwerkes durch Injektionen mit Zementmörtel oder Epoxidharzen geschlossen. Damit dürfte der Bestand dieses eindrucksvollen und kühnen Bauwerkes für die nächsten Jahrzehnte gesichert sein.

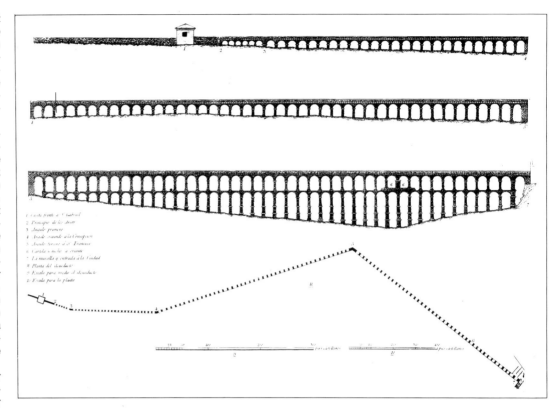

26 Auf- und Grundriß des Aquäduktes in Segovia (1842). Photo: Archiv Ciba-Geigy.

27 Stahlstich von Segovia (Robert Jennings, 1837). Photo: Archiv Ciba-Geigy.

28 Aquädukt in Segovia.
Photo: Archiv Ciba-Geigy.

29 Aquädukt in Segovia.
Photo: Archiv Ciba-Geigy.

Aquädukt von Karthago

Unweit der heutigen Stadt Tunis liegt unmittelbar am Mittelmeer das Ruinenfeld der antiken Stadt Karthago mit den Resten der größten und bedeutendsten römischen Thermenanlagen auf afrikanischem Boden, den Antonins-Thermen, deren Ausstattung 162 n. Chr. vollendet war. Die Wasserversorgung der Stadt erfolgte durch eine mehr als 100 km lange Fernwasserleitung (Bilder 30–32) von einem isoliert gelegenen Gebirgsmassiv, dem Djebel Zaghouan, dessen höchster Gipfel fast 1300 m NN erreicht. Der Ausgangspunkt der Leitung, eine Karstquelle, lag auf 290 m NN. Die Quelle war durch ein Heiligtum dem göttlichen Schutz anvertraut. Die Trasse der Fernleitung führt durch recht unwirtliches Gelände, zum Teil durch wüstenartige Regionen, vorbei an Salzseen mit wechselndem Wasserstand. Etwa $1/4$ der Gesamtlänge bestand aus Bogenbrücken. Die Fernwasserleitung endete in (vermutlich) zwei Wasserspeichern. Der Speicher von Bordj Djedid hat eine Grundfläche von $39 \times 154{,}60$ m². Das Fassungsvermögen liegt bei 30 000 m³. Der Speicher von La Malga hatte vergleichbare Ausmaße.

30 Reste der antiken Fernwasserleitung nach Karthago. Photo: F. Rakob.

31 Einstiegsschacht der antiken Fernwasserleitung nach Karthago. Photo: F. Rakob.

32 Aquäduktpfeiler der antiken Wasserleitung nach Karthago (in späterer Zeit ausgebessert).
Photo: B. Gockel.

Aquädukt von Nîmes

Zur Verbesserung der Wasserversorgung der aufstrebenden römischen Stadt Nemausus (Nîmes) wurde eine 50 km lange Freispiegelleitung angelegt. Zwei starke Quellen, die fontaines d'Eure und d'Avian, die unmittelbar bei Uzès ihr klares Wasser in den Alzon ergießen, wurden im Auftrag der Colonia Nemausus gefaßt. Das Wasser wurde in einem Hangkanal, über Brückenkonstruktionen, durch zwei Tunnel von je 400 m Länge und durch zwei kürzere von nur 60 bis 70 m Länge sowie über den Pont du Gard in das etwa 25 km entfernte Nîmes geführt (Bilder 33a, 34 und 20–23).

Die niedrige Höhenlage der Wasserfassung gegenüber der Stadt bedingte eine äußerst sorgfältige Vermessung der Trasse. Die Leitung mußte mit einem Gefälle von nur rund 34 cm/km gebaut werden.

Der Kanal hat eine Breite von rund 1,35 m, eine Höhe von rund 1,65 m (Bild 33 b) und endet in einem Wasserverteiler (Bild 66). An dieses Wasserbecken waren 13 Rohrleitungsstränge von vermutlich 300 mm Durchmesser angeschlossen, davon 10 seitlich und 3 in der Beckensohle.

Die beträchtlichen Sinterablagerungen aus dem kalkhaltigen Wasser gestatten die Abschätzung des Wasserstandes im Kanalquerschnitt und damit die Berechnung des Durchflusses der Leitung. Danach flossen etwa 20 000 m³ bis 30 000 m³ Trinkwasser täglich nach Nemausus. Damit stand der Stadt eine große Wassermenge zur Verfügung.

Der Bau der Wasserleitung wird oft auf Marcus Vipsanius Agrippa zurückgeführt, der im Jahre 19 v. Chr. in Nemausus weilte. Diese Annahme stößt auf Zweifel, da die Stadt zu diesem Zeitpunkt erst 7 Jahre alt und noch nicht voll ausgebaut war.

33a Verlauf der Fernwasserleitung nach Nîmes. Zeichnung nach A. Grenier, „Manuel d'Archeologie Gallo-romain", 4, Les monuments des eaux, Paris 1960.

34 Pont du Gard. Details der Mauertechnik. ▷
Photo: Mannesmann-Archiv.

33b Wasserkanal im Pont du Gard. Photo: Gaud.

Fernwasserleitung nach Köln

Zu den bemerkenswertesten römischen Bauten im deutschsprachigen Raum zählt die Eifel-Leitung nach Köln. Sie gehört zu den vielen Wasserleitungen im römischen Weltreich, von denen kein antiker Bericht meldet. Die Fertigstellung ist bisher nicht genau datiert, vielleicht war sie schon im ersten Jahrhundert n. Chr. in Betrieb.

Die fast 100 km lange Leitung war als Freispiegelkanal ausgebildet und frostfrei gegründet (Bild 36). Sohle und Wangen waren entweder aus Stampfbeton hergestellt oder gemauert. Der wasserführende Teil des Kanals war mit einem sehr haltbaren mehrschichtigen Mörtelputz überzogen und mit einem angenähert halbkreisförmigen Gewölbe abgedeckt (Bilder 35, 37 und 40). Am Gewölbe sind die Abdrücke des Lehrgerüstes oft deutlich erhalten, in einigen Fällen so klar, daß die Maserung der Hölzer im Mörtel bis heute erkennbar ist (Bild 38). An einigen kritischen Stellen wurde der Kanal auf der Hangseite von einer Bauwerksdrainage begleitet (Bild 39). Neben vielen kleinen Brückenbauwerken gab es aber auch längere Talbrücken, z.B. bei Mechernich-Vussem, bei Meckenheim und über das Tal der Erft.

Nähere Aufschlüsse über die Talbrücke bei Meckenheim (über die Swist) brachten Ausgrabungen des Rhein. Landesmuseums Bonn im Jahre 1981. Danach besaß dieser Aquädukt 295 Brückenbögen bei einer Gesamtlänge von etwa 1400 m. Die Höhe betrug maximal (etwa) 11 m.

Im Bereich des flachen Rheintals wurde die Leitung über Brückenbögen geführt, von denen noch wenige Reste, z.B. in Hermülheim, zu sehen sind.

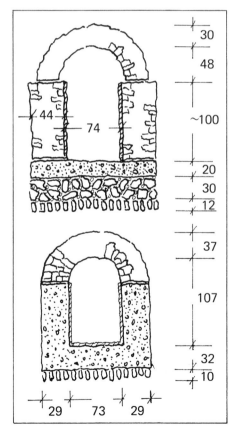

35 Kanalprofile der römischen Wasserleitung nach Köln. Zeichnung: B. Gockel.

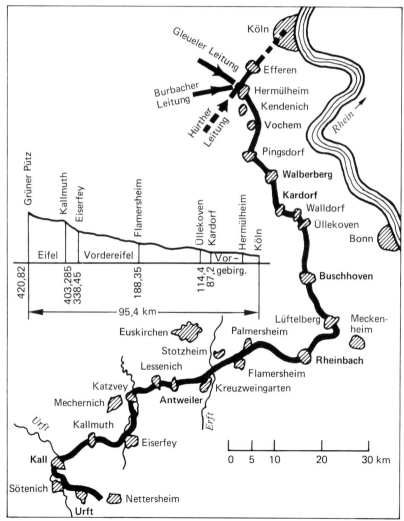

36 Verlauf des Eifelkanals. Zeichnung: nach E. Höller.

37 Römischer Eifelkanal bei Mechernich-Breitenbenden, freigelegt im Zuge des Autobahnbaues Köln–Trier. Stücke dieser Teilstrecke sind als Baudenkmäler an verschiedenen Orten aufgestellt. Photo: Rheinisches Landesmuseum Bonn/Rheinisches Amt für Bodendenkmalpflege (K. Grewe).

38 Römische Eifelwasserleitung nach Köln bei Mechernich-Lessenich. Blick auf das sauber verputzte Kanalgewölbe; bergseitig daneben eine aus losen Steinen aufgeschichtete Drainage.
Photo: Rheinisches Landesmuseum Bonn/Rheinisches Amt für Bodendenkmalpflege (K. Grewe).

39 Römische Eifelwasserleitung nach Köln. Bei Mechernich-Breitenbenden geborgenes Teilstück; die aus Grauwacke-Handquadern gemauerte Innenfläche ist stark versintert und im Gewölbe sind deutlich die Abdrücke des Lehrgerüstes zu sehen.
Photo: Rheinisches Landesmuseum Bonn/Rheinisches Amt für Bodendenkmalpflege (K. Grewe).

40 Römische Eifelwasserleitung nach Köln, Tosbecken Mechernich-Lessenich, Blick gegen die Fließrichtung. Auf der Sohle sind starke Versinterungen zu sehen.
Photo: Rheinisches Landesmuseum Bonn/Rheinisches Amt für Bodendenkmalpflege (K. Grewe).

Die Pergamenischen Wasserleitungen

Pergamon, rd. 20 km von der kleinasiatischen Westküste am Nordrand der Kaikosebene gelegen, erreichte im 2. Jh. n.Chr. seine höchste Blüte. Es wird angenommen, daß zu dieser Zeit etwa 160 000 Menschen in der Stadt lebten, die über ein gut funktionierendes System mit Wasser versorgt wurden. Dieses System bestand, soweit bis heute bekannt, aus 9 unterschiedlichen Wasserfernleitungen, und zwar 7 hellenistischen Tonrohr- und 2 römischen Kanalleitungen, die aber anscheinend alle noch im 2. Jh. n.Chr. in Betrieb waren (Bild 41). Im einzelnen handelte es sich um folgende Versorgungsadern:

1. *Attalos-Leitung*: Einsträngige Tonrohrleitung von i.M. 13 cm Durchmesser. Die Leitung verlief am Osthang des Selinustales und erreichte die Stadt von Osten in Höhe der oberen Gymnasiumsterrasse.
2. *Demophon-Leitung*: Zweisträngige Tonrohrleitung von i.M. 18 cm Durchmesser. Sie verlief im wesentlichen in derselben Trasse wie die Attalosleitung, nur auf etwas höherem Niveau. Sie endete vermutlich in einem Brunnen vor der Demeterterrasse.
3. *Madradag-Leitung*: Dreisträngige Tonrohrleitung vom Madradag-Gebirge im Norden. Rohrdurchmesser i.M. 18 cm. In der Leitung wurde das Wasser bis auf die Akropolis geführt. Daher war als Schlußstück eine Bleidruckleitung erforderlich, deren höchste Beanspruchung nahezu 200 m Wassersäule betrug (Bild 42a, b).
4. *Geyiklidag-Leitung*: Tonrohrleitung von wohl 18 cm Durchmesser vom Geyiklidag-Gebirge im Westen, die vermutlich den Bereich um das Asklepieion versorgte.
5. *Apollonios-Leitung*: Zweisträngige Tonrohrleitung von i.M. 18 cm Durchmesser am Westhang des Selinustales. Als Endpunkt wird das Nikephorion vermutet, das wohl westlich des Selinus im Bereich der heutigen Stadt Bergama gelegen hat, bisher aber nicht identifiziert wurde.
6. *Selinus-West-Leitung*: Einsträngige Tonrohrleitung von i.M. 25 cm Durchmesser in derselben Trasse wie die Apolloniosleitung, nur auf höherem Niveau.
7. *Caesar-Leitung*: Zweisträngige Tonrohrleitung von i.M. 18 cm Durchmesser am Westhang des Selinustales.

Diese Tonrohrleitungen waren Freispiegelleitungen. Die Rohre waren ungeschützt im Erdreich, wohl in einem Lehmbett, verlegt. Die Stöße waren durch künstlich aufbereiteten bindigen Boden, der mit organischen Beimengungen versehen war, gedichtet.

Im 1. bzw. 2. Jh. n.Chr. wurden folgende Kanalleitungen hinzugefügt:

8. *Madradagkanal-Leitung*: Freispiegelkanal von 50–55 cm Breite und i.M. 90 cm Höhe. Die Trasse verlief weitgehend parallel zur Madradagleitung und endete im Brunnen vor der Demeterterrasse.
9. *Kaikos-Leitung*: 55 km lange Kanalleitung von i.M. 90 cm Breite und 1,30–1,60 m Höhe von Quellen aus dem oberen Kaikostal. Die Leitung war mit einem konstanten Gefälle von $I = 0{,}3‰$ gebaut worden.
10. *Aksu-Leitung*: Wohl durch das Erdbeben von 178 n.Chr. wurden die großen Aquädukte der Kaikosleitung zerstört. Mit Erstellen der Aksuleitung, einem neuen Quellast, wurde das Wasser der Aksuquellen in die Stammleitung geführt.

Mit Hilfe dieses Leitungssystems dürfte der Bevölkerung in Pergamon im 2. Jh. n.Chr. ein Dargebot von 350–400 l/s, d.h. rd. 30 000–35 000 m³/Tag zur Verfügung gestanden haben.

H. Fahlbusch

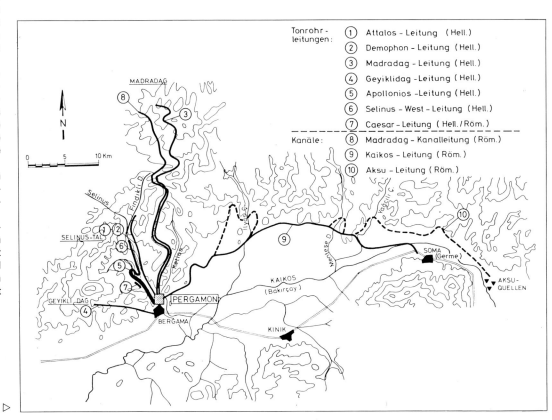

41 Übersichtsplan. Zeichnung: Leichtweiß-Institut für Wasserbau, TU Braunschweig.

42a Madradag-Kanalleitung. Großer Aquädukt. Photo: Staatl. Museen, Berlin.

42b Kaikos-Leitung nach Pergamon, Aquädukt über den Ketios. Photo: G. Garbrecht.

Römische Stollenleitungen im Rheinland

Eine größere Anzahl römischer Stollenleitungen ist im Neuwieder Becken aufgefunden worden. Ihre Bauart ist hier weniger durch das Geländerelief als durch die besonderen Grundwasserverhältnisse bedingt: Infolge der Vulkanausbrüche vor rd. 9000 Jahren wurde die Landschaft mit einer hohen Schicht porösem Bims überschüttet. Die Quellen blieben so im Untergrund verborgen; das Wasser versickerte in den porösen Bimsschichten und trat nicht zutage.

Zur Wasserversorgung römischer Gutshöfe wurden diese Quellen unter den Bimsschichten aufgespürt und gefaßt. Das Quellwasser wurde durch Stollen dem Verbrauchsort zugeführt. Die Bilder 43, 44 und 45 zeigen typische Stollengänge im rheinischen Bimsgebiet, die zumeist erst durch den Bims-Abbau entdeckt worden sind. Einige Stollenleitungen führen noch heute Wasser.

44 Römische Stollenleitung im Neuwieder Becken. Photo: B. Gockel.

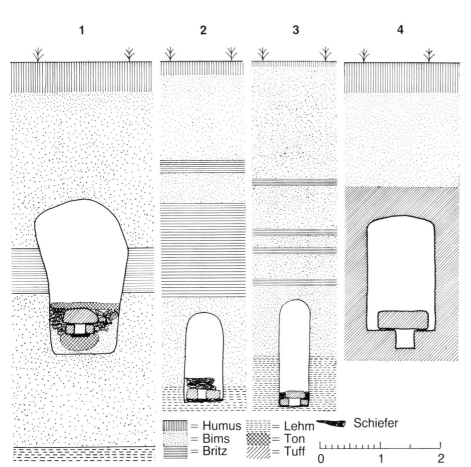

43 Römische Stollenleitungen in Bimsablagerungen.
1 Miesenheim; 2 Nickenich; 3 Saffig; 4 Plaidt. Zeichnung: W. Haberey.

45 Römische Stollenleitung im Neuwieder Becken. Photo: B. Gockel.

Bleirohre

Die Durchmesser der in den verschiedensten Teilen des römischen Imperiums gefundenen Bleirohre liegen zwischen 25 und 300 mm. Fast alle Rohre wurden aus rechteckigen Bleiplatten (vielleicht um einen Formzylinder) zu einem Rohr gebogen und anschließend an den Längsrändern und Rohrstößen verlötet (Bilder 46 bis 49). Der Querschnitt der Rohre war damit nicht kreis-, sondern birnenförmig. Vitruv und Plinius der Ältere berichten über die Technik der Rohrherstellung. Vitruv sagt über die Bleirohre: „Diese dürfen nicht kürzer als 10 (römische) Fuß hergestellt werden. Ein 100zölliges Rohr muß bei einer solchen Länge 1200 (römische) Pfund wiegen; ein 80zölliges: 960 Pfund; ein 50zölliges: 600 Pfund; ein 40zölliges: 480 Pfund ..." Durch die Gewichtsangabe und die Abmessungen waren die Wanddicken (in etwa) festgelegt. Die Nennweite der Rohre richtete sich bei diesem System nach der Breite der rechteckigen Platten. Aus dem Bericht von Frontinus geht hervor, daß die Nennweiten-Bezeichnung nach Vitruv bereits unter Augustus durch ein neues, genaueres und differenzierteres System abgelöst wurde. Es ist unbekannt, wie lange das Vitruvsche System in Gebrauch gewesen ist.

Versuche bis zur Bruchfestigkeit haben gezeigt, daß sich ein römisches Bleirohr mit einer Wanddicke von 7 mm bei einem Überdruck von 3 bar aufweitete. Bei einem Überdruck von 8 bar wurde die Kreisform in etwa erreicht; bei 18 bar traten Risse auf.

Die Verbindungen der Bleirohre wurden durch übergezogene und verlötete Muffen hergestellt. Als Lot wurde eine Blei-Zinn-Legierung verwendet.

Vitruv sah in der Verwendung von Bleirohren erhebliche Gefahren: Das durch Tonrohre geleitete Wasser sei weitaus gesünder. Vitruv schlug daher vor, Tonrohrleitungen zu bevorzugen.

46a Versorgungsleitungen aus Blei in Herculaneum. Photo: B. Gockel.

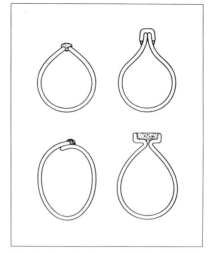

46b Bleirohre der Druckrohrleitung durch die Rhône. Photo: W. Haberey.

47 Ausführungen römischer Bleirohre. Zeichnung: K.-A. Tietze.

48 Beschriftetes römisches Bleirohr. Photo: Archiv Fotograf. Gall. Mus. Vaticani.

Corpus inscriptionum Latinarum XV 7895 b (aus der Nähe von Subiaco)
Imp(eratoris) Caesaris Nervae Traiani
Op⟨t⟩imi Aug(usti) Germanic(i) Dacici

(Diese Wasserleitung ist Besitz von) Imperator Caesar Nerva Traianus Augustus, der den Beinamen der Beste und die Siegernamen Germanicus und Dacicus trägt. Übers. W. Eck.

49 Beschriftetes römisches Bleirohr. Photo: Archiv Fotograf. Gall. Mus. Vaticani.

Corpus inscriptionum Latinarum XV 7286 a (Rom)
Imp(eratoris) Caesaris Domitiani Aug(usti) Germanici
sub cura Polydeucis l(iberti) proc(uratoris) Graptus C(aesaris) n(ostri) ser(vus) f(ecit)

(Diese Wasserleitung ist Besitz von) Imperator Caesar Domitianus Augustus, der den Siegerbeinamen Germanicus trägt. Sie wurde verlegt unter der Aufsicht des Freigelassenenprokurators Polydeuces. Graptus, Sklave unseres Caesar, hat das Wasserleitungsrohr hergestellt. Übers. W. Eck.

Rohrleitungen aus Steinquadern

Bearbeitete und durchbohrte Steinquader wurden über viele Jahrhunderte als Leitungsrohre verwendet. In Leipzig bestand ein Teil des Versorgungsnetzes noch bis zum Ende des letzten Jahrhunderts aus Steinrohren.

Auch die römischen Ingenieure bedienten sich dieser Technik. So wurden die Reste vieler Steinrohrdruckleitungen (Bilder 50 bis 55) aufgefunden, z. B. in Padua, in Apamea (westliches Syrien), bei Smyrna (Türkei) sowie in Pergamon (Türkei), Ephesus (Türkei), in Laodikeia (Türkei) und in Palmyra (Zentral-Syrien). Die Steinquader bestehen zumeist aus Kalkstein; aber auch der leicht zu bearbeitende Sandstein wurde eingesetzt. Die Länge der Rohrstücke schwankt beträchtlich: In Apamea sind die Rohrstücke etwa 60 cm lang bei einem (größten) Außendurchmesser von etwa 80 cm; in Ephesus und Palmyra ist die Rohrlänge oft größer als der Außendurchmesser. In Palmyra ist eine Leitung mit Beton ummantelt, also verstärkt worden. Auch die Bearbeitung der Steinquader läßt auf unterschiedliche Techniken schließen. Es wurden sowohl Rohre gefunden, die innen geglättet worden sind, als auch solche, die den Ansatz des Meißels noch heute erkennen lassen. Die Muffen sind in jedem Falle sehr sauber und paßgenau ausgearbeitet worden. In einigen Fällen ist der Auflagerbereich der Rohre nicht kreisrund, sondern als ebene Fläche ausgebildet.

50 Steinrohr in Pergamon (Türkei). △
Photo: B. Gockel.

51 Steinrohr in Ephesus (Türkei). ▷
Photo: B. Gockel.

52 Steinrohrdruckleitung in Laodikeia.
Photo: G. Garbrecht.

53–55 Steinrohrleitungen ▷ in Palmyra (Syrien).
Photos: B. Gockel.

Colluviaria (Leitungstürme)

Die römischen Wasserleitungen von Aspendos und Lyon enthalten Bauwerke („Leitungstürme"), die gleichermaßen Archäologen wie Ingenieure beschäftigt haben, weil ihre Zweckbestimmung weder aus den Schriften von Vitruv und Plinius, die offenbar beide diese Bauteile ansprechen, noch aus den Grundlagen heutiger Fernleitungstechnik unmittelbar ersichtlich war. Vitruv nannte diese Bauteile „Colluviaria".

In Aspendos sind die Bauteile in eine Druckleitung eingebunden, deren Rohre auf Brückenbögen gelagert waren und an zwei Stellen über Rampen auf einen Hochpunkt hinauf und an der anderen Seite wieder hinuntergeführt worden sind (Bilder 56 und 57). Am Scheitel der Hochpunkte befand sich eine offene Fließstrecke, die beide Leitungsäste miteinander verband.

Der Grund für diese ungewöhnliche und vor allem aufwendige Ingenieurkonstruktion konnte erst erfaßt werden, als man erkannte, daß die „Leitungstürme" nur an Leitungsknicken angeordnet waren und daß die offene Fließstrecke in Höhe der Drucklinie lag: Infolge des statischen Wasserdruckes treten an den Leitungsknicken von Druckleitungen erhebliche Kräfte quer zur Leitungsachse auf, die heute mittels Widerlager oder längskraftschlüssiger Rohrverbindungen abgefangen werden. Bei auf Brückenbögen gelagerten Druckleitungen war die Widerlagertechnik kaum anwendbar; andererseits dürften die Rohrverbindungen nicht sicher genug gewesen sein. Die Römer haben daher unter Druck stehende Leitungsknicke durch Anhebung der Leitung bis in Höhe der Drucklinie vermieden. Auf diese – aus heutiger Sicht – ungewöhnliche Weise wurden Leitungsverschiebungen oder Muffenbrüche sicher verhindert. Die offene Fließstrecke diente auch der an Hochpunkten notwendigen Entlüftung.

56a Blick von der Akropolis Aspendos entlang der Druckleitung nach Norden. Photo: G. Garbrecht.

56b Grundriß und Aufriß der Druckleitung nördlich der Akropolis von Aspendos (nach Lanckoronski: Städte Pamphyliens und Pisidiens. Wien 1890).

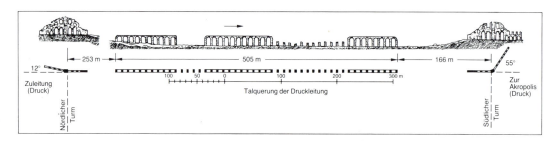

57 Nördlicher Leitungsturm bei Aspendos (Türkei). Photo: N. Schnitter-Reinhardt.

Porta Maggiore

Kaiser Claudius ließ 52 n. Chr. die Überquerung der sich gabelnden Via Labicana und Via Praenestina durch die von ihm erbauten Fernwasserleitungen Aqua Claudia und Aqua Anio Novus zu einer eindrucksvollen Anlage, der heutigen „Porta Maggiore", ausgestalten (Bild 58). Die beiden Torbogen sind 14 m hoch bei einer Weite von 6,35 m. Jeder der drei Torpfeiler enthält wiederum eine Toröffnung, die von einer Ädikula umschlossen ist, wobei unter der mittleren ein 5 m hoher, 1,80 m weiter Fußgängerdurchgang angeordnet ist.

Dieser untere Teil ist in ganz grob bossiertem Rustikamauerwerk aus Travertin ausgeführt, wie es auch für andere Bauten des Claudius typisch ist und wohl der antiquarischen Vorliebe des Kaisers entsprach – Vorbild für die Renaissancebauten eines Michelozzo oder später für Bernini. Im schroffen Gegensatz dazu sind die Kapitelle, Architrave und Giebel der Ädikulen sauber ausgearbeitet. Darüber erhebt sich eine in drei Felder gegliederte mit Travertinplatten verkleidete Attika, in deren beiden oberen die Gerinne der Aqua Anio Novus (oben) und Aqua Claudia (Mitte), aus opus caementitium hergestellt, verlaufen, während das untere Feld nur als Basis dient. Im oberen Feld befindet sich die Bauinschrift des Claudius aus dem Jahre 52. Im mittleren Feld kündet eine Inschrift Vespasians aus dem Jahre 71 von der Wiederherstellung nach einem neunjährigen Verfall, im unteren eine Inschrift seines Sohnes Titus aus dem Jahre 81 ebenfalls von grundlegenden Reparaturen.

Beim Bau der Aurelianischen Mauer 270–282 wurde die Anlage als Stadttor einbezogen und erhielt wehrhaften Charakter, der später durch An- und Ausbauten noch verstärkt wurde, während sie ursprünglich an dieser schon im Altertum verkehrsreichen Stelle rein repräsentative Funktion hatte.

G. Kühne

Corpus inscriptionem Latinarum VI 1256

Ti(berius) Claudius Drusi f(ilius) Caisar Augustus Germanicus pontif(ex) maxim(us), / tribunicia potestate XII, co(n)s(ul) V, imperator XXVII pater patriae, / aquas Claudiam ex fontibus, qui vocabantur Caeruleus et Curtius a milliario XXXXV, / item Anienem novam a milliario LXII sua impensa in urbem perducendas curavit.

Tiberius Claudius, der Sohn des Drusus, Caesar Augustus Germanicus, der oberster Priester war, zum 12. Mal die Amtsgewalt eines Volkstribunen innehatte, der 5 Mal Konsul war und 27 Mal als Sieger akklamiert wurde, der Vater des Vaterlandes: er hat die aqua Claudia von den Quellen, die Caeruleus und Curtius genannt werden, vom 45. Meilenstein aus, ebenso die aqua Anio nova vom 62. Meilenstein aus auf eigene Kosten in die Stadt führen lassen.

Corpus inscriptionum Latinarum VI 1257

Imp(erator) Caesar Vespasianus August(us) pontif(ex) max(imus), trib(unicia) pot(estate) II, imp(erator) VI, co(n)s(ul) III desig(natus) IIII, p(ater) p(atriae), / aquas Curtiam et Caeruleam perductas a divo Claudio et postea intermissas dilapsasque / per annos novem sua impensa urbi restituit.

Imperator Ceasar Vespasianus Augustus, der oberster Priester war, zum 2. Mal die Amtsgewalt eines Volkstribunen innehatte, 6 Mal als Sieger akklamiert wurde, der 3 Mal Konsul war und für den 4. Konsulat bereits bestimmt ist, der Vater des Vaterlandes: er hat die Wasserleitungen, die man Curtia und Caerulea nennt und die vom vergöttlichten Claudius in die Stadt geführt wurden, die aber nachher 9 Jahre lang unterbrochen und zusammengestürzt waren, auf eigene Kosten für die Stadt wiederhergestellt.

Corpus inscriptionum Latinarum VI 1258

Imp(erator) T(itus) Caesar divi f(ilius) Vespasianus Augustus pontifex maximus, tribunic(ia) potestate X, imperator XVII, pater patriae, censor, co(n)s(ul) VIII / aquas Curtiam et Caeruleam perductas a divo Claudio et postea / a divo Vespasiano patre suo urbi restitutas, cum a capite aquarum a solo vetustate dilapsae essent, nova forma reducendas sua impensa curavit.

Imperator Titus Caesar, der Sohn des vergöttlichten (Vespasian), Vespasianus Augustus, der oberster Priester war, zum 10. Mal die Amtsgewalt eines Volkstribunen innehatte, der 17 Mal als Sieger akklamiert wurde, der Vater des Vaterlandes, Censor, der 8 Mal Konsul war: er hat die Wasserleitungen, die man Curtia und Caerulea nennt, die vom vergöttlichten Claudius herangeführt und später von seinem vergöttlichten Vater Vespasian der Stadt wieder zur Verfügung gestellt wurden, auf eigene Kosten in neuer Form wieder in die Stadt führen lassen, nachdem sie an ihrem Beginn aus Altersgründen bis zum Grund zusammengestürzt waren.

Bau- und Reparaturinschriften auf der Porta Maggiore (CIL 1256, CIL 1257, CIL 1258). Übers. W. Eck.

58 Porta Maggiore mit den Aquädukten Anio Novus und Claudia (Piranesi).

Wasserbehälter

Zur Speicherung und Bewirtschaftung des Wassers wurden viele Wasserbehälter gebaut. Diese Speicher befanden sich zumeist in unmittelbarer Nähe des Versorgungsgebietes, häufig am Ende von Fernleitungen (Endspeicher). Sie sind offenbar bevorzugt dort gebaut worden, wo die Wasserzufuhr (z. B. durch unregelmäßige Schüttungen von Quellen) erheblich schwankte, vielleicht auch gefährdet war. Zu den größten bisher bekannten Wasserspeichern zählen die Behälter am Ende der Fernwasserleitung von Zaghouan nach Karthago. Der „Bordj Djedid" (Bild 59) hatte eine Grundfläche von 39 m x 154,60 m, sein Nutzinhalt betrug etwa 30 000 m³. Der zweite Speicher liegt in der Nähe von La Malga (Bild 60). Er war von 15 Tonnengewölben überspannt.

Am Ende der Fernwasserleitung um den Golf von Neapel bis zum Kap Miseno liegt der Endspeicher „Piscina Mirabilis" (Bilder 61 und 62). Er hat eine Grundfläche von 72 m x 26 m und ein Fassungsvermögen von etwa 12 600 m³. Achtundvierzig Pfeiler teilen den Raum in 5 Längs- und 13 Querschiffe. Die Bedeutung und Zweckbestimmung dieses Wasserbehälters sind umstritten. Die häufig publizierte Auffassung, daß er der Versorgung der römischen Kriegsflotte im Hafen von Misenum gedient habe, ist nicht bestätigt.

Die Funktion der Wasserbevorratung für eine längere Zeit besaß sicherlich auch der Endspeicher von Chieti, des antiken Teate, einer Stadt am Osthang der Abruzzen, nicht weit von der Adria. Er besteht aus neun nebeneinanderliegenden Kammern, deren Trennwände durch vier Öffnungen unterbrochen sind, und hat ein Fassungsvermögen von rd. 2000 m³.

Die wichtigsten bisher aufgefundenen Wasserbehälter haben hallenartige Kammern, abgedeckt mit – hin und wieder recht flachen – Tonnengewölben. Das Mauerwerk besteht in aller Regel aus vermörtelten und wasserdicht verputzten Bruchsteinen.

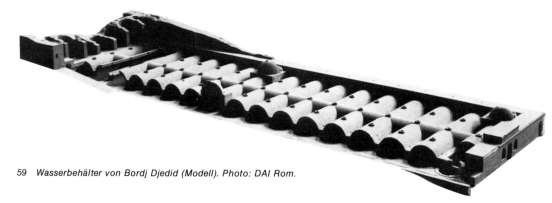

59 Wasserbehälter von Bordj Djedid (Modell). Photo: DAI Rom.

60 Wasserbehälter La Malga bei Karthago (Tunesien), Blick in eines der verschütteten Behälterschiffe. Photo: DAI Rom.

61 Blick in ein Längsschiff des Wasserbehälters „Piscina Mirabilis" bei Misenum (Golf von Neapel). Photo: G. Garbrecht.

62 Wasserbehälter „Piscina Mirabilis" bei Misenum (Golf von Neapel). Kupferstich (wahrscheinlich 18. Jahrhundert).
Photo: Archiv E. Thofern.

Wasserverteiler

Am Ende der Fernwasserleitungen war oft ein „Wasser-Hauptverteiler" angeordnet. Die bekanntesten Beispiele hierfür sind die Bauwerke aus Nîmes und Pompeji (Bilder 63–66).

In Nîmes floß das Wasser aus dem Zuleitungskanal in ein rundes Becken von etwa 6 m Durchmesser. Von hier gingen zwei Gruppen von insgesamt 13 Rohrleitungen (3 am Beckenboden, 10 in der Beckenwand) aus, in denen das Wasser wohl zu den einzelnen Stadtteilen floß. Funktional gleichartig war der Wasser-Hauptverteiler in Pompeji.

Die Aufteilung des Wassers in Pompeji auf drei Hauptstränge könnte die Angaben des römischen Schriftstellers und Architekten Vitruv bestätigen. Nach seinen Ausführungen sollten drei getrennte Versorgungssysteme an den Wasser-Hauptvereiler angeschlossen werden: Das erste zur Versorgung der öffentlichen Trinkwasser-Brunnen, das zweite zur Versorgung der öffentlichen Anlagen, wie Bäder, Theater, Zierbrunnen usw.; der dritte Leitungsast war bestimmt zur Versorgung von Privathäusern. Diese dreischienige Versorgung würde es erforderlich machen, drei Versorgungsleitungen parallel zu führen.

Ein derartiges dreifaches Leitungssystem mit seinen zugehörigen Verteiler-Bauwerken wäre sehr kostspielig. Es ist bisher auch weder in Pompeji noch in einer anderen römischen Stadt gefunden worden. Es wird daher nicht selten die Auffassung vertreten, daß diese Empfehlungen Vitruvs – ebenso wie viele andere seiner Angaben zum Bau von Wasserleitungen – nicht Allgemeingut gewesen sind.

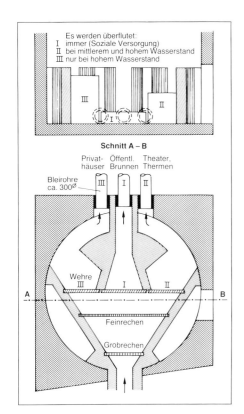

63 Verteilerbecken in Pompeji (Rekonstruktion). Zeichnung: VDI-Archiv.

64 Verteilerbecken in Pompeji (Innenansicht, heutiger Befund). Photo: G. Garbrecht.

65 Verteilerbecken in Pompeji (Außenansicht). Photo: G. Garbrecht.

66 Wasserverteiler in Nîmes. Photo: N. Schnitter-Reinhardt.

Laufbrunnen im römischen Pompeji

Über die Anfänge einer kollektiven Wasserversorgung Pompejis herrscht ebenso Unklarheit, wie über den Verlauf der antiken Zubringerleitungen. Es ist jedoch wahrscheinlich, daß die Anlage einer zentralen Wasserversorgung zur Stadt auf Agrippa, der im Jahre 12 v. Chr. starb, zurückgeht. Es wird heute vermutet, daß ein Zweig der Fernwasserleitung, die um den Golf von Neapel bis zur Piscina Mirabilis am Cap Misenum führte, auch Pompeji mit Wasser versorgte. Dieser Kanal endete in einem Wasserhauptverteiler nahe dem Vesuv-Tor. Hier wurde das Wasser auf drei große Bleirohrleitungen aufgeteilt, die in die verschiedenen Stadtteile führten. Angeschlossen an diese Leitungen waren Verteilertürme, mit deren Hilfe das Wasser den verschiedenen Abnehmern im engeren Umkreis der Türme zugeteilt wurde. Die Laufbrunnen waren oft direkt an ihrem Fuß angeordnet (Bilder 69 und 70) und in fast regelmäßigen Abständen über das ganze Stadtgebiet verteilt (Bild 67). In dem bisher freigelegten Teil der antiken Stadt wurden etwa 40 Laufbrunnen gefunden. Bei einer angenommenen Einwohnerzahl von 8000 Personen entfiel damit ein Laufbrunnen auf etwa 160 Einwohner.

Die meisten der aufgefundenen Laufbrunnen bestehen aus Lava, drei aus Tuff, drei aus Travertin und einer aus Marmor. Die Konstruktion ist sehr einfach gehalten: Die Brunnen bestehen aus vier zusammengefügten rechteckigen Monolithen (Bild 68) mit einer Wanddicke von ca. 25 bis 35 cm; im Durchschnitt waren sie 0,80 m hoch. Die Seitenlängen betrugen ca. 1,50 bis 1,80 m. Die Steinplatten waren mit Eisen- oder Bronzeklammern zusammengehalten. Die Grundfläche bildete eine in „opus incertum" hergestellte und mit Ziegelsplittputz abgeglättete Sohle. Ein unterer Auslauf, der mit einem Zapfen verschlossen war, diente der vollständigen Entleerung und der Reinigung des Beckens. An der Oberkante der vorderen Platte befand sich ein Überlauf, über den das überschüssige Wasser auf die Straße floß und die Gosse spülte – eine gleichzeitig willkommene Hilfe zur Reinigung des Pflasters. Die Wasserzuführung erfolgte vom Verteilerturm über ein dünnes Bleirohr, dessen Auslaufmund häufig in ein kleines Relief eingebettet war (Schild, Rosette, Löwen- oder Stierkopf, Hahn mit auslaufendem Gefäß, Adler mit Kaninchen im Schnabel, ruhender Silen mit auslaufendem Faß, Wasserflasche, Gorgo, Fortuna mit Füllhorn, Merkurbüste).

Von diesen öffentlichen Brunnen holten sich wohl primär diejenigen Einwohner ihr Wasser, deren Behausungen oder Werkstätten bzw. Läden nicht über einen eigenen Wasseranschluß verfügten. Notwendig war diese – gebührenfreie – Wasserquelle auch für die Bewohner der Obergeschosse von Häusern, die die Versorgungsanlage des jeweiligen Hauseigentümers nicht benutzen konnten.

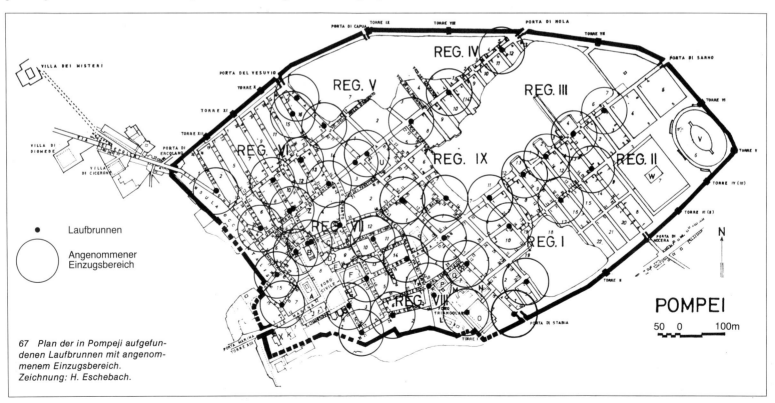

67 Plan der in Pompeji aufgefundenen Laufbrunnen mit angenommenem Einzugsbereich.
Zeichnung: H. Eschebach.

68 *Laufbrunnen in Pompeji.* Photo: G. Garbrecht.

◁◁ 69 Verteilerturm mit Laufbrunnen der innerstädtischen Wasserversorgung in Pompeji.
Photo: H. Fahlbusch.

◁ 70 Verteilerturm und Laufbrunnen in Pompeji.
Photo: L. Eschebach.

71 Casa della Fontana Grande (Pompeji).
Photo: L. Eschebach.

Römische Thermen

Zu den größten Wassernutzern in römischen Städten zählten die öffentlichen Badeeinrichtungen (Thermen).

Die römischen Thermen wurden nach dem Prinzip der Hypokausten-Heizung erwärmt. Unter den Fuß- und Wasserbeckenböden befand sich ein Hohlraum, durch den heiße Luft geleitet wurde. Die römischen Thermen entwickelten sich mit der Zeit zu teilweise sehr luxuriösen Großbadeanlagen.

Sie bestanden in der Regel aus einem Apodyterium (ungeheizter Auskleideraum), einem Frigidarium (Kaltbad), einem Tepidarium (mäßig warmer Übergangsraum), einem Caldarium (stark erhitzter Raum zum warmen Baden oder Schwitzen) und gelegentlich einem Laconicum (am stärksten erhitzter Raum zum Schwitzen). Zum Bad gehörten auch gymnastische und andere körperliche Übungen. Deshalb enthielt jede etwas größere Badeanstalt einen hierzu bestimmten Platz, der wohl in der Regel mit Säulenhallen ganz oder teilweise umgeben war (Bilder 72 und 73).

Am Anfang der Entwicklung des römischen Badewesens gab es öffentliche Bäder mit getrennten Abteilungen für Frauen und Männer. Bei kleineren Anlagen waren für Frauen bestimmte Badezeiten reserviert. Gemeinsames Baden von Männern und Frauen ist schon für die Zeit des Augustus bezeugt (Ov. ars amandi 3, 640). Das gemeinsame Bad führte zu Ausschweifungen, so daß es, jedenfalls nach den noch vorhandenen Quellen, zuerst von Hadrian, später von anderen Kaisern, jeweils jedoch vergeblich, verboten wurde.

72 Thermen des römischen Kaisers Diocletian 295 n. Chr. (Modell, Teilansicht).
Photo: Deutsches Museum, München.

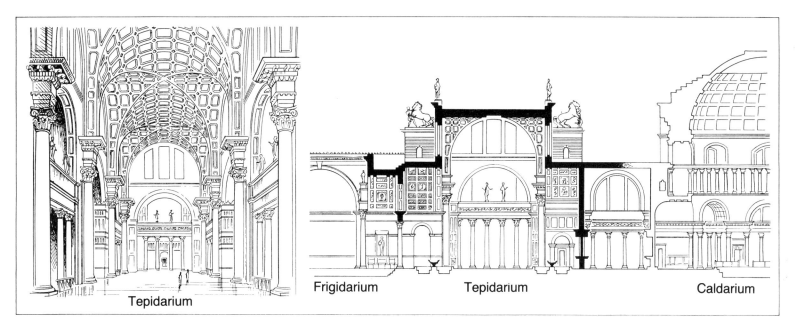

73 Caracalla-Thermen. Zeichnung: nach A. van der Heyden, Bildatlas der klassischen Welt, Gütersloh 1960.

74 Römische Bäderanlage in Badenweiler. Zeichnung: Frank, Friedrich. Skizzen zur Geschichte der Hygiene, 1.Teil: Altertum. Separatabdruck aus der Schweizerischen Spenglermeister- und Installations-Zeitung, 1953.

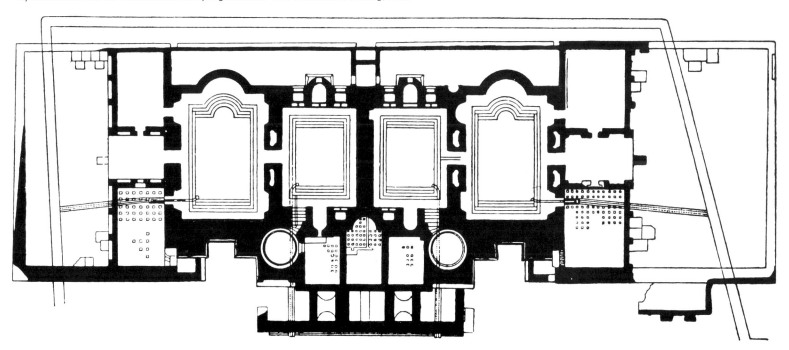

Römische Aborte

Aus der Antike finden sich genügend Hinweise, die uns sowohl eine naturgemäße Verschämtheit auf der einen Seite als auch eine Ungeniertheit gegenüber natürlichen menschlichen Bedürfnissen deutlich machen. So wird berichtet, daß Tiberius, ohne moralischen Hintergrund, den Besuch einer Latrine als Majestätsbeleidigung empfand, wenn dabei ein Ring oder Medaillon mit dem Bild des Imperators getragen wurde.

Öffentliche Latrinen waren in allen Siedlungen vorhanden. Es waren Massen-Aborte, Sitz an Sitz, eine Quelle von Klatsch und Tratsch. Die Bilder 75 und 78 zeigen eine Latrine aus Dougga/Tunesien. In Dougga waren im Abortraum zwölf Sitze aus Kalkstein angeordnet; der Fußboden zeigte ursprünglich ein Mosaik. Eine um das Mosaik sich herumziehende, halbrunde Rinne hatte keinen Abfluß. In ihr hat Wasser zur Reinigung gestanden.

Die Besonderheit der römischen Aborte bestand darin, daß die Fäkalien erstmalig durch Abwasserkanäle weggespült wurden, wodurch störende Geruchsbelästigungen eingedämmt, jedoch nicht gänzlich verhindert werden konnten. Die technische Lösung eines Geruchsverschlusses ist den Römern nicht gelungen.

In römischen Privathäusern gab es neben dem Nachtgefäß auch feste Abortstühle. Hier fielen die Fäkalien in eine Grube oder Kloake. Holzsitze sind verständlicherweise über die lange Zeitspanne nicht erhalten geblieben, doch ein in rauhem Kalkstein ausgeführtes Exemplar befand sich in den Ruinen von Dougga/Tunesien, dem römischen Thugga (Bild 77). Die Entstehung dieses Abortstuhles dürfte in die Zeit von Septimus Severus und Caracalla (Ende zweites/Anfang drittes Jh. n. Chr.) fallen. Ein äußerst luxuriöser Abortsessel befindet sich heute im Louvre in Paris (Bild 76). Er ist aus einem roten Marmorblock herausgearbeitet und weist eine fein geglättete Oberfläche auf. Dem oberen, runden Sitzteil entspricht ein unterer quadratischer Durchbruch, unter dem vermutlich eine bewässerte Kloake lag.

In den Privathäusern waren offensichtlich auch Hock-Aborte üblich, wie ein Fund aus Alba Fucens (in den Abruzzen) zeigt.

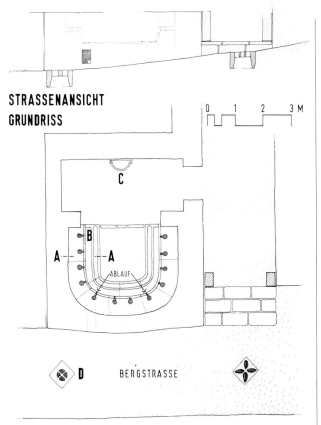

75 Öffentliche Abortanlage neben den zyklopischen Thermen in Dougga (Tunesien). Zeichnung: M. Grassnick.

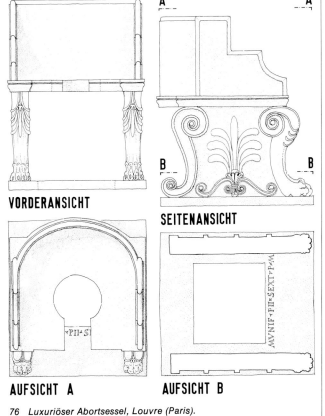

76 Luxuriöser Abortsessel, Louvre (Paris). Zeichnung: M. Grassnick.

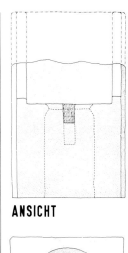

77 Grauer Kalkstein-Abortstuhl in Dougga (Tunesien). Zeichnung: M. Grassnick.

78 Öffentliche Abortanlage in Dougga (Tunesien). Photo: B. Gockel.

Tonrohre

Die Technik der Herstellung von Gebrauchsgegenständen – auch Gerinneprofilen und Rohren – aus gebrannten Tonen ist seit mehreren tausend Jahren bekannt. Gewisse Unterschiede beziehen sich nur auf die Herstellungsverfahren, die Verarbeitung der jeweils vorhandenen Ausgangsstoffe, die Brenntemperaturen, die Abmessungen und die Formgebung. Für aufgefundene Tonrohre und Tonrinnen (Bilder 79 und 80) ist es daher auch außerordentlich schwierig, die Herstellungs- und Verlegezeit zu ermitteln, wenn für das Fundgebiet eine kontinuierliche Besiedlung über mehrere Jahrhunderte nachgewiesen worden ist und die Tonrohre keine datierbare Markierung aufweisen (Bild 81).

Im allgemeinen haben römische Tonrohre unterschiedliche Formen und auch verschiedene Wanddicken. Die Baulänge liegt im Bereich zwischen 30 und 60 cm, aber auch Rohre von 80 cm Länge kommen vor. Feinkörniger Ton, eine glatte Außenfläche und Profilierung der Rohrenden sind normalerweise Kennzeichen dieser Rohre. Sie sind nahezu zylindrisch; die Ausbildung der Rohrverbindungen durch Falz und Nut sind oft recht genau.

Vitruv hat sich zum Thema Trinkwasserleitungen aus Tonrohren unter anderem wie folgt geäußert:

„Beabsichtigt man aber, eine Wasserleitung mit weniger Unkosten zu bauen, so richte man sie folgendermaßen her: Man fertige Tonrohre mit dicken Wandungen und von mindestens zwei Zoll innerem Durchmesser, und zwar in einer Form, daß sie sich nach einer Seite hin verjüngen, damit ein Rohr in das andere eingefügt und mit diesem zusammengepaßt werden kann. Die Fugen sind hierbei mit frisch gelöschtem Kalk, der mit Öl durchmischt ist, zu verstreichen ...

Eine Leitung aus Tonrohren hat den Vorteil, daß schadhafte Stellen von einem ungelernten Arbeiter wieder leicht ausgebessert werden können und daß das Trinkwasser, das durch Tonrohre geleitet wird, viel gesünder ist als jenes aus Bleirohren ... Man kann sich im täglichen Leben davon überzeugen, daß der Geschmack des Wassers aus einer Tonrohrleitung weit besser ist. Selbst die Leute, die reich ausgestattete Speisetafeln mit Silbergeschirr besitzen, bedienen sich beim Kochen – wegen der Reinheit des Geschmacks – doch irdener Gefäße."

79 Tonrohre verschiedener Konstruktion und Formgebung (vermutlich unterschiedlichen Zeiten zuzuordnen) in Ephesus (Türkei).
Photo: B. Gockel.

80 Römische Tonrinnen (verschiedene Fundorte).
Photo: W. Haberey.

81 Tonrohr-Fragment aus Mainz mit Legionsstempel. Photo: Chr. v. Kaphengst.

Wasserinstallationen

Die Bleileitungen, die von den Unterverteilern zu den Grundstücken der berechtigten Abnehmer führten und die Installationsleitungen auf diesen Grundstücken sind offenbar häufiger sorglos verlegt und unterhalten worden. Oft lagen die Leitungen in der Regenrinne der Hausgärten oder ungeschützt auf dem Bürgersteig. Viele Leckstellen waren dann die Folge. Nach den Ausgrabungsfunden in Pompeji wurden größere Schadstellen an den Bleileitungen durch Muffen gedichtet, die über die Leckstellen geschoben und mit dem Rohr verlötet wurden. Häufige Sinterkrusten an einigen Rohren deuten an, daß zumindest kleine Leckstellen nicht immer sofort repariert zu werden pflegten. Es ist nicht auszuschließen, daß durch diese Sorglosigkeit größere Wassermengen verloren gingen (Bilder 82–85).

82 Mehrfach reparierte Bleileitung, Pompeji.
Photo: L. Eschebach.

83 An einer Hauswand verlegte Bleileitung, Pompeji.
Photo: G. Garbrecht.

84, 85 Hausverteiler, über Gelände verlegt, Pompeji.
Photo: L. Eschebach.

Römische Armaturen

Im römischen Reich war der Absperrhahn die gebräuchlichste Durchgangs- und Auslaufarmatur. Dennoch findet man Hähne trotz weitverzweigter römischer Wasserversorgungsanlagen nur relativ selten, da man offensichtlich kein Bedürfnis und auch kein Verständnis für das Absperren von Wasserleitungen besaß. Jede Begrenzung oder zeitweise Sperrung des Wasserflusses empfand man als einen Mangel, den man nur widerstrebend zu dulden geneigt war. Doch ganz ohne Absperrarmaturen konnte man nicht auskommen. In der späteren Kaiserzeit galten Wasserhähne sogar als Zeichen besonderen Wohlstandes. Von zwei Schriftstellern der damaligen Zeit sind Berichte überliefert, in denen sogar von Absperrhähnen aus Silber die Rede ist, doch galten diese als ein charakteristisches Merkmal eines Verschwenders.

Die Bilder 86–89 zeigen römische Absperrhähne für beiderseitigen Rohranschluß. Im Bild 90 ist ein römischer Wasserspeier, der in Trier aufgefunden wurde, abgebildet. Das Bild 91 stellt eine römische Entleerungsklappe dar (Fundort: Niederlinxweiler).

Unter den römischen Hähnen aus dem deutschen Sprachraum sind die Funde von Rottweil, Breitfeld und St. Vith besonders interessant. Es handelt sich dabei um außerordentlich seltene Auslaufarmaturen mit zwei Rohrleitungsanschlüssen für (offenbar) kaltes und warmes Wasser. Diese Auslaufhähne weisen etwa die gleiche Größe auf (Baulänge: ~150 mm, Bauhöhe: ~136 mm; Durchmesser des Kückens: ~33 mm). Diese Hähne konnten allerdings nicht als „Mischbatterie" verwendet werden; sie waren nur zum Zapfen von entweder kaltem oder warmem Wasser geeignet. Der Durchfluß erfolgte durch das Innere des Hohlkückens nach unten. Der Werkstoff der drei Hähne ist Bronze. Sie wurden aus mehreren gegossenen Teilen zusammengelötet, vermutlich mit einem Silber- oder Kupfer-Lot bzw. einer Legierung aus beiden Metallen. Aber auch Hähne, die in einem Stück gegossen worden sind, wurden aufgefunden.

Die in Italien aufgefundenen römischen Hähne besaßen im allgemeinen folgende Zusammensetzung:

- Kupfer: 73,3%   – Eisen: 0,4%
- Zinn: 7,8%   – Nickel: –
- Blei: 18,5%   – Zink: –

Die römische Metallurgie stand demnach auf einem sehr hohen Niveau. Noch völlig unbekannt ist, nach welchen Kriterien die jeweilige Legierung bestimmt worden ist und wie diese Legierungen mit nur unbedeutenden Toleranzen und über einen langen Zeitraum auch eingehalten werden konnten. Entsprechendes gilt auch für die Gießerei-Technik: Grobe Gußfehler und Wanddickenunterschiede wurden beispielsweise nur vereinzelt festgestellt.

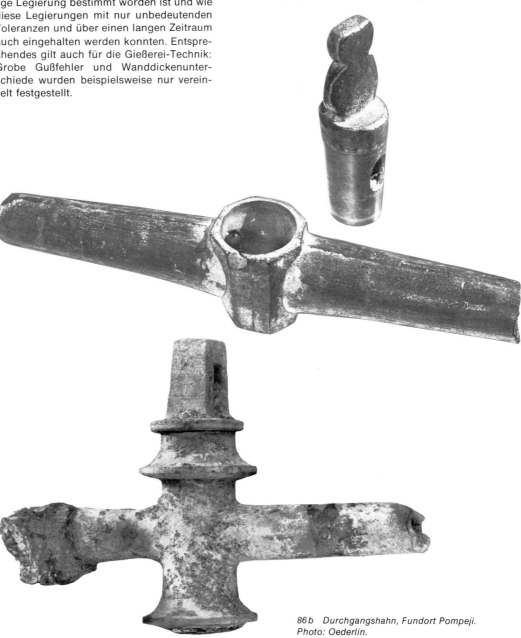

86a Römischer Durchgangshahn aus Bronze, Gewicht 9,765 kg.
Photo: Oederlin (Musée Romain à Avanches).

86b Durchgangshahn, Fundort Pompeji.
Photo: Oederlin.

87 Römischer Durchgangshahn, Fundort Köln.
Photo:
Rhein. Landesmus. Bonn.

88 Römischer Durchgangshahn aus dem 1. Jh. n. Chr. Photo: Vereinigte Armaturen-Gesellschaft.

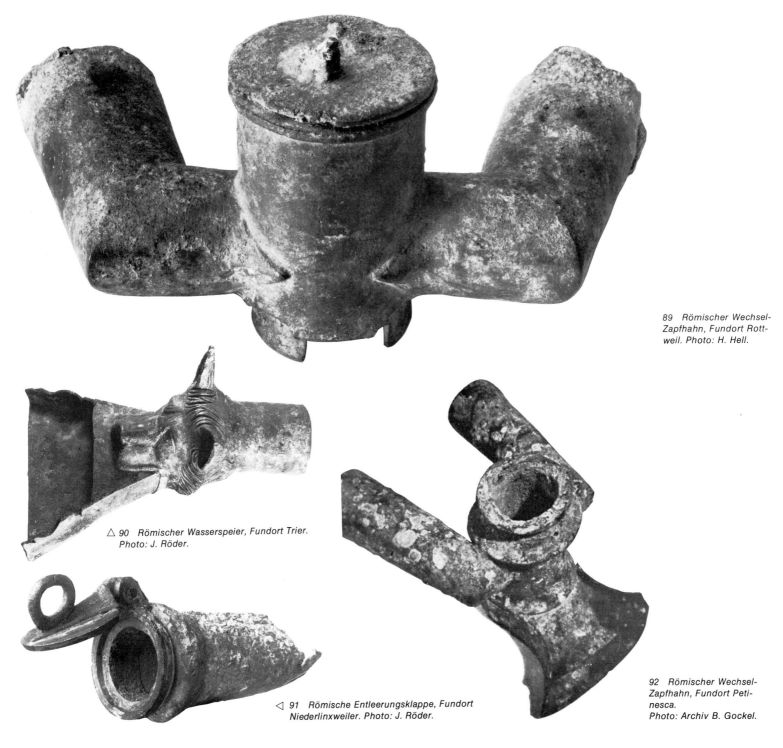

89 Römischer Wechsel-Zapfhahn, Fundort Rottweil. Photo: H. Hell.

△ 90 Römischer Wasserspeier, Fundort Trier. Photo: J. Röder.

◁ 91 Römische Entleerungsklappe, Fundort Niederlinxweiler. Photo: J. Röder.

92 Römischer Wechsel-Zapfhahn, Fundort Petinesca. Photo: Archiv B. Gockel.

Römische Handpumpen aus Holz

Nördlich der Alpen wurden mehrere römische Handpumpen im Prinzip gleicher Konstruktion aufgefunden. Es sind Doppelkolben-Druckpumpen, deren Ansaugöffnungen, Zylinder und Steigleitungsteile kunstvoll aus Baumscheiben (Eichenholz) herausgearbeitet worden sind. Die für die Druck- und Saugseite verwendeten Ventile bestehen aus einseitig angenagelten und beschwerten Lederklappen. Die Pumpen-Zylinder sind zumeist mit Blei ausgebucht. Die Kolben bestehen ebenfalls aus Holz. Um eine optimale Wirksamkeit zu erreichen, wurden Kolbendichtungen aus Leder verwendet, die mit Holzscheiben an der Unterkante der Kolben befestigt sind (Bilder 93–96).

Besonders charakteristisch für die aufgefundenen Pumpen ist, daß sie im Grundwasser oder zumindest in unmittelbarer Nähe des Grundwassers installiert worden sind. Diese Lage der Pumpen zum Grundwasser zeigt, daß ihre Saugfähigkeit auf die Dauer nur begrenzt war. (Teilweise fehlen auch die Saugventile.) Die Handpumpen waren daher nur über zum Teil erheblich lange Betätigungs-Gestänge zu bedienen. Reste von solchen Betätigungs-Gestängen wurden auch gefunden. So ist z. B. für eine Pumpe (aus Wederath/Hunsrück) anzunehmen, daß sich der Pumpenstock rd. 16 m unter Gelände befunden hat.

Neyses hat eine Handpumpe nachbauen lassen und die wichtigsten Kennwerte ermittelt. Er kam dabei zu dem Ergebnis, daß man hier keineswegs nur von „primitiven" Holzpumpen sprechen könne. Die maximale Förderhöhe sei praktisch nur durch die Bruchgrenze des Materials begrenzt. Neyses hat die Kenndaten dieser Pumpe auf die anderen aufgefundenen Handpumpen übertragen und die Leistungsdaten (s. Tabelle) zusammengestellt.

Für hölzerne Doppelkolben-Druckpumpen gibt es keine Angaben in der römischen Literatur. Vitruv bespricht nur die ktesibische Saug- und Druckpumpe und vermerkt dazu, daß sie aus Bronze zu fertigen sei.

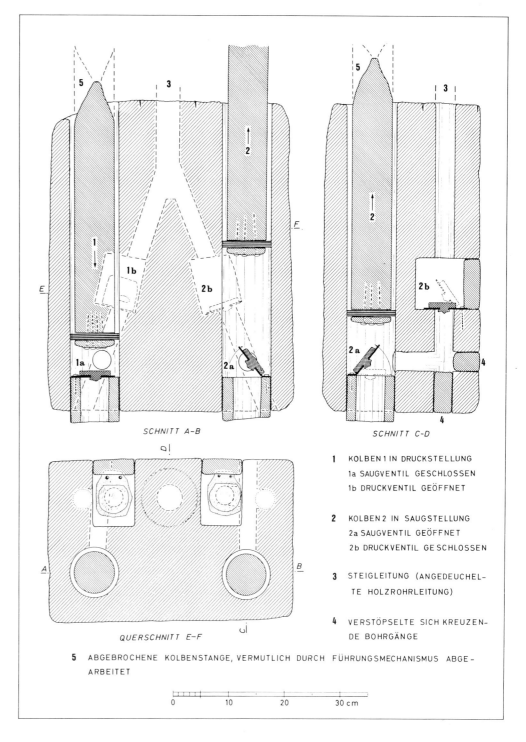

93 Schematische Darstellung der Wirkungsweise einer römischen Handpumpe aus Holz.
Zeichnung: A. Neyses.

94 Pumpenklappen aus Leder mit Bleibeschwerung. Photo: J. Röder.

95 Pumpengehäuse aus Holz mit Kolben. Photo: B. Gockel.

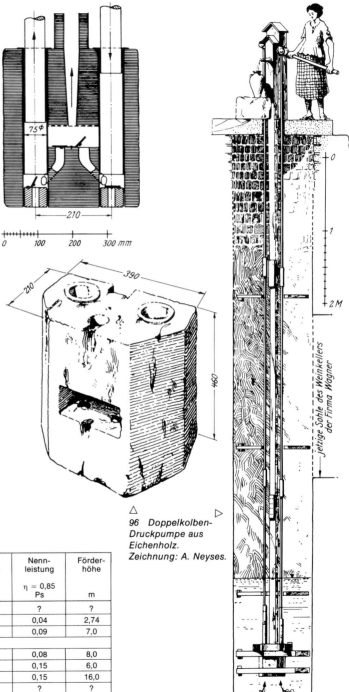

△ *96 Doppelkolben-Druckpumpe aus Eichenholz. Zeichnung: A. Neyses.* ▷

Tabelle. Abmessungen und Leistungsdaten römischer Handpumpen.

Fundort der Pumpe	Fund-jahr	Zylinder Ø	Zylinder-achs-abstand	Kolben-hub	Hub-raum	Leistung bei 44 Doppel-hüben/min. $\eta = 0{,}85$	Nenn-leistung $\eta = 0{,}85$	Förder-höhe
		mm	mm	mm	l	l/min.	Ps	m
Benfeld (Bas-Rhin)	1869	* 73–78	254	210	0,98	70	?	?
Silchester	1895	* 76	180	145	0,66	49	0,04	2,74
Metz-Sablon	1905	* 75	195	150	0,66	49	0,09	7,0
Trier Amphitheater	1908				verschollen			
Trier-Herrenbrünn.	1921	* 70	283	170	0,65	48	0,08	8,0
Zewen-Oberkirch	1958	86	315	220	1,28	95	0,15	6,0
Belginum (Wederath)	1971	60	200	160	0,45	35	0,15	16,0
Trier Fleischstr.	1972	* 65	?	?	?	?	?	?
	* = Zylinder mit Bleifütterung							

Saug- und Druckpumpen aus Bronze

Neben Handpumpen, die in wesentlichen Teilen aus Holz bestanden, sind auch einige Saug- und Druckpumpen aufgefunden worden, deren Einzelteile aus Bronze hergestellt und sodann miteinander verlötet worden sind.

Für diese Pumpen muß man wohl davon ausgehen, daß es sich um zufällige Einzelfunde von Serienproduktionen handelt. Diese Pumpen waren bestimmt für den Anschluß (auf der Saugseite und auf der Druckseite) von Bleileitungen. Die Pumpe in Bild 97 besitzt (zur Steuerung) Klappen; die Pumpe in Bild 98 ist mit geführten Kegelventilen ausgerüstet. Wie aus den kleinen Abmessungen ersichtlich ist, dürften diese Pumpen auch nur eine geringe Leistung gehabt haben.

Besonders interessant ist die Aufteilung der Pumpengehäuse in relativ einfach zu formende und zu vergießende Einzelteile. So verfügt die Pumpe in Bild 98 beispielsweise über Ventil-Sitze, die nicht angeformt, sondern (als selbständiges Bauteil) offenbar eingedreht worden sind.

Nach *E. Fassitelli*

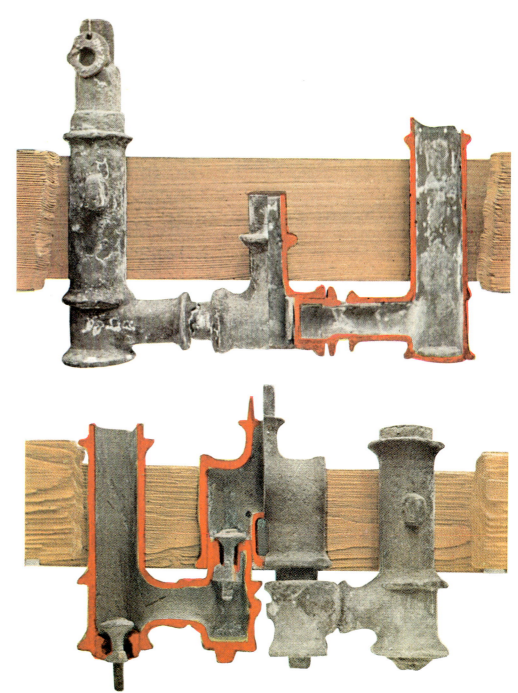

97, 98 Bronzepumpen. Photos: E. Fassitelli.

Werkstoff-Zusammensetzung römischer Bleirohre

Das Labor der Stadtwerke Wiesbaden AG hat in jüngster Zeit ein in Wiesbaden aufgefundenes Bleirohr untersucht. Es wurde folgende Werkstoff-Zusammensetzung festgestellt:

Blei	~	99 %
Zinn	~	0,5 % (± 0,1 %)
Zink	~	0,1 %
Antimon	~	0,05 %
Silber	~	0,05 %
Kupfer	~	0,05 %

Die Thyssen Gießerei AG hat das Gefüge von zwei römischen Bleirohren, die in Mainz aufgefunden worden sind, analysiert (Bild 99). Festgestellt wurden ungleiche Korngrößen und -ausbildungen, die auf ungleichmäßige Zusammensetzung und/oder unterschiedliche Verformung bzw. zonenweise Rekristallisation schließen lassen. Zahlreiche Fehlstellen seien zum Teil auf Fertigungsmängel, aber auch auf Korrosionsvorgänge zurückzuführen. Das Forschungsinstitut Breda (Mailand) kam für Bleirohre aus Norditalien zu einem ähnlichen Ergebnis. Als besonders auffallend wurde die sehr unregelmäßige Kristallbildung mit von Zone zu Zone deutlich unterschiedlichen Kristallgrößen bezeichnet.

Reines Blei kommt in der Natur kaum vor. Wie der hohe Reinheitsgrad der Bleirohre in den vermutlich nur recht kleinen Anlagen verhüttungstechnisch möglich war, ist bis heute noch nicht geklärt. Auch die Ursachen für das unregelmäßige Gefüge werden unterschiedlich beurteilt. Man darf aber wohl vermuten, daß im Gefüge Verunreinigungen (z. B. nichtmetallischer Art) vorhanden sind, die einen nicht homogenen Erstarrungsvorgang begünstigt haben. Die Kristallstruktur wurde ferner verändert durch die Kaltverformung der gegossenen Bleiplatten zu Bleirohren.

99 Gefügeausbildung.
Die helle Kornstruktur weist auf Rekristallisationen hin.
Photo: Thyssen Gießerei AG.

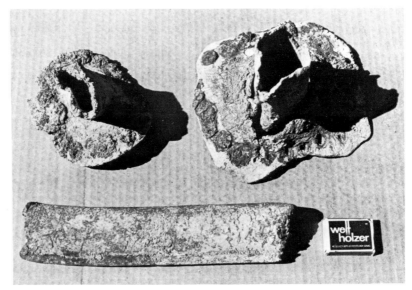

100 Reste römischer Bleirohre, Fundort Mainz.
Photo: Chr. v. Kaphengst.

Kanalsinter

In der Eifelleitung hat sich – wie in vielen antiken Fernwasserleitungen, die kalkhaltiges Wasser führten – im Laufe der Zeit ein Niederschlag, der Sinter, abgesetzt (Bild 101). Er ist hell- bis dunkelbraun, läßt sich unschwer in größeren Stücken aus dem Kanal ausbrechen, leicht bearbeiten und gut polieren. Der Länge nach geschnitten ähnelt er hellbraun gemasertem Marmor. Er besitzt nur geringe Festigkeit und ist auch nicht sonderlich wetterfest.

In romanischer Zeit war dieser Sinter dem Marmor gleichgeachtet und wurde in vielen Kirchen an bevorzugter Stelle verwendet, z. B. für Ziersäulen, Basen und Kapitelle sowie Altar- und Grabplatten. Bekannte Beispiele sind die 2,76 m hohen Säulenschäfte in St. Georg in Köln, die 1,7 m x 1,85 m große Altarplatte in der Pfarrkirche zu Bad Münstereifel und Säulen in Maria Laach (Bild 102).

101 Versinterter Querschnitt des Eifelkanals.
Photo: Stadtbildstelle Köln.

102 Baldachin in Maria Laach. Die beiden vorderen Säulen bestehen aus Kanalsinter. Photo: Rhein. Landesmus. Bonn.

Bilddokumente

Dipl.-Ing. *Bernd Gockel*
Hanau-Kesselstadt

Schrifttum

Benutzt wurden u. a. Veröffentlichungen folgender Autoren:

Eschebach, H.; Fassitelli, E.; Grassnick, M.; Grewe, K.; Haberey, W.; Kende, R.; Lamprecht, H.-O.; Malinowski, R.; Merckel, C.; Neyses, A.; Rakob, F.; Röder, J.; Schmid, M.; Schnitter-Reinhardt, N.; Sölter, W.; Stübinger, O.

Mitarbeit: H. Fahlbusch, G. Garbrecht, K.-A. Tietze.

Weiterführende Literatur

E. M. Winslow, A Libation to the Gods, Hodder and Stoughton Ltd., London o. J.
Pauly-Wissowa, Realencyclopädie der classischen Altertumswissenschaft, Stuttgart 1894 ff.
Caius Plinius Secundus, Naturgeschichte, übers. von Wittstein, Leipzig 1882
M. Vitruv, Zehn Bücher über Architektur, übers. von Prestel, 1912, Fensterbusch, 1964, Teilübersetzung Kottmann, 1982
W. Bray und D. Trump, Lexikon der Archäologie, München 1970
F. M. Feldhaus, Die Technik der Vorzeit, der geschichtlichen Zeit und der Naturvölker, Nachdruck, München 1965
C. Merckel, Die Ingenieurtechnik im Alterthum, Nachdruck, Hildesheim 1969
A. Neuburger, Die Technik des Altertums, Leipzig 1919
H. Diels, Antike Technik, Nachdruck, Osnabrück 1965
J. G. Landels, Die Technik der antiken Welt, Nachdruck, München 1979
Azienda Comunale Elettricita ed Acque, Acqua e Luce per Roma, Rom 1958
New England Water Works Association, The Water Supply of the City of Rom – Sextus Julius Frontinus –, herausg. von C. Herschel, Nachdruck, Boston, Massachusetts 1973
H. Straub, Die Geschichte der Bauingenieurkunst, Basel 1949
E. Samesreuther, Römische Wasserleitungen in den Rheinlanden, Römisch-Germanische Kommission, 1937
H. V. Morton, Die Brunnen von Rom, Frankfurt 1970
L. Masieri, Descrizione dei principali Acquidotti ... (in memoria di G. Rondelet) Mantova, MDCCCXLI
A. Grenier, Manuel d'Archeologie Gallo-Romain, 4, Les monuments des eaux, Paris 1960
De Montauzon, Les Aqueducs antiques de Lyon, Paris 1909
D. C. F. Casado, El Acueducto de Segovia, Barcelona 1973
F. Rakob, Das römische Quellheiligtum bei Zaghouan in Tunesien, Archäolog. Anzeiger, 1969; vgl. auch Mitt. d. dt. Archäolog. Inst. 81, 1974
H. Volkmann, Die Wasserversorgung einer Römerstadt, Jahrbuch d. dt. Archäolog. Inst. 1963
K. H. Henney, Wasserversorgung im Imperium Romanum als Beispiel antiker Ingenieurkunst, Georg-Agricola-Ges., 1976
N. Schnitter-Reinhardt, Römische Talsperren, Musée de la Civilisation Gallo-Romain, Lyon 1977
H. Eschebach, Die innerstädtische Gebrauchswasserversorgung – dargestellt am Beispiel Pompejis, Musée de la Civilisation Gallo-Romain, Lyon 1977
O. Stübinger, Die römischen Wasserleitungen von Nimes und Arles, Ztschr. f. Geschichte der Architektur, Beiheft 3, 1909
R. Kende, Umfassende Maßnahmen, Chem. Grünenthal, Stollberg o. J.
W. Haberey, Die römischen Wasserleitungen nach Köln, Bonn 1972
A. Neyses, Die Ruwer-Wasserleitung des roemischen Trier, Rhein. Landesmuseum, Trier, o. J.
H. Fahlbusch, Wasserversorgung griechischer Städte, dargestellt am Beispiel Pergamons, Mitteil. d. Leichtweiß-Inst., Braunschweig 1981
A. M. Mansel, Die Ruinen von Side, Berlin 1963
K. Stehlin, Über die Colliviaria oder Colliquiaria der römischen Waserleitungen, Anz. f. Schweiz. Altertumskunde, 1918
A. Vogel, Die Geschichte gemauerter Talsperren, Oesterreichische Wasserwirtschaft, 1981
H. O. Lamprecht, Wasserbautechnik in der römischen Kaiserzeit, Berichte aus dem Leben der TH Aachen, 1979/1980
W. Schmitz, Kalksinter im Römerkanal, Rhein. Landesmus. Bonn 1978
W. Zäschke, Keramische Werkstoffe in der Geschichte der Wasser- und Abwassertechnik, Frontinus-Ges., Köln 1981
H. O. Lamprecht, Opus Caementitium, Düsseldorf 1968
H. O. Lamprecht, Konstruktion und Ausführung römischer Wasserbauten, Frontinus-Ges., Köln 1981
F. Kretschmer, Bilddokumente römischer Technik, Düsseldorf 1967
Th. Schiøler, Bronze Roman Piston Pumps, History of Technology, London 1980
W. Sölter, Römische Kalkbrenner im Rheinland, Düsseldorf 1970
J. Röder, Quadermarken am Aquaedukt von Karthago, Mitt. d. dt. Archäolog. Inst. 81, 1974
K. Grewe, Eifelwasser auch nach Darmstadt?, Rhein. Landesmus. Bonn 1980
Th. Beck, Beiträge zur Geschichte des Maschinenbaus, Berlin 1899
A. Mutz, Römische Wasserhahnen, Ur-Schweiz, XXII, H. 2, o. J.
E. Neyses, Eine römische Doppelkolben-Druckpumpe aus Vicus Belginum, Trierer Ztschr., 1972
K. Grewe, Über die Rekonstruktionsversuche des Chorobates, eines römischen Nivellierinstrumentes nach Vitruv, Allg. Vermessungs-Nachricht., 1981
R. Malinowski und H. Fahlbusch, Untersuchungen des Dichtungsmörtels von fünf geschichtlichen Rohrleitungen, Mitt. d. Leichtweiß-Inst., Braunschweig 1981
B. Ilakovac, Unbekannte Herstellungsmethode römischer Bleirohre, Mitt. d. Leichtweiß-Inst., Braunschweig 1979
M. Schmidt, 2000 Jahre Pont du Gard, Wasser und Boden, Hamburg/Berlin 1981
J. B. Falti, Romanorum Fontinalia ..., Nürnberg 1685
E. Fassitelli, Tubi e Valvole dell' Antica Roma, Mailand 1972
F. Kretschmer, Die Entwicklungsgeschichte des antiken Bades, Düsseldorf 1961
M. Grassnick, Gestalt und Konstruktion des Abortes im römischen Privathaus, Gesundheitsingenieur, München 1982

DER STADT ROM
(FRONTINUS)

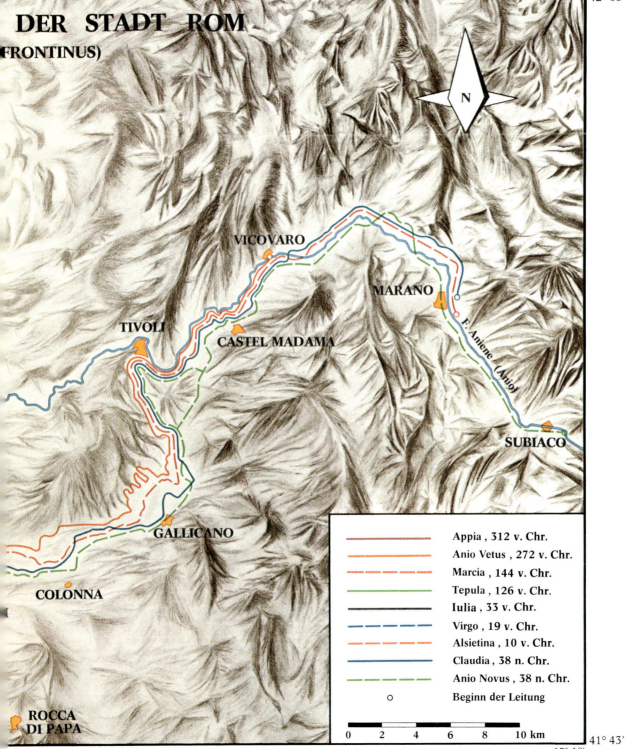